레프리콘과 함께한 여름 

Summer with the Leprechauns: a true story

by Tanis Helliwell

지구를 치유하는
일꾼들의 이야기

레프리콘과 함께한 여름

Summer with the Leprechauns

타니스 헬리웰 지음 | 김민주 옮김

정신세계사

레프리콘과 함께한 여름

타니스 헬리웰이 짓고 김민주가 옮긴 것을 정신세계사 김우종이 2021년 10월 8일 처음 펴내다. 이현율과 배민경이 다듬고, 변영옥이 꾸미고, 한서지업사에서 종이를, 영신사에서 인쇄와 제본을, 하지혜가 책의 관리를 맡다. 정신세계사의 등록일자는 1978년 4월 25일(제2018-000095호), 주소는 03785 서울시 서대문구 연희로2길 76 한빛빌딩 A동 2층, 전화는 02-733-3134, 팩스는 02-733-3144, 홈페이지는 www.mindbook.co.kr, 인터넷 카페는 cafe.naver.com/mindbooky 이다.

2021년 10월 8일 펴낸 책(초판 제1쇄)

ISBN 978-89-357-0451-4 03200

지구를 치유하고,

세상의 모든 존재들에게 사랑과 조화

그리고 참된 이해를 전하려 봉사하는

모든 인간, 천사, 엘리멘탈에게

이 책을 바칩니다.

차례

ulster
Boa Island
Belfast
Devenish Island
Belleek
Downpatrick
Armagh
Sligo
Struell Wells
Upper
Lough
Erne
Achill
Island
Keel
Carrowmore
meath
Croagh Patrick
Monasterboice
connacht
Newgrange
Uisneagh
Tara
Galway
Dublin
Glendalough
Cliffs of Moher
St Brigids Well
Craggaunowen
leinster
Shannon
munster

아일랜드 지도

감사의 말

이 책의 저자로 내 이름이 쓰여 있기는 하지만, 책의 내용을 가르쳐준 것은 내 친구 레프리콘*과 다른 엘리멘탈**들이다. 따라서 이 책을 읽는 독자들에게 내가 그들로부터 큰 신세를 졌다는 것을 먼저 알리고 싶다. 더불어 사생활의 보호를 위해 실명을 언급할 수는 없지만, 나와 친구가 되어준 아일랜드 사람들에게 특별한 감사의 인사를 전한다.

작은 존재들과의 일화를 세상에 이야기하라고 독려해준 패트릭 크린Patrick Crean과 조 피셔Joe Fisher, 진 휴스턴Jean Houston 덕분에 이 책이 마침내 완성될 수 있었다. 밥 실버스테인Bob Silverstein은 내가 초판 원고를 업데이트하여 다시 출판할 수 있도록 용기를 주었다.

---

* leprechaun: 아일랜드 민담에 등장하는 초자연적인 존재. 보통 코트를 입고, 모자를 쓰고 있으며 장난을 잘 치는 키 작은 남자로 묘사된다. (이하 모든 각주는 역주.)

** elemental: 유럽 르네상스 시대의 오컬트와 연금술에서 묘사하는 신비스러운 존재. 자연의 기본 구성 요소인 물, 불, 흙, 공기로 정리되며 4대 원소 혹은 4대 정령으로 불리기도 한다.

내가 집필에 몰입할 수 있도록 평화로운 해변의 코티지*를 기꺼이 내어준 데이비드 스즈키David Suzuki, 그리고 타라 컬리스Tara Cullis, 앤 그레이엄Ann Graham과 하퍼 그레이엄Harper Graham에게도 감사한다.

마지막으로 내게 아일랜드의 혈통과 아일랜드에 대한 지극한 사랑을 물려주신 어머니 마거릿 헬리웰Margaret Helliwell 여사에게 감사를 전한다. 어머니는 내가 낭독하는 책 이야기에 귀를 기울여주셨고, 그 덕분에 이 책은 반짝이는 보석이 되었다.

---

* cottage: 호수나 바다가 있는 시골 지역의 작고 오래된 집.

1985년, 나는 레프리콘들이 터전으로 삼고 있던 아일랜드의 작고 오래된 코티지에서 여름을 보내게 되었다. 평소 인간의 눈에 잘 띄지 않는 그들은 나에게 레프리콘, 엘프*, 고블린**, 놈***, 트롤****, 페어리*****, 데바******와 같은 종족들이 속해 있는 엘리멘탈의 진화에 대해 가르쳐주었다. 그들은 엘리멘탈과 인간의 상호의존성에 관해 설명하면서, 지구를 치유하기

* elf: 북유럽 신화에 기원을 두고 있는 인간과 유사한 모습을 한 상상의 존재. 당시 사람들은 엘프를 강하면서도 아름다운, 인간 정도 크기의 존재로 이해하고 있었다. 자연과 풍요를 주관하는 신의 일종으로 숲이나 호수 등지에서 산다고 여겨진다.

** goblin: 유럽의 민담에 등장하는 전설의 생물. 주로 탐욕스럽고 비열하며 귀가 긴 모습으로 묘사된다.

*** gnome: 4대 원소(4대 정령) 중 대지를 관장하는 정령. 주로 땅속에서 생활하고 노인 같은 외모를 한 꼬마의 모습이다. 뾰족한 모자를 쓴 작은 남자의 모습을 하고 있는데, 손재주가 뛰어나며 지적 수준이 높은 것으로 묘사된다.

**** troll: 스칸디나비아와 스코틀랜드의 전설에 등장하는, 인간과 비슷한 모습의 거인족. 이들은 산이나 동굴, 허름한 오두막에서 살고 키는 1.2~3.3미터, 몸무게는 1톤이 넘는다. 수명은 무려 300년이다.

***** fairy: 신과 인간 사이에 있는 존재의 총칭으로, 한국에서는 주로 요정으로 번역된다. 사람에게 호의적이기도 하고, 장난을 치기도 한다.

****** deva: 자연의 혼으로, 지구 생태계가 잘 기능하도록 돕는 존재.

위해서는 엘리멘탈과 인간이 함께 일하는 방법을 깨달아야 하며 내가 책을 써서 그 사실을 세상에 알려야 한다고 독려하였다. 레프리콘과의 첫 만남은 아일랜드에서 시작되었지만, 그들을 비롯한 여러 엘리멘탈들은 아일랜드를 떠난 지금까지도 여전히 내 삶의 일부로 함께하고 있다.

《레프리콘과 함께한 여름》은 지금까지 총 8개국에서 출판되었다. 나는 아주 어린 독자부터 나이가 많은 독자에 이르기까지 이 이야기에 감동했다는 사람들의 이메일을 자주 받곤 한다.

새롭게 재출간되는 이번 책에는 새로운 서문과 레프리콘으로부터 받은 메시지, 그리고 추가적인 편집이 더해졌다. 따라서 독자들은 내가 들었던 것과 똑같은 방식으로 레프리콘의 이야기를 직접 들을 수 있게 되었다. 더불어 이 책의 내용은 두 번째 이야기를 담은 《레프리콘과 함께한 순례》(Pilgrimage with the Leprechauns)로 자연스럽게 이어진다. 이 두 번째 책에서는 현재 진행 중인, 나와 레프리콘 그리고 엘리멘탈 친구들과의 모험을 살펴볼 수 있다.

여기까지 서문을 읽은 독자 중에는 나의 정신 상태를 우려하는 사람이 있을지도 모르겠다. 대체로 많은 사람이 3차원의 현실을 바탕으로 살아가면서 엘리멘탈이나 천사 같은 존재는 없다는 교육을 받기 때문이다. 나는 사람들이 가진 그러한 믿음과 딜레마를 이해한다. 하지만 우리가 마음을 열어 바라보기만 한다면 엘리멘탈이 존재한다는 수많은 증거를 확인할 수 있다.

약 100년 전, 아일랜드의 시인 예이츠Yeats는 그의 책《아일랜드 농민의 요정 이야기와 전설》(Fairy and Folk Tales of the Irish Peasantry)에서 다음과 같이 말한 바 있다. "그들은 여전히 아일랜드에 존재하고 있다. 상냥한 태도로 인간에게 선물을 주기도, 짓궂은 장난을 치기도 한다." 예이츠는 엘리멘탈에 관한 이야기를 수집하면서 패디 플린Paddy Flynn이라는 시골 노인에게 "페어리 혹은 그와 유사한 존재들을 본 적이 있으신가요?"라고 질문했다. 이에 패디는 "그들이 짜증 나게 굴지는 않소"라고 답하며 자신이 겪은 다양한 경험을 털어놓았다.

엘리멘탈이 아일랜드에만 존재하는 것은 아니다. 대부분의 문화권에는 엘리멘탈에 대한 전설과 이야기들이 남아 있다. 캐나다의 유력 신문사 〈글로브 앤드 메일Globe and Mail〉의 설문조사에 따르면 아이슬란드 인구의 22퍼센트가 엘프의 존재를 믿는다고 한다.

아이슬란드의 항구도시 하프나르피외르뒤르Hafnarfjordur의 시장 잉그바르 빅토르슨Ingvar Viktorsson은 다음과 같이 말했다. "우리는 오랜 세월 동안 우리 인간 사회와 공존하고 있는 다른 사회의 존재에 대해 알고 있었습니다. 인간 대부분에게 그 모습을 감추고 있는 이 공동체는 마을 곳곳에, 그리고 마을을 둘러싸고 있는 용암과 절벽에서도 살고 있습니다. 우리는 그곳에 숨어 지내는 엘프들과 다른 존재들이 우리에게 우호적이라고 확신합니다."

엘리멘탈과 고대의 문화에 대한 믿음을 유지하고 있는 유럽 출신의 사람들만 이렇게 엘리멘탈의 존재를 확신하는 것은 아니다. 뉴질랜드의 마오리족은 그들의 고대 엘리멘탈을 '안개의 아이들' 또는 '파투파이아레헤Patupaiarehe'라고 부른다. 안개의 아이들은 금발에 호리호리한 몸을 하고 있으며, 마오리족 원로들의 말에 의하면 마오리족이 뉴질랜드에 오기 훨씬 오래전부터 그곳에 있었다고 전해진다. 또한, 마오리족은 다른 부류의 엘리멘탈도 믿고 있는데, 나나키아Nanakia라는 엘리멘탈이 그중 하나다. 나나키아는 엘프와 유사한 존재로, 나무와 관련되어 있으며 숲에서 자주 발견되곤 한다.

이 존재들을 부정하기에는 내 삶에 그들에 대한 너무나 많은 증거가 있다. 어린 시절의 나는 동시에 다양한 세상 속에서 살았고, 바람의 목소리를 알아들을 수 있었다. 또, 내 시선 속으로 언뜻언뜻 들어오는 엘리멘탈의 존재 또한 알아볼 수 있었다. 그 당시, 나는 다른 사람들이 이 존재들을 보지도, 듣지도 못한다는 사실을 몰랐다. 그래서 아무 의문도 없었고 그 존재들에 대해 말하지도 않았다. 그러다 일곱 살이 되어서야 비로소 나에게 대부분의 사람에게는 없는 능력이 있다는 사실을 알게 되었다. 이 같은 깨달음은 나에게 충격으로 다가왔다.

나는 두 명의 여자친구와 학교까지 걸어가고 있었다. 한 친구는 나를 좋아했고, 다른 한 친구는 나를 싫어했다. 그런데 나를 싫어하는 친구가 큰 소리로 나에게 듣기 좋은 말들을 계속하는 것이 아닌가. 하지만 그 친구는 머릿속으로 내가 없어지기를 바라고 있었다. 상처 입은 나는 그녀에게 말했다. “왜 입으로는 좋은 말을 하면서, 머리로는 다른 생각을 하니?” 그런 뒤, 나는 그녀가 머릿속으로 한 생각을 그대로 따라 말했다.

두 친구는 겁에 질린 듯한 모습이었다. 나쁜 생각을 하던 친구는 두려움과 증오심을 동시에 느끼며 나를 째려보았다. 나를 좋아하던 친구는 이제 겁을 먹고 나를 위험하다고 생각했다. 나는 이 사건을 통해 다른 사람들은 다른 존재의 생각을 듣지 못하고, 오직 말하는 것만 들을 수 있다는 사실을 이해하게 되었다. 또한, 그와 동시에 두 소녀 모두 나와 친구가 되고 싶어하지 않는다는 것을 알게 되었다.

충격을 받은 나는 그날 밤 부모님이 내 생각을 들을 수 있는지 시험해보기로 결심했다. 그래서 나는 저녁 식사 도중에 어떤 말을 하면서 그것과는 정반대의 생각을 했다. 부모님이 그것을 알아채는지를 지켜보기 위해서였다. 하지만 실망스럽게도 부모님은 오직 내가 말한 것만을 이해할 수 있었다.

그 순간 나는 결심했다. 내가 다른 사람들처럼 행동해야만 받아들여질 수 있다면, 그렇게 하겠다고. 그래서 나는 일곱 살의 나이에 나만의 윤리 체계를 개발했다. 사람들이 들려주고 싶어하는 만큼만 듣고, 보여주고 싶어하는 만큼만 보는 것이다. 안타깝지만 이 결정으로 인해 많은 목소리와 풍경으로 가득 찼던, 그 마법 같은 유년 시절의 문이 닫히고 말았다.

내 이야기가 특별하다고 생각하지는 않는다. 많은 어린이가 엘리멘탈의 존재, 즉 페어리나 엘프를 눈으로 본다. 그리고 이 존재들은 아이들의 '특별한' 친구가 된다. 물론 어른들은 그것이 아이들의 상상에 불과하다고 생각한다. 피터 팬 이야기는 엘리멘탈의 마법 세계와 어린이들이 연결되어 있음을 보여준다. 그리고 어른이 되면 이 관계를 포기해야만 한다는 것도 말이다.

일부 어른들에게는 여전히 천사와 엘리멘탈을 보고 들을 수 있는 능력이 있다. 우리는 이러한 이들을 신비주의자 또는 신통력을 가진 자라고 부른다. 하지만 나는 우리가 어렸을 때 그랬었던 것처럼, 우리 대부분이 다시 이들을 보고 이들의 말을 들을 수 있다고 믿는다.

나는 유년기를 거쳐 10대 시절을 보내면서 계속해서 아스트랄 여행을 이어나갔고, 내 잠꼬대가 실제 현실로 일어나기도 했다. 그러나 열아홉 살 때 죽음의 문턱에 이르는 사건을 겪기 전까지는 그저 '정상'으로 보이기 위해 노력하면서 이러한 경험을 과소평가하였다. 그 사건 이후, 나는 명상을 시작했고 다른 세계에 다시 한번 온전히 마음을 열게 되었다.

그렇게 나는 영적인 존재들과 함께하는 내면 여행을 15년간 이어가며 의식을 발전시켰다. 하지만 이 여행에 대해 입을 연 적은 거의 없었고, 신뢰하는 친구 몇 명에게만 이를 말했을 뿐이었다. 그리고 그 시간 동안, 나는 운 좋게도 내 '직관'을 합법적으로 사용할 수 있는 직업을 찾을 수 있었다.

나는 토론토Toronto에서 16년간 영적 변화에 특화된 개인 심리치료 기법을 지도했다. 그것은 영혼의 목적을 찾고 있으면서도 세상을 위해 더 많이 기여하고 싶어하는 사람들과의 작업이었다. 또한, 국제적인 워크숍을 개최하여 자연스럽게 계발되었던 나의 자질을 다른 사람들도 계발할 수 있도록 가르쳤다. 내 가르침의 목적은 개개인의 이익을 위해 초자연적인 힘의 작동법을 알려주는 것이 아니라, 그들이 가진 능력을 발전시켜 다른 세계의 존재를 자각할 수 있도록 해주는 것이었다.

이 경험은 2000년, 국제 변형 기구(IIT, International Institute of Transformation)의 설립으로 이어졌다. 국제 변형 기구는 개인이

영성 지능을 계발하여 자연적이고 영적인 법칙을 통해 공동 창조자가 될 수 있도록, 그리하여 지구와 지구의 모든 존재를 위해 봉사할 수 있도록 돕는 기구라고 할 수 있다.

그럼, 다시 엘리멘탈에 관한 이야기로 돌아가서! 내가 어린 시절 이후로 엘리멘탈과 의식적으로 소통을 한 것은 레프리콘이 처음이었다. 사회생활을 하는 내내 내 삶은 '인간'의 의식을 발전시키는 방법을 이해하는 쪽으로 흘러갔다. 그런데 레프리콘을 비롯한 여러 엘리멘탈은 나에게 엘리멘탈의 진화에 대해서 알려주며 인간과 엘리멘탈이 서로의 진화를 위해 협력해야 한다는 것을 알려주었다.

레프리콘의 말에 의하면, 엘리멘탈의 핵심 목적은 자연의 법칙과 협력하여 아름답고 다양한 세상을 창조하는 것이다. 엘리멘탈들은 꽃이 피고 나무가 자라도록 도우며 우리 인간의 몸이 생명을 유지할 수 있도록 돕기도 한다. 이뿐만이 아니다. 그들은 인간의 창조성을 자극하고, 모든 예술이 지닌 아름다움에 감사하는 마음을 가질 수 있도록 고무한다. 이렇게 하여 엘리멘탈들은 인간이 지닌 즐거움과 생기, 장난기의 촉매 역할을 한다.

독자들은 이 책을 다양한 방식으로 해석할 수 있을 것이다. 어떤 독자는 레프리콘이 한낱 전래 동화에 지나지 않으며, 현실과 아무 관련이 없다고 생각할 수도 있다. 만약 그렇다면 이 책을 '동화'(faery tale)처럼 재미있고 즐겁게 읽기를 바란다.

어떤 독자는 레프리콘이나 페어리를 본 적은 없지만 그들의 존재를 믿고, 그들에 대해 알고 싶어할 수도 있다. 이런 사람들은 이 책을 통해 엘리멘탈이 지닌 재능과 그들이 사는 방식에 대해 알게 되고, 이로써 그 신비한 존재들을 이해하게 될 것이다. 이들이 누구에게도 물어볼 수 없었던 질문에 대한 답변을 이 책에서 얻을 수 있길 바란다.

마지막 독자 유형은 정의하기가 조금 어렵다. 이 유형의 사람들은 자연과의 협력을 통해 지구를 치유하라는 부름을 받고 있다고 느낀다. 모쪼록 이들이 엘리멘탈과 공동의 창조자가 될 수 있도록 내 책이 도움이 되기를 바란다. 엘리멘탈은 헌신적으로 함께 일할 사람들을 찾고 있다.

만약 당신이 이 책을 통해 어떤 식으로든 즐거움을 느낄 수만 있다면, 이 책은 성공한 것이다. 우리가 사는 세상에는 너무나 많은 우울한 생각들이 있어서 그것들을 쓸어버릴 재미와 웃음이 필요하다. 또, 엘리멘탈 종족에 대한 더 많은 배움은 인간에게 영감을 줄 것이며, 그 영감을 통해 인간의 세계와 엘리멘탈의 세계에 악영향을 끼치는 믿음과 행동을 바꿀 수 있을 것이다.

— 타니스 헬리웰, 2020

이 책에 담긴 이야기는 사실이다. 인간의 세계와는 다르게, 우리 엘리멘탈의 세계에는 책이라는 것이 존재하지 않는다. 하지만 우리 생각에 인간과 소통하기 위한 가장 좋은 수단은 책인 것 같다. 지금 엘리멘탈들은 아름다운 지구를 공동 창조할 수 있는 사람들을 찾고 있다. 이 책을 읽은 당신이 우리와 함께 그 여정을 떠날 수 있기를 희망한다.

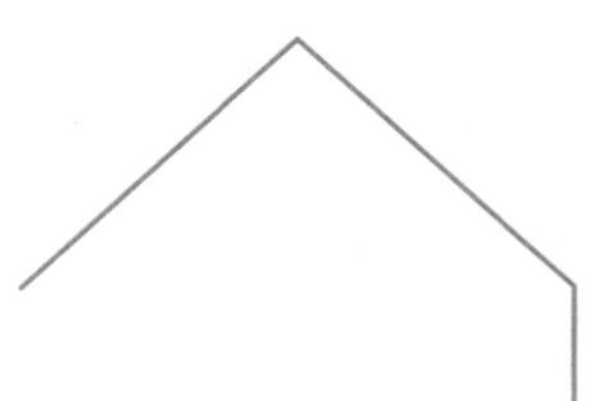

레프리콘과의 만남

살다 보면 핏줄의 부름이 들려오는 때가 있다. 조상들의 뿌리가 우리 또는 우리 부모의 기원이 되는 곳으로 우리를 끌어당기기 시작하는 그런 때 말이다. 나의 뿌리는 아일랜드에 있었다.

내 이야기는 캐나다 토론토에서 시작된다. 그 당시 나는 16년간의 연인 관계를 끝냈고, 살던 집도 팔기 위해 내놓은 상태였다. 오랫동안 쌓아왔던 내 업무 경력은 서서히 끝나가고 있었으며 삶의 의미를 찾고자 하는 나의 갈망은 점점 더 강해지고 있었다. 나는 영적인 깨달음을 위한 리트릿*을 떠나야겠다는

---

* retreat: 일정 기간 동안 침묵, 묵상, 기타 종교적 수련 행사로 심령을 단련하며 지내는 일.

마음이 들었다. 아일랜드가 나를 향해 손짓하고 있었다. 그때 때마침 내 친구 엘리자베스Elizabeth가 아일랜드로 떠났고, 나는 그녀에게 리트릿을 할 수 있는 집을 찾아달라고 부탁했다. 나는 여름 동안 집 안에서 명상을 할 수 있는, 시내 중심가에서 떨어져 있는 작은 코티지를 바라고 있었다.

내 마음속에는 깨달음 얻기라는 나름의 목표가 있었다. 나는 다양한 영성 책을 읽으면서 "집착을 버리고 영적인 삶에 전적으로 헌신하면 깨달음을 얻는다"는 이야기를 접했다. 집, 가족 그리고 일까지 포기했으니 나에게는 집착할 어떤 것도 남아 있지 않았다. 그러니 어느 모로 보나 깨달음을 얻을 자격은 충분했다.

그로부터 2개월 뒤, 아일랜드에서 돌아온 엘리자베스가 나를 만나고 싶어했다. 그녀는 여행지에서 만난 사람들에게 평화로운 분위기의 코티지가 있는지, 그곳을 빌릴 수 있는지 물어보았다고 한다. 그리고 오랜 친구와 더블린Dublin에서 저녁을 먹던 여행 마지막 날 밤, 드디어 그 집이 나타났다. 엘리자베스의 친구가 여름 동안 빌려줄 수 있는 코티지 하나를 알고 있다며 그곳을 소개해주기로 한 것이다. 그 집은 아일랜드 서쪽 해안가의 아킬Achill 섬에 있었다.

나는 그 후 2주 동안 오래된 삶에 작별 인사를 고한 뒤, 더블린으로 향하는 비행기에 올라탔다. 그러면서 내가 아일랜드에서 돌아올 무렵에는 토론토에 있는 집이 팔려 있을 것이며, 전 연인 빌Bill은 새로운 삶을 시작할 것이라는 직감이 들었다.

평일 새벽, 더블린에 도착했다. 나는 집값을 내고 열쇠를 받기 위해 코티지의 주인을 만나러 갔다. 중년의 집주인 데이비슨Davidson 씨는 영국인으로, 오랜 세월 아일랜드에서 일한 성공한 사업가였다. 그는 예의 바르고 과묵한 태도를 보이며 나에게 의자에 앉으라는 손짓을 했다.

"데이비슨 씨, 그 집을 언제부터 갖고 계셨나요?" 나는 유럽식 예의에 맞게 그의 성을 부르며 말문을 열었다.

"20년 전부터였어요. 우리 가족은 여름에만 그 집을 사용하고 있죠. 그때를 제외하면 집은 대부분 비어 있고, 집 관리는 이웃에 사는 오툴 부인이 해주고 있답니다. 오툴 부인에게 당신이 온다고 이야기해 두었으니 문을 열어주러 오실 겁니다."

그는 잠시 말을 멈추고 헛기침을 한 다음, 다시 말을 이어나갔다. "그런데 안타까운 소식이 하나 있습니다. 2주 전에 그 집이 팔렸어요."

그의 말을 들은 나는 심장이 덜컹 내려앉은 기분이었다.

"하지만 좋은 소식은, 제가 새로운 주인에게 한 달간 기다려달라고 말해놓았다는 겁니다. 당신에게 빌려주기로 약속했으니까요. 하지만 한 달 뒤에는 새로운 곳을 찾아보셔야 합니다."

맥이 빠진 나는 그 자리에 주저앉고 말았다. 리트릿을 둘러싼 상황이 이토록 빠르게 바뀌어버렸다는 사실을 믿을 수가 없었다. 그것도 나쁜 쪽으로 말이다. 내 머릿속에 두 가지 가능성이 떠올랐다. 하나는 내가 한 달 안에 깨달음을 얻는 상황이었고, 다른 하나는 내가 손쓸 수 없는 변수들이 발생하는 상황이었다. 아무래도 후자의 가능성이 컸다. 깨달음으로 가는 길은 내가 바랐던 것만큼 호락호락하지 않은 것 같았다.

나는 영국식 예의를 갖추어 데이비슨 씨에게 악수를 청하고, 한 달 동안 코티지를 빌려주어 감사하다고 말했다. 불안함으로 심장이 두근거렸다. 그의 사무실을 떠나 택시를 잡아타고 버스 터미널로 향했다. 주어진 시간이 많지 않았다. 한 시간쯤 뒤, 나는 터미널에서 메이오Mayo 주의 아킬 섬으로 향하는 버스에 올라탔다.

버스는 도시에서 소도시로, 소도시에서 작은 마을로, 작은 마을에서 시골로 향했다. 차창 밖 풍경은 점점 황량하고 거칠어져만 갔다. 메이오 주에 도착하니 눈에 보이는 것은 헐벗은 바위 언덕뿐이었다. 험난해 보이는 이 언덕은 지역 주민들과 농부들에 의해 깎여 있었다. 더블린을 떠난 지 다섯 시간쯤 지나자, 운전기사는 어느 시골의 차선 끝에 버스를 세우더니 멀리 떨어져 있는 언덕을 가리키며 말했다.

"당신이 찾는 코티지는 저기 있어요."

'더블린에서 온 운전기사가 내가 갈 집을 알고 있다고? 말도 안 돼.' 나는 아직 아일랜드에서 소문이 얼마나 빨리 퍼지는지 모르고 있었다. 나는 버스에서 내려 가방을 짊어졌다. 가방에는 시원한 아일랜드의 여름을 대비해 챙겨온 옷들로 가득했다. 땅거미가 지고 있었고, 한 걸음씩 뗄 때마다 불안한 마음도 커져만 갔다.

이곳에서 한 달을 지낸 다음에는 어디로 가야 할까? 이곳에서 나는 무엇을 깨닫게 될까? 아일랜드로 가야 한다고 느낀 것은 착각일까? 도대체 왜 나는 내 결정에 대해서 '지금 잘하고 있는 건가?' 하고 물으면서 미래를 걱정하고 있을까?

그렇게 30분 정도를 걷자 두 개의 거대한 크리스털 바위가 서 있는 집에 도착했다. 데이비슨 씨가 설명한 모습 그대로, 푸른 문이 달린 작고 하얀 집이었다. 바깥 대문을 열고 현관문을 향해 걸어가다 보니 문이 살짝 열려 있었다. "안녕하세요, 안에 누가 계신가요?" 아무런 대답이 없었다. 나는 조심스레 한 걸음, 한 걸음 집 안으로 걸어 들어갔다.

벽난로에는 따뜻하게 불이 지펴져 있었다. 나는 바닥에 짐을 내려놓고 가장 가까이에 놓인 의자에 기대어 앉았다. 그리고 잠시 후, 두 눈이 어두운 방에 익숙해지자 고개를 돌려 천천히 주변을 둘러보기 시작하였다. 난로 옆에는 토탄* 더미가 쌓여 있었고, 그 옆 바닥에는 불쏘시개가 있었다. 난로 앞에는 낡고 오래되어 보이는 녹색 소파가 있었다. 그리고 그 뒤로 커다란 나무 식탁과 묵직해 보이는 여섯 개의 의자가 보였다. 내 왼편으로는 사용하지 않는 것이 분명해 보이는 작은 방이 있었으며, 오른편에는 문이 하나 있었다. 그 문 뒤로는 창문과 옷장이 있는 침실이 보였다. 내 뒤편으로는 아담한 부엌이 하나 있었는데, 집 밖으로 나가는 통로 역할도 하는 것 같았다.

나는 이 코티지에 처음 들어왔을 때부터 남의 집에 몰래 들어온 기분이 들었다. 조금 전에 누군가 이 집을 막 떠났으며, 곧 그가 다시 돌아와서 나를 발견할 것만 같은 그런 기분이었다. 나는 이러한 느낌을 떨쳐버리려고 노력했지만 누군가가 나를 지켜보고 있는 것 같은 그 느낌은 점점 더 강해졌다.

흐릿한 불빛에 눈이 조금씩 익숙해지자 방 한쪽 구석에서 퍼져나오는 파동이 느껴졌다. 파동을 향해 눈을 돌린 나는 소스라치게 놀랐다. 네 사람이 나를 지켜보고 있는 것이 아닌가. 몸집이 작은 남성과 여성, 그리고 두 명의 남자아이들이 보였다. 나

---

* 탄화 정도가 낮은 석탄의 일종. 연탄의 원료로도 쓰인다.

는 숨이 턱 막혀서 그대로 얼어붙고 말았다. 순간 남의 집에 잘못 들어왔구나 싶었지만, 그렇게 생각하기에는 그 넷이 입고 있는 옷이 너무 특이했다. '맙소사, 저들은 인간이 아니야!' 찰나의 순간, 나는 내가 인간이 아닌 존재들이 사는 집에 들어왔다는 결론을 내렸다. 긴장감이 고조되고 있었다. 이런 생각들이 제대로 펼쳐지기도 전에, 작은 몸집의 남성이 나에게 말을 걸어왔다.

"우리 가족은 100년 동안 이 집에서 살아왔소. 그리고 우리는 기꺼이 이 공간을 당신과 함께 사용하려고 하오. 하지만 조건이 하나 있소."

그가 내뱉는 점잖은 말투와 달리, 그의 행색은 초라해 보였다. 그는 120센티미터 남짓한 키에 고전적인 스타일의 구식 단추가 달린, 허리까지 내려오는 녹색 재킷을 입고 있었다. 볼록 나온 배 때문에 재킷이 꽉 끼어 보였다. 무릎길이의 갈색 바지, 큼지막한 나막신 안에 끼워 신은 두꺼운 레깅스. 전체적인 비율을 따졌을 때, 그는 자기 몸보다 훨씬 큰 신발을 신고 있었다. 머리에 쓴 검은색 정장용 모자는 이상해 보이는 그의 복장의 화룡점정이었다.

두 남자아이는 불뚝 튀어나온 배와 정장 모자를 제외한 아버지의 모습을 그대로 줄여놓은 것 같았다. 아이들은 점잖게 있으려고는 했지만, 빨리 다른 곳에 가서 놀고 싶어 안절부절못하는 모습이었다.

작은 몸집의 여성은 바닥까지 내려오는 긴 치마를 입고 있었다. 치마 아래로는 남성이 신은 것과 똑같은 스타일의 나막신이 얼핏 보였다. 그녀는 자기 머리 크기보다 훨씬 커 보이는 모자를 쓰고 있었고, 나는 그걸 보자마자 뉴잉글랜드 지역의 청교도들이 쓰던 모자를 떠올렸다. 그녀는 빨간 머리를 동그랗게 말아 올렸는데, 제대로 묶이지 않은 머리카락이 여기저기 삐져나와 있었다. 그녀는 두 손을 가만히 두기가 힘든지 등 뒤로 손을 숨긴 다음 나를 향해 미소를 지었다. 하지만 작은 몸집의 남성을 흘낏 쳐다보고는 그의 눈치가 보였는지 다시 심각한 표정을 짓기 위해 애를 썼다.

남자는 자신의 제안에 대한 답을 기다리는 듯한 표정이었고 나는 평정을 잃은 상태였다. 하지만 동시에 예상치 못했던 귀중한 기회가 찾아왔다는 느낌이 들었다. 나는 그의 진지한 목소리에 맞추어 대답했다.

"그 조건이 뭔가요?"

"우리는 협상을 원하오." 내가 그들과 대화할 수 있다는 것을 확인하자, 그가 안심한 듯 대답했다.

"어떤 협상이죠?" 나는 방어적으로 물었다. 추측건대, 그가 가리키는 '우리'에는 몸집이 작은 여성과 두 남자아이는 빠져 있고 본인만 포함된 것 같았다.

"뭐라고 설명하면 좋을까. 당신은 이제 인간의 눈에는 보이지 않는 존재들이 나타나는 길목에 살게 되었소. 그런데 이곳에 사는 존재, 즉 엘리멘탈들이 전부 인간에게 친절한 것은 아니라오."

"잠깐만요." 나는 우리가 같은 세계의 언어를 사용하고 있는 것인지 확인하고자 잠시 그의 말을 막았다. "엘리멘탈들이라니, 그게 무슨 말이죠?"

그는 서두르며 말을 이어나갔다. "당신 인간들은('인~~간들'이라고 발음했다) 우리를 놈, 고블린, 드워프*, 페어리, 엘프, 레프리콘이라고 부르는데 우리는 모두 엘리멘탈 종족이오. 마치 당신들이 인간 종족인 것처럼 말이지. 세상에 많은 종류의 인간이 있듯, 엘리멘탈에도 많은 종류가 있소. 그건 그렇고, 내가 이야기한 협상은 바로 이거요. 당신이 여기서 여름을 보내는 동안 우리가 당신을 보호해주겠소. 당신은 우리의 보호가 필요할 거요. 나는 당신이 왜 여기에 왔는지 알고 있다오."

나는 그의 말을 다시 가로막을 뻔했으나 그러지 않기로 했다.

---

* Dwarf: 북유럽 신화 속의 난쟁이 종족. 이들은 뛰어난 대장장이로서 신들에게 여러 보물과 무기를 만들어주었다고 한다. J. R. R. 톨킨Tolkien이 확립한 드워프 개념과는 다르게 북유럽 신화 속의 드워프는 사악한 존재로 묘사된다.

대신 때가 되면 알게 되리라 생각했다. 그는 계속 말을 이어나가는 대신 잠깐 멈추었다. 내 마음속의 의도가 변한 것을 느낀 듯했다.

"보호에 대한 답례로 이번 여름이 끝날 무렵 당신에게 선물 하나를 요청하겠소."

"어떤 선물을 원하나요?"

"지금은 말할 수 없소. 여름이 끝났을 때 말하겠소."

그가 대답했다.

기억 속 저편에서 페어리와 엘프에게 속아 넘어간 인간들의 이야기가 떠올랐다. 그와 열린 결말의 협상을 하는 것이 찜찜하긴 했지만 선택의 여지가 없었다. 그곳은 그의 집이었고, 나는 달리 갈 곳이 없었으니 말이다. 물론 상황을 달리 볼 여지가 아예 없었던 것은 아니다. 그 집에 살면서 내 영적 능력의 스위치를 꺼버리면 다시는 레프리콘들을 보지 않을 수도 있었다. 하지만 그러면 지금껏 상상할 수 없었던 새로운 경험들까지 같이 차단되지 않을까 우려스러웠다. 내 마음속 깊은 곳에서는 그가 내게 정당한 선물을 요구할 것이라는 예감이 들었다. 그것은 '아마도 그러겠지'라는 생각일 뿐이었지만 나는 그를 믿어보기로 했고, "좋아요"라고 대답했다.

나는 로버트 프로스트Robert Frost의 시 〈가지 않은 길〉을 떠올렸다. 시인은 숲속 갈림길에서 이렇게 말한다. "나는 사람이 덜 밟은 길을 택했고, 그것이 내 운명을 바꾸어놓았다." 그동안 가지 않았던 새로운 길을 걸어보자며 레프리콘이 손을 내밀어준 느낌이었다. 이 여정이 어디로 이어질지는 몰랐지만, 이 기회를 놓친다면 후회할 것이 분명했다.

그렇게 우리의 협상은 타결되었고, 레프리콘은 그날 저녁 우리의 대화가 끝났음을 분명하게 알리면서 이야기를 마무리 지었다. 작은 몸집의 여성과 두 아이는 이미 사라지고 없었다. 지칠 대로 지친 나는 짐 가방을 집어 들고 침실로 들어갔다. 나무로 장식된 침대 헤드와 발판이 달린, 제법 단단해 보이는 더블 침대는 오랜 세월 동안 많은 사람이 사용한 것 같았다. 나는 짐을 풀고 가방 속에 있던 리넨을 꺼내 침대 위에 깔았다. 찬장 안에 들어 있던 울 담요도 모두 꺼내 침대로 가져왔다. 나는 추위에 덜덜 떨면서 안경을 벗어 침대 옆 탁자 위에 올려놓았다. 그리고 재빨리 잠옷으로 옷을 갈아입은 다음 이불 속으로 들어갔다. 몇 분 지나지 않아 나는 깊이 잠들었다.

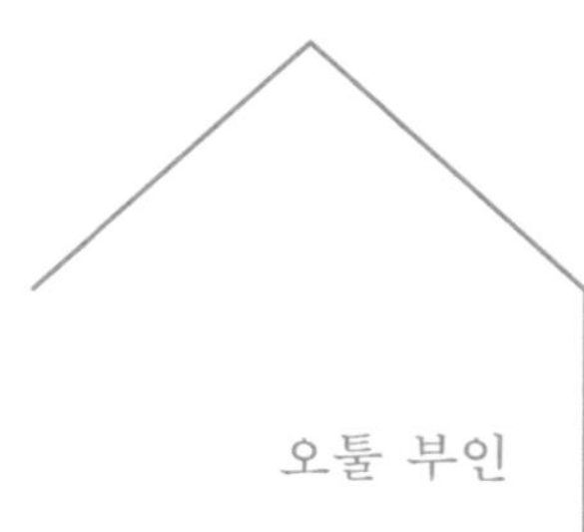

오툴 부인

다음 날 아침, 눈부시게 화창한 날씨였다. 전날 저녁 식사를 건너뛰었더니 배가 많이 고팠다. 그래서 지갑을 챙겨 들고 식품 저장고에 채워놓을 음식을 사러 나갔다. 갑작스레 날씨가 추워질 것을 대비해 허리춤에 스웨터도 질끈 묶어두었다. 도로로 나가는 바깥 대문을 연 나는 잠시 발걸음을 멈추었다. 눈앞에 꺾아지른 듯한 장엄한 바다 절벽과 갈대밭이 펼쳐져 있었다. 도로와 바다가 접하는 오른쪽 저편에 건물들이 있는 것으로 보아, 아마 그곳이 마을인 듯했다.

맑은 공기를 깊게 들이마시며 도로를 따라 걸어갔다. 도로에는 높이가 3미터쯤 되어 보이는 산울타리가 있었고, 길 양쪽으로는 가느다란 배수로가 만들어져 있었다. 도로는 아주 작은 차가 겨우 지나갈 정도로 정말 좁았다. 산울타리 틈새로 보이는 푸른 풀밭에는 노란 아이리스와 데이지가 아름답게 피어 있었다. 이렇게 아름다운 길목에 무서운 엘리멘탈들이 살고 있다는 것이 믿기지 않았다. 나는 긍정적이고 기쁜 마음으로 이른 아침 시간을 보내면서 감탄이 절로 나오는 아름다운 아일랜드 코티지에서 한 달 동안 지낼 수 있음을 자축했다.

마을을 향해 서서히 걸어 내려가다 보니, 펍 두 개와 평범한 가게가 하나 있는 교차로에 이르렀다. '선택의 여지가 없군.' 나는 삐걱거리는 가게 문을 열고 안으로 들어갔다. 그러자 모든 시선이 나에게 쏠리면서 가게는 조용해졌다. 이방인이 도착한 것이다. 나는 미소를 띤 얼굴로 재빨리 식료품 코너를 둘러보기 시작했다. 다행히 사람들은 다시 평소처럼 일상적인 잡담을 나누기 시작했다. 나는 집으로 돌아갈 거리를 생각해서 최대한 가벼우면서도 많은 요리를 할 수 있는 재료들을 고른 다음, 계산대를 둘러보았다. 계산대 뒤에는 주인처럼 보이는 한 남자가 흰색 앞치마를 두르고 서 있었다. 나는 느긋하게 계산대로 걸어가 계산할 물건들을 올려놓았다. 그러자 남자는 물건들을 확인하며 평상시 손님을 대하듯 나에게 말을 걸어왔다. "휴가차 놀러 온 여행객이신가요?"

마을에 쓸데없는 소문이 퍼지는 것은 원치 않았지만, 기분 좋게 말을 걸어오는 그를 무시할 수는 없어 내가 대답했다. "이번 여름 동안 데이비슨 씨의 코티지를 빌려서 지낼 예정이에요."

내 대답을 들은 그는 왼쪽 눈썹을 추켜올리더니 내 눈을 바라보며 진지하게 말했다. "그 집에 보이지 않는 존재들이 살고 있다는 것을 몰랐나요?"

나는 모르는 척하는 것이 최선이라고 생각하며 이렇게 대답했다. "오! 뭐가 살고 있다는 거죠?"

"왜, 그 작은 이들 있잖아요." 그가 빠르게 대꾸했다. "그뿐만이 아니에요. 그곳은 보이지 않는 존재들이 출몰하는 길목이기도 해요. 그 집 바로 맞은 편에는 캠핑카가 주차되어 있었는데, 글쎄 그 안에 아무도 없는데도 그게 덜커덩 흔들리면서 온갖 일들이 다 일어났다니까요."

그는 부추기기만 하면 더 이야기할 기세였다. 그의 이야기는 전날 밤에 내가 겪었던 일을 재차 확인시켜주었고, 나는 두려움에 몸이 떨려왔다. 마을 사람들 모두가 '레프리콘의 출몰'에 대해 알고 있는 정도라면 엘리멘탈의 존재를 마냥 무시하고 지내기는 힘들 것 같았다. 화창했던 나의 하루에 먹구름이 드리우기 시작했다. 가게 주인이 내게 겁을 주려는 목적으로 그런 이야기를 하지는 않았을 거다. 내 느낌에 그는 그저 보통의 아일랜드

인처럼 마을에 대해 이런저런 이야기를 나누길 좋아하는 사람 같았다. 하지만 그는 외국인을 긴장하게 만드는 짓궂은 구석이 있었다. 그의 장난스러운 의도는 성공적이었다.

나는 그에게 고맙다고 인사를 한 뒤, 장 본 물건들을 챙겨 가게를 빠져나왔다. 아마 그날 모든 마을 사람들의 저녁 식사 자리에는 보이지 않는 존재들이 사는 데이비슨 씨의 코티지를 빌린 한 미국인에 대한 이야기가 나왔을 것이다. (참고로 아일랜드 사람들은 미국인과 캐나다인을 구분하지 않는다.) 내가 그 집에서 얼마나 버틸지 내기하는 마을 사람들의 모습이 불 보듯 뻔히 보였다.

나는 다시 코티지를 향해 걸어갔다. 장 본 물건들, 그리고 가게 주인이 건네준 이야기 때문에 어깨가 무거웠다. 길가의 울타리들을 따라 걸어갈 때는 갑자기 내 앞으로 무언가 튀어나오지 않을까 하는 생각도 들었다. 이런 생각을 하자 몸이 뻣뻣하게 얼어붙었다. 나는 코티지에 도착한 뒤에야 겨우 안도의 한숨을 내쉬었다. 물건들을 내려놓고 서둘러 아침 겸 점심을 먹은 뒤, 코티지를 내 집처럼 아늑하게 꾸미기 시작했다. 레프리콘들은 보이지 않았고, 나도 구태여 그들을 찾지 않았다. 아마 내가 새로운 환경에 익숙해질 시간을 줬던 걸지도 모르겠다. 이유가 무엇이든 간에 나는 혼자 있다는 사실이 그저 감사하기만 했다.

가구를 재배치하고, 명상 제단을 만들고, 꽃을 따러 다녔더니 금세 시간이 지나갔다. 점점 길어지는 그림자가 태양이 지고 있음을 알려주고 있었다. 이제 벽난로에 불을 지필 시간이었다. 나는 토탄 네 조각을 집어 든 다음 토탄 사이사이에 공기가 잘 들어갈 수 있도록 하나씩 쌓아 올렸다. 벽난로 선반에서 성냥을 꺼내 토탄 가장 아래쪽에 집어넣었다. 하지만 불이 붙질 않았다. 여러 차례 시도했지만 역시나 실패였다.

짜증이 난 나는 이번 여름에 쓰려고 사뒀던 일기장을 몇 장 찢었다. 조심스레 그것을 토탄 아래에 놓고 불을 붙이자 종이가 활활 타올랐다. 나는 자축하며 소파에 앉았다. 하지만 불은 점점 사그라들다 마침내 꺼져버렸다.

나는 불이 지필 일이 없기를 바랐다. 왜냐하면, 여름이었으니까! 하지만 이곳에 머무는 짧은 시간 동안, 아일랜드와 캐나다의 여름이 얼마나 다른지를 체감할 수 있었다. 코티지는 춥고 습해서 아무리 따스한 날이라 하더라도 실내 온도가 17도 이상으로 올라가지 않았다. 몸을 덜덜 떨면서 불을 붙일 방법을 궁리하고 있던 바로 그때, 고개를 들어보니 바깥 대문 쪽에 사람 머리 하나가 나타났다. 스카프를 두른 머리의 정면과 측면으로 헝클어진 머리카락이 삐져나와 있었다. 대문 사이로 거칠어 보이는 손 하나가 쑥 나오더니, 빗장을 흔들어 문을 열었다. 몸에는 단추 두 개가 달린, 지저분해 보이는 청회색 비옷이 찰싹 붙어 있었다. 그녀의 걸음걸이마다 옷이 펄럭였는데, 낡은 꽃무늬 드레스와 옷 단 아래로 제멋대로 늘어진 슬립*이 보였다. 그녀는 오른손으로는 자기 키만 한 지팡이를 잡은 채 진흙이 잔뜩 묻은 장화를 신고 현관문을 향해 걸어왔다.

나는 재빨리 현관문 앞으로 걸어가 그녀를 맞이했다. 장난꾸러기 같은 눈빛을 가진 그녀는 치과의사가 족히 1년 동안은 진료를 볼 수 있을 것 같은, 치아가 다 빠진 모습으로 나에게 미소를 지었다.

"오툴O'Toole이라고 해요." 그녀는 자기소개를 마치고 싸늘한 벽난로를 향해 눈을 휙 돌렸다. 벽난로와 씨름하다 실패한 잔재들이 모든 것을 말해주고 있었다.

내가 아무 말 없이 비켜서자, 그녀는 곧장 벽난로를 향해 걸어갔다. 그녀는 조심스레 토탄의 잔재들을 한쪽에 치워놓고 재를 털어낸 다음, 토탄을 하나씩 하나씩 텐트 모양으로 쌓았다. 그리고 그 아래에 성냥 불을 넣었다. 몇 분 지나지 않아 토탄은 활활 불타올랐다. 나는 그 과정을 지켜보며 그다지 어렵지 않은 일이라고 생각했다. '내일은 나도 별문제 없이 할 수 있겠어.'

코티지에서 지낸 첫째 날의 나는 참 순진했다. 그때까지만 해

* 원피스 형태의 여성 속옷.

도 나는 나 스스로 상황을 통제할 수 있고, 나의 자유의지를 통해 의식적으로 필요한 조치를 할 수 있을 것이라 믿고 있었다. 그날 이후로도 토탄에 불을 붙이지 못하리라고는, 그래서 오툴 부인이 매일 같은 시간에 나를 구하러 와줄 것이라고는 상상조차 하지 못하고 있었다. 코티지에서 보낸 첫날, 오툴 부인의 도움이 고맙긴 했지만 내 공간을 침범당한 것 같아 기분이 좋지만은 않았다. 며칠, 몇 주 동안 고요한 시간을 가지며 명상을 하는 것이 내 계획이었다. 하지만 레프리콘들의 등장으로 내 계획은 엉망이 되어버렸고, 이번에는 오툴 부인까지 나타났다. 그때의 나는 이후로 내가 오툴 부인을 얼마나 반기게 될지 미처 알지 못했다.

오툴 부인은 내가 권하지도 않았는데 이미 소파에 앉아 있었고, 나는 "차 한 잔 드시겠어요?" 하고 물었다.

"좋지요." 그녀가 대답했다.

나는 그녀에게 잠깐 기다려달라고 말한 뒤 물을 끓이기 위해 서둘러 부엌으로 갔다. 그리고 분주하게 컵과 비스킷을 꺼냈다. 다소 굳어 있기는 했지만 데이비슨 가족이 사용하던 설탕이 약간 남아 있었다. 나는 칼로 설탕을 조금 잘라내어 컵에 넣었다. 순식간에 부엌에서 차를 마실 준비를 끝내고 다시 거실로 돌아갔다. 오툴 부인은 벽난로의 불을 바라보며 조용히 앉아 있었다.

나는 소파 반대쪽 끝에 앉았다. 식탁이 없었기 때문에 쟁반은 내 앞쪽 바닥에 조심스럽게 내려놓았다. 오툴 부인은 서두를 것 없다는 듯 여전히 불을 바라보고 있었다.

그렇게 몇 분 정도의 시간이 흐르고 나는 오툴 부인에게 "지금 드시겠어요?" 하고 물었다. 아일랜드 사람들은 보통 진한 차를 선호하기에, 나는 차가 충분히 우러나기를 기다리고 있었다.

"좋아요." 오툴 부인이 대답했다.

"설탕은요?" 내가 물었다.

"좋아요."

"죄송하게도 우유는 없어요." 내가 말했다.

"내일 제가 쿠* 소 젖을 짜서 가져올게요."

오툴 부인의 말은 앞으로 내가 그녀와 자주 만나게 되리라는 것을 암시했다. 그 순간 처음에 가지고 있었던 여행에 대한 기대들이 사라지기 시작했다. 그리고 우주가 나에게 주려는 것이 무엇이든 그것에 기꺼이 마음을 열어놓기로 결심했다. 나는 오툴 부인에게 묵언 리트릿을 계획하고 있었다는 말을 하는 대신 "비스킷 드시겠어요?" 하고 물었다.

그러자 그녀는 "좋지요" 하고 대답했다. 우리는 자리에 앉아

---

* Coo: 스코틀랜드와 아일랜드 지역에서 키우는 소의 품종.

차를 홀짝이며 말없이 오도독오도독 소리를 내며 비스킷을 먹었다. 그녀의 존재가 위안이 되었다. 그녀는 벽난로 안에서 타오르는 불꽃처럼 아늑한 사람이었다. 나는 그녀의 따스한 분위기에 안정감을 느끼며 몇 번 정도 대화를 시도했다.

"부인은 어디에 사시나요?"

"길 위쪽이요."

"어느 쪽 길이요?"

"마을로 향하는 길이요."

"거기서 어떤 일을 하세요?"

"우리 식구들은 농장을 운영한답니다."

오툴 부인이 차를 다 마셨다. 그녀가 일어서며 말했다. "이제 가보는 것이 좋겠군요." 그녀는 지팡이로 나무 바닥을 소리 내 짚으면서 문밖으로 걸어 나갔다. 나에게는 답을 알 수 없는 질문 하나가 남았다. 오툴 부인은 나의 여름 리트릿 계획에 부합하는 인물일까?

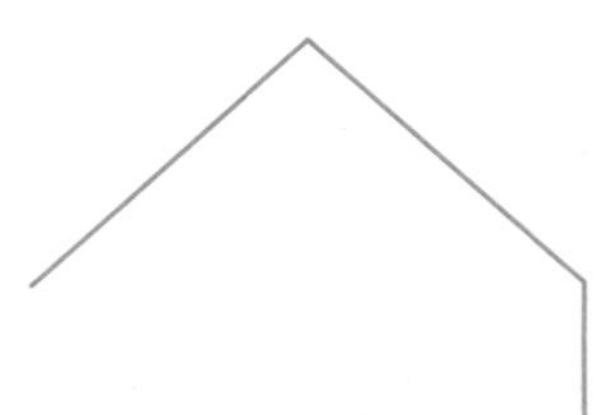

레프리콘의 진화

다음 날 아침, 잠에서 깨어보니 수십 개의 눈이 나를 뚫어지게 쳐다보고 있었다. 온갖 종류의 엘리멘탈들이 내 방에 가득 들어와 있었다. 내가 벌떡 일어나자 그들은 호기심 어린 눈길로 나를 주시했다.

"그래, 맞네. 저 여자가 우리를 보고 있어. 우리를 보고 있다고!" 긴 매부리코에 사마귀가 있는, 특히나 우스꽝스러워 보이는 한 엘리멘탈이 재밌어하며 소리를 질렀다. 그는 심하게 뒤틀려 있는 두 손으로 내 침대 발판을 꽉 붙잡고는 나를 더 자세히 들여다볼 요량으로 몸을 앞으로 기울였다. 나는 안경을 벗고 있었지만 그의 기괴한 모습을 선명하게 볼 수 있었다.

"그렇다고 말했잖아. 그렇다니깐." 코티지에 사는 어린 두 레프리콘이 재잘거렸다. 그 둘은 방 안을 돌며 춤을 추기 시작했다.

내가 이웃에 사는 놈과 고블린들의 눈요깃감이 되자 마치 동물원의 동물이 된 것 같은 기분이 들었다. 나는 몹시 화가 나 소리를 질렀다. "나가! 이건 사생활 침해야. 이런 건 우리 거래에 포함되어 있지 않았어!" 그러자 엘리멘탈들은 마치 풀밭을 가로지르는 바람처럼 도망치며 흩어졌다. 일부는 침실 문밖으로, 일부는 벽을 통과해서 사라졌고 몇몇은 그냥 어딘가로 사라져 버렸다. 오직 한 엘리멘탈만이 남아 있었다. 바로 이 코티지에 살고 있다고 주장했던 그 남자 레프리콘이었다.

그는 몹시 창피하다는 듯 눈을 아래로 깔고 발장난을 쳤다. 그리고 뒷짐을 진 채로 한숨을 쉬며 말했다. "코티지에 인간이 있다는 사실에 너무 신이 난 나머지 우리 아이들이 당신을 보러오라고 이웃들을 초대했소. 내가 말리긴 했지만, 어쨌든 나쁜 이들은 아니오."

침대 아래쪽에 숨어 있던 엘리멘탈들의 얼굴이 떠올랐다. 인간의 기준에서 봤을 때 기괴하고 못돼 보이는 인상이었다. 나는 화가 쉽게 가라앉지 않아 이렇게 되받아쳤다. "그중 일부는 아닌 것 같은데요." 나는 내 주위를 맴돌던, 사마귀가 난 엘리멘탈이 있던 자리를 가리켰다. "아까 그들은 인간을 싫어하지 않나요?"

그는 여전히 시선을 피하면서 사과를 표했다. "당신 말이 맞소. 길목 아래쪽에 사는 이들은 그렇기도 하오. 하지만 몇몇을 뺀 일부만 초대할 수는 없었소. 그랬다가는 문젯거리만 생길 뿐이라오."

그는 뒷짐을 풀며 사과를 마친 다음, 나를 쳐다보며 사무적인 말투로 말했다. "어쨌든, 일어나시오. 이제 하루를 시작합시다." 그는 이렇게 말하며 등을 돌렸고, 위엄 있는 모습으로 천천히 침실에서 걸어 나갔다.

나는 사생활을 존중해주는 그의 태도에 감사를 느끼며 재빠르게 옷을 갈아입었다. 그리고 레프리콘도 나와 비슷한 욕구가 있는지 궁금해졌다. 나는 추위에 몸을 떨면서 찻물을 올리기 위해 부엌으로 걸어갔다. 레프리콘은 문 앞에 서서 나를 기다리고 있었다. 내가 빨리 나오길 바라는 눈치였다.

"차 한 잔 마시고 바로 갈게요." 나는 우선 몸부터 따뜻하게 풀고 싶다는 내 마음을 전했다.

"그럼 나도 한 잔 마시도록 하지요." 레프리콘이 교양 있는 말투로 대답했다.

"당신도 차를 마셔요?"

"당연히 나도 차를 마신다오." 그는 거만한 태도로 답했다.

"내가 당신에게 이야기하고 싶은 것들이 바로 이런 것들이오. 그럼, 우리가 사용할 컵과 의자 두 개를 챙겨서 밖에서 만납시다."

그는 재빨리 몸을 돌리더니 닫혀 있는 문을 향해 곧장 걸어갔다. 그의 익살스러운 태도를 보고 있자니 웃음이 났다. 나는 주전자를 불에 올리고 다시 침실에 가서 스웨터 한 장을 더 챙겼다. 따뜻한 차가 준비되자 레프리콘의 분부대로 차와 의자를 밖으로 대령했다.

레프리콘은 내가 도착한 것을 눈치채지 못한 척하며, 마치 미나리아재비와 데이지를 처음 본 것처럼 분주히 꽃을 구경했다. 나는 직감적으로 레프리콘이 내가 손님을 맞이하는 집주인의 역할을 해주기를 바란다는 것을 느꼈다. 그래서 그는 손님 역할을 하고 있었던 것이다. 나는 흥미로워하며 조심스럽게 의자와 찻잔을 내려놓고 정중하게 말했다. "레프리콘 선생님, 차가 준비되었습니다."

그는 고개를 들어 끄덕인 다음, 최대한 우아한 걸음걸이로 걸어오더니 깍지 낀 손을 불룩 튀어나온 배 위에 올려놓으면서 자리에 앉았다.

"그럼, 처음부터 시작해봅시다." 마치 야훼가 "빛이 있으라"고 말하는 것처럼 레프리콘이 엄숙하게 말했다.

"나는 당신 '인간들'이 레프리콘이라고 부르는 존재이고, 인간에 관해 연구하오." 그는 아일랜드 사투리가 묻어나는 말투로 이야기를 시작했다. "나는 내 연구에 대한 시험을 치르는 중인데, 그래서 이번 여름은 대단히 중요하오."

그 모습이 마치 과거의 학자를 연기하고 있는 것 같았다. 그 모습은 조금 과장되어 보이기도 하고, 연극을 하는 것 같아 보이기도 했다. 사실 그의 모습을 보고 있자니 미국 영화배우 윌리엄 클로드 필즈William Claude Fields가 떠올랐다. 레프리콘의 학자스러운 태도 속에는 장난기와 유머가 묻어나왔지만 나는 웃지 않으려고 애써 표정 관리를 했다. 레프리콘은 자기 역할을 재밌게 즐기고 있는 것 같았고, 특히나 자신을 봐주는 관객이 있어 더 그런 것 같았다.

"어떤 시험이죠?" 나는 조금 더 자세히 알고 싶어 물었다.

"나는 당신들 시간으로 100년 동안 인간에 관한 연구를 해왔고, 처음으로 이런 일을 하게 된 엘리멘탈들 중 하나요. 엘리멘탈은 인간과는 다르오. 우리는 계급이 분리된 세계에서 태어나고, 평생을 그 계급에 속한 채로 산다오. 100년 전쯤, 엘레멘탈들에게 인간에 관해 연구해보지 않겠냐는 제안이 들어왔소. 내가 100년 전을 이렇게 잘 기억하는 것은 우리 세계에서는 그게 바로 어제이기 때문이오. 아무튼, 난 그 일에 지원했다오. 아직 젊었고, 막 앳된 티를 벗어났을 무렵이었지."

“누가 그런 요청을 했는데요?” 그의 이야기에 점점 더 흥미를 느낀 나는 중간에 끼어들어 물어보았다.

“그렇게 연구를 시작하게 되었다오.” 그는 서두르지 않고 다음 말을 이어나갔다. “있잖소, 엘리멘탈은 인간과 달리 이 행성에서 결코 창조자가 될 수 없소. 인간은 진화를 시작한 그 첫 지점부터 창조자가 되기 위한 훈련을 받아왔고, 지구는 당신들의 학교라오. 그러니까 인간들은 훈련 중인 신들이라고 할 수도 있겠지. 인간은 자유의지를 갖고 있는데, 이는 모든 창조자에게 필요한 것이오. 그리고 인간은 물의 종족을 제외하면, 이 지구상에서 유일하게 자유의지를 가진 종족이라오.”

그가 물의 종족을 언급하자 나에게 돌고래들의 이미지가 보였다. 그는 계속해서 말을 이어갔고, 그가 언급한 말들과 연결된 모든 이미지가 내 눈에 보이기 시작했다. 그의 말과 이미지는 점점 더 강렬해졌다. 그가 전달해주는 시각, 청각적 감각과 느낌들을 통해 나는 그의 말을 더욱더 완전하게, 그리고 즉각적으로 이해할 수 있었다. 그것은 인간의 정상적인 범주를 넘어선 이해였다. 나는 그동안 내가 일상생활 중에 다차원적으로 존재하고 있는 주변 환경으로부터 정보를 받아왔음을 깨달았다. 이것이 바로 레프리콘의 의사소통 방식이었던 것이다. 나는 그와의 의사소통 방식이 사람들과의 의사소통 방식보다 훨씬 더 친숙하게 느껴졌다.

내가 그와의 의사소통으로 인해 이런 생각들을 하고 있다는 것을 그도 눈치챈 것 같았다. 그는 몇 분 동안 말을 멈추었다가 다시 이어나갔다.

"엘리멘탈들은 아일랜드에서 좋은 삶을 살았소. 그리고 여전히 다른 많은 지역보다 아일랜드가 더 살기에 좋은 곳이오. 하지만 우리가 살 수 있는 터전은 서서히 줄어들었고, 삶의 질도 낮아졌소. 하나의 종족으로서 우리 엘리멘탈들은 죽어가고 있소. 그래서 100년 전, 우리의 진화를 통제하는 존재들이 우리에게 제안을 해왔소. 그것은 바로 엘리멘탈로서의 진화 과정을 계속해가는 동시에 인간을 연구하고, 인간의 자유의지를 배워보지 않겠냐는 제안이었소. 이 방법대로 하면 우리도 인간 같은 창조자가 될 수 있소. 나는 이 길을 선택한 최초의 엘리멘탈들 중 하나요."

"오직 사람과 돌고래 종족만이 창조자가 될 수 있고, 엘리멘탈은 창조자가 될 수 없다는 말인가요? 그럼 당신은 어떻게 진화해야 하나요?" 나는 호기심을 느끼며 물었다.

"100년 전까지만 해도 엘리멘탈이 창조자가 될 수 있는 유일한 길은 인간의 진화 속으로 들어가는 것이었소. 마스터라고 지칭할 수 있는, 우리 엘리멘탈 중에서 가장 진화한 존재들은 종종 그 방법을 사용했지. 빈센트 반 고흐Vincent Van Gogh도 우리 엘리멘탈 마스터들 중의 하나요. 그는 점점 멸망해가는 우리 세계의 모습을 보았고, 그래서 인간의 진화 속으로 들어갈 수 있도록 허가해달라는 요청을 하였소. 그는 자유의지를 배우고 싶어 했소. 그리고 그 덕분에 그는 다른 엘리멘탈들을 도울 수 있었지. 하지만 두 세계는 너무나도 달랐기에 인간으로서의 그의 삶은 고난과 역경이 많았소.

그는 엘리멘탈을 돕고자 하는 마음이 있었기 때문에 결코 우리와 단절된 적이 없었소. 또한, 그는 인간들에게 우리 엘리멘탈들의 예술적 아름다움과 엘리멘탈들의 세계를 전달하고 싶어했소. 하지만 인간은 아직 그것을 받을 준비가 되어 있지 않았지. 그는 시간과 공간의 제약이 있는 육신에 갇힌 채 살아나가는 것이 얼마나 어려운 것인지를 깨달았다오."

"반 고흐는 순수한 엘리멘탈이었나요, 아니면 일부분만 엘리멘탈이었나요?"

나는 인간과 엘리멘탈이 어떻게 서로의 세계 속으로 완전히 들어갈 수 있는지 이해하려고 애쓰면서 질문하였다.

"그는 자신이 가진 엘리멘탈의 정수를 거의 그대로 지닌 채 인간 세계로 갈 수 있도록 허락을 받았소. 그것은 그가 참으로 강인했기에 가능한 일이었소. 하지만 그는 예외적인 경우고, 일반적으로 엘리멘탈은 자신의 정수 중 일부분, 즉 10퍼센트 혹은 25퍼센트 정도만 인간 세계로 가져갈 수 있소. 그리고 그러는 편이 인간 세상에서 살아남기가 쉽다오. 하지만 인간의 자질을 충분히 배워서 엘리멘탈 세상 안에서 창조자가 되기까지 사실상 여러 생을 거쳐야 하니 오랜 시간이 걸리지."

"일부분이 엘리멘탈인 사람은 어떻게 알아볼 수 있을까요?" 나는 이런 사람을 살면서 만나보지 않았을까 하는 생각을 하면서 물어보았다.

"그런 사람들은 대부분 노래, 춤, 스토리텔링 등의 예술에 재능이 있소. 그들 중 상당수는 아일랜드인이거나 웨일스Wales인인데, 딜런 토마스*도 그들 중 하나요. 그는 내면에 엘리멘탈의 정수를 꽤 많이 갖고 있었지."

"엘리멘탈들의 진화를 이어가려면 인간과 엘리멘탈이 가진 각각의 요소들을 구분해야 할 텐데, 그건 어떻게 가능한 거죠? 당신의 말은 그들이 온전한 인간 또는 온전한 엘리멘탈이 아니라 하이브리드, 즉 혼종이 된다는 말처럼 들리는데요."

"바로 그거요." 레프리콘은 나의 통찰력을 인정하며 미소를 지었다. "인간 또한 엘리멘탈의 진화에 참여할 수 있지만, 이건

---

* Dylan Thomas(1914-1953): 영국 웨일스 출신의 시인이자 작가.

또 다른 주제의 이야기니 차치하고. 어쨌든, 100년 전까지만 해도 이 방법만이 엘리멘탈이 자유의지를 습득하여 창조자가 될 수 있는 유일한 길이었소. 하지만 당신도 알다시피 그건 어렵고 시간이 오래 걸리는 과정이었소. 인간과 엘리멘탈은 서로 다른 규율을 갖고 있소. 엘리멘탈에게는 당신들이 '도덕성'이라 부르는 규율이 없소. 우리는 인간처럼 결혼하는 것도, 성적으로 일대일의 관계를 충실하게 지키는 것도 아니오. 그래서 엘리멘탈이 인간의 진화 속으로 들어가게 되면 성적으로 문란하고, 파트너를 무시한다는 비난을 받기도 한다오. 하지만 우리 세계의 규율에 따르면 우리에게는 아무 잘못이 없소."

"알겠어요. 그것이 엘리멘탈 진화의 오래된 시스템이라면 새로운 시스템 안에서 당신의 역할은 무엇인가요?" 내가 물었다.

"나는 인간을 연구하는 엘리멘탈들의 스승이오. 마치 당신이 다른 종족들의 진화를 연구하는 인간들의 스승인 것처럼 말이오. 사실 우리 각자의 세계에서 당신과 나의 역할은 상당히 비슷하오." 레프리콘이 열정적으로 대답했다.

그가 우리의 비슷한 역할에 관해 이야기하자, 나는 그동안 나의 이해가 얼마나 부족했는지를 깨달을 수 있었다. 나는 어른이 된 뒤로 쭉 개인 상담과 대중 세미나를 통해 사람을 만났다. 그리고 사람들이 예측 가능한 패턴을 두 가지 차원에서, 즉 개인의 발전 차원과 전체 인류의 의식 차원에서 발견하도록 도왔다. 그리고 아일랜드로 오기 전에는 이런 패턴들에 대한 나의 이해와 협력이 깨달음을 얻을 수 있을 만큼 충분하다고 생각했다. 하지만 나는 여기 이 레프리콘이 말하는 것에 대해서는 아무것도 모르고 있었다. 그는 완전히 새로운 차원의 이야기인 엘리멘탈들의 진화에 대해 이야기하고 있었다.

'과연 내가 이런 내용을 얼마나 더 받아들일 수 있을까?' 생각하고 있던 그때, 그가 덧붙여 말했다. "당신과 나는 다른 존재들이 이 행성에서 의식적인 창조자가 될 수 있도록 돕는 것에 관심이 많소. 이번 여름 동안 내가 당신에게 엘리멘탈에 대해 가르쳐줄 테니 당신은 나에게 인간에 대해 가르쳐주시오. 그러면 나는 시험을 통과할 수 있소. 우리는 둘 다 같은 단계에 와 있고, 이번 여름에 시험을 봐야 한다는 공통점이 있소. 당신은 잘 모르고 있었던 것 같소만."

"그게 무슨 뜻이죠?" 나는 약간 화난 어조로 물었다.

"당신은 깨달음을 얻기 위해 여기에 왔다고 생각할 거요. 물론 그건 사실이고, 그렇게 될 것이오. 다만 당신은 지금 이 상황을 완전히 이해하지 못하고 있소. 내가 당신을 돕겠소. 물론 내가 인간의 공부를 직접 도와줄 수는 없겠지만, 과정은 도울 수 있소. 나는 당신보다 연장자이고, 지난 세월 동안 배운 것들이 있으니 말이오."

그는 몸을 앞으로 기울이며 바닥에 놓여 있는 자기 찻잔을 내려다보았다. 내가 눈을 감았다 뜨는 사이, 갑자기 찻잔이 그의 손바닥 위에 나타났다. 그는 찻잔을 들어 입술 가까이 가져갔다. 나는 재빨리 찻잔이 있던 바닥을 내려다봤다. 그런데 찻잔은 여전히 그 자리에 있는 것이 아닌가. 하나는 바닥에, 하나는 그의 손에. 동시에 두 개의 찻잔이 존재하고 있었다.

"지난여름부터 이 집에서 차 한 잔을 못 마셨소." 그가 먼저 말문을 열었다. "데이비슨 씨가 코티지에 온 이후로 그리되었소."

나는 나와 유대감을 만들기 위해 노력하는 그의 모습에 기뻐하며 물었다. "당신은 인간과 함께 사는 것이 좋나요?"

"아주 좋은 것도 아니고, 그렇다고 안 좋은 것도 아니오. 지금 이렇게 지내는 것은 하나의 방편이오. 적어도 교각 밑이나 소를 키우는 헛간에서 살고 싶은 것은 아니니깐 말이오. 살고 있는 사람이 없는, 비어 있는 시간이 긴 코티지를 찾기란 여간 어려운 일이 아니오. 게다가 요즘은 코티지가 인기 있는 주거 양식이 아니어서 현대적인 주택들이 지어지고 있지만, 현대 주택에는 옛날 같은 느낌이 없단 말이지. 엘리멘탈은 전기가 만들어내는 열과는 잘 맞지 않소. 우리에게는 토탄이 만들어내는 열이 적합하오. 데이비슨 가족들과 지내는 동안에는 참 운이 좋았소.

그들은 대부분의 시간 동안 집을 비웠고, 그들의 파동은 우리와 잘 공명하였소. 마치 우리가 손님을 맞이하고 있는 느낌이었다고나 할까. 덕분에 우리 아이들이 커가는 것을 지켜보면서 대체로 좋은 시간을 보냈소."

그는 몸을 앞으로 숙이며 손에 들고 있던 찻잔을 다른 찻잔 위에 포개어 올려놓았다. 그러자 두 개의 찻잔이 하나로 합쳐졌고, 나는 그 광경을 경이롭게 바라보았다. 별일 아니라는 것처럼 무심하게 행동하는 그의 태도 때문에 나는 그 마법 같은 현실을 당연한 양 받아들일 수밖에 없었다.

"아무래도 맨 처음부터 시작해야 할 것 같군." 그는 두 손을 배 위에 얹어놓고, 선생님 같은 자세를 취하면서 말했다. "대부분의 '인간들'은 우리를 보지 않는다오. 인간은 대체로 많은 시간을 3차원에서 살아가는데, 우리는 인간들로부터 반 차원 정도 떨어진 세계에서 살아가오. 우리가 인간을 보는 것은 쉬운 일이오. 왜냐하면 인간의 입자가 우리의 입자보다 더 거칠고 밀도가 높으며, 전체적으로 비대하고, 또 우리보다 느린 속도로 진동하기 때문에 그렇소."

그는 사과하듯 내 쪽으로 몸을 돌리면서 말했다. "지금 내가 말하는 건 당연히 당신 개인의 문제를 지적하는 것이 아님을 알아주시오. 인간들은 자신보다 더 가벼운 진동을 볼 수 없소.

인간은 죽은 이들을 볼 수 없고, 구름을 이루고 있는 존재들도 볼 수 없고, 나무를 자라게 하는 존재들도 볼 수 없다오. 엘리멘탈은 인간들이 이런 것들을 볼 수 없다는 사실에 대해 연민과 역겨움을 동시에 느낀다오. 인간들이 진동 영역대를 올려서 이런 차원들을 볼 수 있게 된다면, 아마도 그동안 해왔던 대로 이 세상을 살아갈 수는 없을 것이오. 개울물과 나무를 성장시키는 존재들, 그리고 거기에 깃든 생명의 힘을 볼 수 있다면 어떻게 개울물과 나무를 죽일 수 있겠냐 말이오.

엘리멘탈 세계에는 이런 이론이 있소. 바로, 엘리멘탈이나 기타 존재들을 볼 수 없도록 인간이 의도적으로 자신의 입자를 거칠고 촘촘하게 만들었다는 이론이오. 이렇게 됨으로써 인간들은 자신들이 원하는 것을 할 수 있게 되었소. 인간들은 육식을 하고, 폭력적인 영화를 보고, 또 대체로 자신의 신체적 욕구에 집중하고 있소. 이런 행위들 때문에 인간은 엘리멘탈과 자연 안에 깃든 그 모든 생명들을 보기에 지나치게 거친 상태가 되어버렸지. 따라서 인간들은 그것들을 자신이 원하는 대로, 마치 '무생물'처럼 다루고 있는 것이오.

우리는 인간이 자기가 원하는 대로 하고 싶어하는 매우 강력한 욕망을 지니고 있다는 걸 알게 되었소. 뭐랄까, 이것은 자유의지의 부정적 측면이라고나 할까. 창조자가 되기 위해서 자유의지가 필요한 것은 사실이오. 하지만 대부분의 인간은 창조자가 되기 위해 에고라고 불리는 그 강력한 의지를 길들여야 하는 어려움을 겪는다오."

나는 조용히 앉아 차를 한 모금씩 마시면서 그가 하는 말들을 주의 깊게 들었다. 그의 통찰력에 고개가 절로 끄덕여졌다. 하지만 동시에, 주변을 둘러싼 자연으로부터 아름다움을 느끼고, 영감을 받으며 시간을 보내는 이들이 극히 소수라는 사실에 슬픔이 밀려왔다.

내 감정의 변화를 눈치챈 것인지, 그는 내 쪽으로 몸을 돌리며 말했다. "그거 보시오. 긴장을 풀고 세상의 아름다움이 주는 감동을 받아들이니 얼마나 기분이 좋소?"

내 마음속 생각들을 내비치지도 않았는데, 그는 그것들을 쉽게 간파했다. 나는 그가 마음만 먹으면 이번 여름 동안 내 모든 생각을 낱낱이 파악할 수 있다는 것을 깨닫고 화들짝 놀랐다.

"하지만 그러고 싶지 않소." 그가 말했다. "나는 이런 대화 말고도 할 일이 많기 때문이오. 당신 인간들이 사생활에 굉장히 예민하다는 것도 잘 알고 있고."

그의 말투에서는 그가 나를 포함한 모든 인간을 자신보다 어린 존재로, 그래서 그 자신보다 발달이 덜 된 존재로 바라보고 있는 것이 분명하게 드러났다.

그는 피식거리며 웃기 시작했고, 잠시 후 그 웃음은 두 배로 커졌다. 그는 예고도 없이 날개가 달린 작은 요정들이 장난을 치는 이미지 하나를 나에게 투사했다. 엘리멘탈에 대한 인간의 전형적인 고정관념을 전달한 것이었다.

"알겠어요, 알겠다고요. 우리 모두는 상대 종족에 대한 고정관념을 없애는 작업을 해야만 해요. 그럼 즐겁게 해보자고요."

나는 웃으며 말했다.

그러자 그는 다시 한번 진지하게 말을 시작했다. "내가 자유의지에 관해 이야기했던 바와 같이, 엘리멘탈은 적게 소유한다오. 많이 소유할 필요가 없기 때문이오. 우리는 원하는 것은 무엇이든 이루어낼 수 있소. 우리는 인간과 달리 한 치의 의심 없이 우리가 할 수 있다고 믿기 때문이오. 우리는 인간 또는 우리 엘리멘탈 종족에게 종종 짓궂은 장난을 치기도 하오. 하지만 그것은 어디까지나 재미를 위해서이지 인간이 '악'이라고 부르는 성질의 행동은 아니라오. 예를 들어 오늘 같은 일이 그렇소. 어린 레프리콘들이 다른 친구들을 불러와 당신을 구경한다고 침대로 왔잖소. 보시오, 무슨 해로운 일이 있었소? 그 어떤 나쁜 일도 벌어지지 않았잖소.

사실 당신이 그들에게 소리치기 시작했을 때, 당신은 그들에게 해를 입힐 수도 있었소. 당신은 그들을 쫓아내버렸소. 다행히 아무도 다치지는 않았지만, 인간은 그들의 의지만으로도 엘리멘탈을 다치게 할 수 있소. 말과 행동을 통해서도 마찬가지요. 실제로 인간은 생각만으로도 엘리멘탈을 파괴하였소. 특히나 지난 100년 동안 인간들은 우리의 존재를 부정해왔고, 우리의 존재를 믿지 않았기 때문에 우리는 인간으로부터 우리가 존재할 수 있는 에너지를 받지 못했소. 일부 엘리멘탈들은 우리의 존재를 믿는 인간이 전해주는 에너지가 없어서 소멸해버리는 고통을 겪었다오. 그들은 아주 적은 양의 의지를 가진 존재들이었기 때문에 계속 살아나가기 위해서는 인간의 믿음이 필요했던 것이오."

나는 내가 한 행동을 떠올리면서 심한 죄책감을 느꼈다. 의식적으로 나쁜 의도를 갖고 행동한 것은 아니었지만, 어쨌든 무지에서 비롯된 행동이었다. "정말 끔찍하네요. 인간이 엘리멘탈에게 그렇게 심한 해를 끼쳤다니. 무슨 말을 해야 할지 모르겠어요." 내가 말했다.

그는 잠시 말을 멈추었다. 나는 그가 인간을 연구하는 학자로서의 객관성을 유지하기 위해 고군분투하고 있음을, 그리고 여러 관점을 고려하려고 애쓰고 있음을 느낄 수 있었다. "그런 와중에, 인간들은 엘리멘탈을 위해 좋은 일을 해주기도 했소." 그가 시인하며 말했다. "인간들이 우리의 존재를 믿지 않자, 우리는 에너지를 빼앗겼소. 그리고 이를 목격한 우리 중 일부는 지금 내가 걷는 이 길을 선택할 수밖에 없었소. 우리는 우리의 의지를 발전시켜야만 하고, 더불어 우리 자신을 믿어야만 하오.

이것이 본래의 계획에 따라 예정되어 있던 길은 아니었소. 우리에게는 세상에 기여할 우리만의 재능이 있고, 인간에게는 인간만의 재능이 있소. 엘리멘탈의 재능은 웃음, 즐거움, 아름다움에 있소. 인간의 재능은 의지, 행동, 실천이오. 본래의 계획에 따르면 인간과 엘리멘탈은 각자 따로 진화하면서 서로를 보완하기 위해 조화를 이뤄야 했소. 하지만 지난 수백 년간 세상은 이 계획대로 흘러가지 않았소. 그래서 우리의 진화를 통제하는 존재들은 인간에 대한 계획과 우리에 대한 계획을 함께 변경하였다오. 이제 그들은 인간과 엘리멘탈 모두 창조자가 될 수 있는 새로운 계획을 세웠소. 내가 당신과 일하듯, 엘리멘탈이 인간과 함께 일한다면 이 일은 훨씬 더 빠른 속도로 진행될 것이오. 우리는 인간과 엘리멘탈 두 종족 모두를 위해 그리고 지구를 위해 함께 일할 인간들을 찾는 중이오."

"우리가 어떻게 함께 일할 수 있을까요?"

그는 시선을 돌려 지평선을 바라보았다. 말하면서 나를 쳐다보고 싶어하지 않는 기색이었다. 이윽고 나는 그에게 있어 내 에너지가 지나치게 산만했다는 것을 깨달았다. 그는 자신이 하려는 말에 온 정신을 집중해야만 했던 것이다.

"인간이 엘리멘탈과 일할 수 있는 많은 방법이 있소. 첫 번째 방법은 엘리멘탈의 존재를 믿고, 그들이 세상에 기쁨과 아름다움을 가져온다는 것을 이해하는 것이오. 엘리멘탈은 꽃과 나무 그리고 산이 잘 성장하도록 돕는다오. 당신의 육체가 잘 유지되도록 돕는 엘리멘탈도 있소. 인간이 엘리멘탈을 볼 수 없다고 해서 그들이 존재하지 않는 것은 아니라오. 세상에는 인간이 의식하지 못하는 수많은 차원이 존재하오. 인간 세계와 다른 존재들의 세계를 의식하는 엘리멘탈조차도 모든 차원을 다 보지는 못하오. 인간이 우리의 존재를 믿으면 우리가 제대로 기능하고 성장하기 위한 사념체(thought form)가 창조되고 강화된다오. 당신들에게는 별 에너지 소모가 없는 활동이겠지만 이러한 활동은 우리에게 큰 도움이 되오. 이렇게만 한다면, 많은 엘리멘탈이 의식의 발전을 이루게 될 것이오. 그러면 우리는 창조자가 되기 위해 필요한 자유의지를 발전시킬 수 있소. 이것이 우리의 진화를 빠르게 앞당길 것이 분명하오."

나는 사념체에 관해 물어보고 싶었지만, 그가 열정적으로 이야기하는 모습에 기가 꺾였다. 그는 계속해서 말을 이어나갔다.

"우리와 일하는 또 다른 방법은 바로 우리가 이루어낸 것에 대한 감사와 감탄 그리고 기쁨을 표현하는 것이오. 인간이 이렇게 할 때 우리는 그에게 접근할 수 있고, 그는 우리 엘리멘탈이 지닌 정수를 통해 더욱더 풍요로워지고 빠른 진화를 이룰 수 있다오. 인간이 세상의 아름다움을 바라보면 인간들의 진화도 더 빨라진다오."

그가 내 쪽으로 몸을 돌리며 덧붙였다. "바로 몇 분 전에 당신이 그렇게 행동했소. 얼마나 행복했는지 기억하시오?"

나는 동의하며 고개를 끄덕였다. 그리고 다음 말을 위해 입을 떼려다 그의 말대로 자연이 주는 아름다움에 감동하는 시간을 다시 한번 가져보았다.

"인간은 자기 자신에 대한 깊은 생각에 빠져들고, 일과 의무와 같은 심각한 것들에 대해서 고민하오. 그런 행위는 인간을 단단하고 갑갑하게 조이며 진화를 지연시키지. 하지만 인간이 더욱 의식적인 상태가 된다면 조금 더 가볍고 빈 공간이 많은, 투과성 높은 상태가 된다오. 엘리멘탈은 인간을 바라보는 것만으로도 그의 운명과 그가 어떤 진화에 단계에 와 있는지를 알 수 있소.

엘리멘탈의 진화는 인간의 진화와 정반대요. 엘리멘탈은 처음에는 한 줄기의 에너지에 불과한 모습으로 태어나오. 성장과 발전을 해가면서 우리는 점차 단단해지고, 밀도가 높아진다오. 이것이 엘리멘탈 진화의 목적 중 하나라오."

나는 다시 한번 그의 말에 내 소감을 덧붙여보려 시도했다. 하지만 그는 아까와는 또 다른 신중한 표정을 지어 보였고, 나는 침묵을 지키기로 했다. 언제쯤 내가 대화에 끼어들 수 있을지 궁금해지고 있었다.

레프리콘은 과장된 표정으로 인내심을 내보이며 나를 쳐다보고는 계속해서 말을 이어나갔다. "인간과 엘리멘탈이 함께 일할 수 있는 두 가지 방법이 있소. 하나는 인간과 함께 일하고 싶어하는 엘리멘탈과 같이 일하는 것이오. 엘리멘탈의 역할은 형태를 만들고, 자연 안에 있는 패턴을 파악하고, 그 패턴이 발전할 수 있도록 고무하는 것이오. 엘리멘탈은 인간 개개인이 가진 패턴을 볼 수 있소. 그래서 나무와 꽃을 키워내듯 인간의 성장도 도울 수 있다오. 이는 인간의 진화를 가속화할 것이오. 인간은 모든 사람에게 수호천사가 있다고 말하는데, 그 말이 맞소. 인간에게는 수호천사가 있소. 더불어 다정한 엘리멘탈을 친구로 얻을 수도 있지.

또 다른 방법은, 엘리멘탈이 자연 속에서 하는 일들에 대해 감사하는 것이오. 고마워하는 인간의 마음은 우리에게 에너지로 전달되오. 엘리멘탈은 각각의 인간과 함께 일하며 인간의 자유의지를 배울 수 있소. 인간과 엘리멘탈이 함께 일한다면 엘리멘탈은 인간의 진화 속으로 들어가는 위험을 감수하지 않아도 되오."

이 말과 함께 레프리콘은 손을 머리 위로 쭉 뻗으며 입을 크게 벌리고 하품을 하더니 나를 향해 미소를 지었다. 길고 긴 독백 무대를 끝낸 뒤 그가 말했다.

"오늘은 여기까지 합시다. 당신도 그게 좋지 않겠소?"

그는 내 대답은 기다리지도 않고 일어서서 몸을 돌렸다. 그리고 그대로 코티지의 벽을 통과해 걸어가버렸다.

레프리콘이 집에서 떠난 뒤, 나는 눈을 감고 의자에 기대어 긴장을 풀었다. 아일랜드의 아침 기운을 담은 시원한 바람이 내 위로 불어왔다. 숨을 크게 들이마셨다가 내쉬면서 오늘 아침에 받은 충격을 가라앉혔다. 리트릿에 대한 나의 청사진은 겨우 이틀 만에 철저히 부서졌다. 엘리멘탈이 인간보다 신성한 계획을 더 잘 이해하고 있다는 그의 말이 다시 떠올랐다. 엘리멘탈은 자유의지를 사용하는 법을, 인간은 신성한 계획과 함께 일하는 법을 배울 필요가 있었다. 두 종족 모두 자유의지를 사용하는 법과 신성한 계획과 함께 일하는 법 사이에서 건전한 균형을 이루어야 한다는 공통점이 있는 것이다.

이번 여름, 나에게 이러한 균형을 잡을 기회가 주어진 것이 분명했다. 아일랜드로 떠나오기 전의 나는 삶의 길을 단면적으로만 보았고, 그것이 다른 사람들에게 어떻게 적용될 수 있을지만 생각했다. 마치 태피스트리 문양처럼, 인간이 아닌 다른 존재들의 삶의 길과 나의 길이 씨실과 날실이 되어 어떤 무늬를 만들어낼 수 있을 것이라고는 생각하지 못했던 것이다. 나는 이제야 우리가 위대한 전체의 일부로서 어떻게 함께 어우러질 수 있는지를 살짝 엿보기 시작했다.

아일랜드에 오기 전, 나의 목표는 오로지 깨달음뿐이었다. 내가 생각했던 깨달음의 과정은 특정한 방식의 시험을 받고, 그 시험에 성공하거나 실패하는 것이었다. 나는 깨달음을 진화의 과정으로 바라보기보다는 절대적인 상태로 여기는 경향이 있었다. 그렇지만 이제 깨달음이란 불교도들이 말하는 '목표 없는 여정'이라는 것을 안다. 이번 여름은 목표에 대한 걱정 없이 여정 그 자체를 경험할 수 있게 해주는 기회 같았다. 나라고 생각했던 나는 과거에 있고, 현재의 나는 진정한 나를 알기 위해 지금 아일랜드에 와 있다.

음식의 정기

뱃속에서 꼬르륵꼬르륵 요란한 소리가 났다. 나는 의자에서 몸을 일으켜 집 안 부엌으로 발걸음을 옮겼다. 토스터에 빵 두 조각을 집어넣고 있는데, 등 뒤로 따가운 시선이 느껴졌다. 뒤를 돌아보니, 레프리콘 가족이 총출동해서는 몹시 허기진 눈으로 내 아침거리를 뚫어지게 바라보고 있었다.

"레프리콘도 토스트를 먹어요?" 내가 물었다.

"엄청나게 잘 먹소!" 가족 중에서 나이가 가장 많은 남편 레프리콘이 자신이 보일 수 있는 가장 매력적인 미소를 띠며 대답했다.

나는 빵 칼을 집어 든 다음 그것을 네 조각으로 자르면서 한 달 동안 나와 레프리콘 가족을 포함한 5인분의 식비가 얼마나 들지를 머릿속으로 계산했다.

"걱정할 필요 없소." 내 오른쪽 어깨 위로 목소리가 들려왔다. "우리가 사람의 음식을 다 먹는 것은 아니니깐 말이오."

나는 어떻게 하면 레프리콘이 내 생각을 읽지 못하게 할까 고민하면서 바쁘게 토스트를 구웠다. 토스트에 무엇을 발라 먹고 싶은지 물어보려고 하던 찰나, 그가 말했다. "버터와 꿀을 발라 먹겠소."

나는 오래된 나무 쟁반에 버터와 꿀 그리고 토스트를 한 접시 가득 담아 거실로 들어갔다. 레프리콘 가족은 음식이 빨리 나오기를 기대하며 일찌감치 식탁에 자리를 잡고 기다리고 있었다. 나는 그들 앞에 접시를 하나씩 놔주고 그 옆에 자리를 잡았다.

"아일랜드식 소다 빵, 맛있군." 내 친구 레프리콘이 손가락에 묻은 꿀을 뚝뚝 떨어뜨리며 부정확한 발음으로 말했다. 그런데 잘 보니 내가 준 토스트가 어느새 두 조각이 되어 있었다. 토스트 하나는 내가 테이블에 내려놓았던 그 자리에 그대로 있었고, 다른 하나는 흐릿하게 그의 손에 들려 있었다. 그의 손에 있던 토스트는 내가 바라보는 사이, 크기가 점점 줄어들고 있었다.

나는 아내 레프리콘이 앉아 있는 식탁 다리 쪽으로 시선을 돌려보았다. 아내 레프리콘은 손으로 입가를 가리며 새어 나오는 웃음을 막고 있었다. 이런 상황이 재미있다고 느낀 모양이었다. 나는 레프리콘의 입장에서 내가 어떻게 보였을지를 생각하면서 웃기 시작했다. 그 순간, 레프리콘들의 눈빛이 흔들리기 시작했다. 나는 내 감정의 힘이 그들에게 부담이 된다는 것을 깨닫고 이내 웃음을 멈추었다. 인간의 분노가 그들을 다치게 할 만큼 강력하다는 레프리콘의 말이 다시 떠올랐다. 나는 재빨리 감정을 가라앉혔다. 그러자 아내 레프리콘은 즉시 안정감을 되찾았다.

내 맞은편에는 자식 레프리콘 둘이 앉아 있었다. 인간을 기준으로 보면 그들은 다섯 살에서 아홉 살 사이로 보였다. 하지만 나는 엘리멘탈들이 보기보다 훨씬 나이가 많다는 것을 알고 있었다. 그렇긴 하더라도 그 둘은 인간 남자아이보다 몸집만 작을 뿐, 그 나이대로 보였고 행동도 비슷했다. 어른 레프리콘들과 달리, 어린 레프리콘들은 토스트를 안정적으로 집어 들지 못했다. 아이들은 토스트가 접시 위로 올라갔다 내려갔다를 반복하는 사이에 킁킁거리며 바쁘게 토스트 냄새를 맡았다.

나는 인간 아이들이 마음으로 음식을 움직이는 방법을 배울 수 있다면 재밌겠다고 생각하면서 다시 한번 미소를 지었다. 레프리콘 아이들은 인간 아이들에게 음식을 공중에 띄우는 방법을 가르쳐줄 수 있을 것이고, 인간 아이들은 레프리콘 아이들에게 마음속 이미지를 유지할 수 있도록 정신을 집중하는 방법을 가르쳐줄 수 있을 것이다. 나는 내 친구 레프리콘이 나를 바라보고 있다는 것을 알아챘는데, 그는 내 생각의 흐름을 쭉 주시해온 것 같았다. 이를 통해 나는 내가 생각한 두 종족의 상생 방법이 옳은 것임을 알 수 있었다. 또, 인간 아이들의 '비밀 친구'가 사실은 엘리멘탈인 경우가 더러 있다는 것도 알게 되었다. 인간 아이의 마음은 여전히 엘리멘탈의 세상에 열려 있기 때문이다.

나는 턱을 살짝 들어 아내와 아이들을 가리키며 질문했다.

"저들도 나에게 가르침을 나누어줄 건가요?"

"직접은 아니오." 내 친구 레프리콘이 대답했다. "아내는 굉장히 멍청하다오. 그리고 아이들은 아직 너무 어려서 자기들이 생각하는 것을 당신에게 이해시킬 수 있을 만큼 긴 시간 동안 한 가지 생각에 집중할 수가 없소."

나는 아내 레프리콘이 '멍청하다'는 표현에 어떻게 반응할지 궁금해서 그녀를 슬쩍 쳐다보았다. 그녀는 그것을 모욕적이라고 느끼지 않는 기색이었다. 그녀는 나를 바라보며 미소를 지은 뒤, 자신의 손에서 빠르게 녹고 있는 토스트로 주의를 돌렸다.

"어떻게 한 거죠?" 나는 손으로 그녀의 토스트를 가리키며 물었다. 그녀는 킥킥거리며 웃었고, 내 친구 레프리콘이 그녀를 대신해 대답했다. 그는 지배적인 성향의 파트너인 것 같았다.

하지만 나는 남녀 관계는 평등해야 한다는 인간의 관점으로 그들의 관계를 판단하지 않으려고 노력했다.

"엘레멘탈은 살아 있는 존재를 먹지 않는다오. 대신 우리는 음식의 정기를 먹소. 당신의 이해를 돕는 가장 적합한 표현은 정기를 들이마신다는 표현이겠군. 이것이 우리의 생명 유지 방식이오. 우리에게는 인간의 음식 대부분이 혐오스럽소. 우리는 절대 먹기 위해 살아 있는 존재를 죽이지 않소. 따라서 양, 닭, 물고기도 먹지 않지."

그는 말하면서 매스꺼움을 느끼는 듯했다. 지금의 이런 그의 모습을 오랫동안 기억한다면, 내가 채식주의자가 될 수도 있겠다는 생각이 들었다. '뭐, 샐러드는 늘 있으니까.' 나는 속으로 생각했다.

"아니, 그렇지 않소. 양상추도 살아 있는 존재요." 그는 나에게 이미지를 투사하며 말했다. 살아 있는 양상추가 무자비한 인간의 손에 뿌리째 뽑히는 장면이었다. 양상추가 죽음의 비명을 지르는 소리가 들리는 듯했다. 특히나 이 장면은 나를 가슴 아프게 했다. 왜냐하면 양상추는 내가 가장 좋아하는 음식 중 하나이고, 나는 먹이사슬의 가장 아랫부분에 있는 음식들을 먹는 나 자신을 종종 자랑스러워했기 때문이다. 나는 돼지고기를 수십 년째 먹지 않고 있었고, 아주 가끔만 닭고기나 양고기를 먹었다.

"그럼 도대체 당신은 무엇을 먹는 건가요?" 나는 인간이 엘리멘탈처럼 먹어서는 살 수 없다고 생각하며 방어적인 태도로 질문했다.

"우리는 우유, 버터, 곡물, 과일 그리고 죽임을 당하지 않은 모든 것을 먹소." 그는 우월감이 섞인 말투로 대답했다. "인간의 진화는 이러한 방향으로 나아갈 것이오. 당신은 인간들이 예전만큼 소고기를 많이 먹지 않는다는 것을 알아챘을 거요. 최근 당신 인간들은 닭고기나 생선을 많이 먹고 있소. 얼마 후가 되면 사람들은 그것들조차 먹지 않게 될 것이오. 대신 채소와 과일을 더 섭취하게 되겠지. 진화를 위해서는 몸이 더 가벼워져야 하므로 이는 필수적인 일이요. 당신들도 훨씬 진화하게 되면 우리처럼 음식의 정수를 흡입하는 때가 올 것이오."

"당신이 먹는 음식 종류에 대해서 조금 더 자세히 말해주겠어요?" 이번 여름, 가벼운 식이 조절이 깨달음을 얻는 데 도움이 될까 싶어 내가 질문했다.

"곡물 종류는 다 괜찮소. 그러니 나에게 아침 식사로 포리지*를 만들어주어도 되오." 얼굴에 미소를 띤 그는 어렵지 않게 알아챌 수 있는 힌트를 주며 말했다. "우리는 귀리로 만든 음식들

* Porridge: 귀리와 같은 곡물의 가루를 물이나 우유에 넣어서 끓인 죽 형태의 요리로, 주로 아침에 먹는다. 포리지의 한 종류로 오트밀이 있다.

을 좋아하는데, 단 아일랜드에서 재배된 것이라야 하오. 인간은 자신의 몸이 허락하는 음식을 먹는 법을 배워야만 하오. 자신 또는 자신의 조상이 태어난 곳의 음식을 먹어야 한다는 말이오. 엘리멘탈은 먼 곳에서 온 먹을거리보다는 자신이 살고 있는 지역에서 생산된 먹을거리를 먹소. 그런 음식이 우리를 더 살찌운다오."

"당신은 감자를 먹나요?" 나는 아일랜드 사람들이 좋아하는 음식인 감자를 떠올리며 물었다.

"물론이오. 우리는 감자를 먹기 위해서 그 존재 자체를 파괴하지 않기 때문이오."

"어떻게 식물을 파괴하지 않을 수 있죠?" 나는 석연치 않아 하며 물었다.

"우리는 감자에게 가서 그들의 자식 중 하나를 우리에게 달라고 부탁한다오. 그러면 감자는 자신의 일부 중 어떤 부분을 우리에게 주면 좋을지 스스로 결정한다오. 그리고 우리는 감자가 정해준 그 부분의 감자에게서 정수를 흡입하오."

그의 말을 듣고 있자니 내가 콩과 산딸기를 딸 때 그들에게 허락을 구했던 일이 기억났다. 때로는 좋다는 대답을, 때로는 싫다는 대답을 들었다. 나는 싫다는 대답을 들으면 절대 내 멋대로 수확하지 않았다.

"그것이 바로 엘리멘탈의 방식이오." 내 생각을 읽은 레프리콘이 말했다. “모든 인간은 음식을 모을 때 이런 절차를 따라야만 하오.”

그는 ‘허용된’ 음식 목록에 대해 계속해서 말을 이어나갔다. “버터와 우유에 대해 말하자면, 소는 우리에게 대가 없이 그것들을 나눠준다오. 꿀도 마찬가지요. 우리는 벌과 친구 사이라오. 벌은 기꺼이 우리에게 꿀을 제공해주지. 이는 우리가 아름다운 꽃을 키우고, 벌은 그 꽃에서 꽃가루를 얻어 꿀을 만들기 때문이라오.”

“술도 마시나요?” 나는 술에 취한 레프리콘들의 이야기가 떠올라 빙그레 웃으며 물었다.

“물론이오.” 그는 잘 알지 않느냐는 듯 윙크하며 대답했다. “우리가 가장 좋아하는 술은 미드mead라는 벌꿀 술이오. 옛날에는 인간들이 결혼식에서 미드를 마시고는 했지. 그래서 엘리멘탈은 결혼식이나 파티가 열리기를 학수고대했다오. 요즘은 미드를 마시는 일이 많지 않아서 그냥 흑맥주를 마시거나 가끔 와인을 마신다오.”

“인간들이 당신을 보지 못할 때는 어떻게 그들로부터 술을 얻나요?” 나는 술을 얻는 비법이 있는 것이 분명하다는 생각이 들어 질문했다.

“흠, 술을 얻는 데는 두 가지 방법이 있소.” 그가 대답했다.

"우리가 인간과 좋은 관계를 맺고 있는 경우, 그들은 우리를 위해서 우유 그릇을 준비해놓거나 컵에 미드 한 잔을 따라 주지. 이것이 지난 몇 세기 동안 이어져 내려온 방법이오. 인간은 우리를 존중했고, 우리가 그들의 농작물을 건강하게 유지시켜 준다는 것을 알고 있었소. 그래서 우리는 협력적인 관계 속에서 함께 일했지. 지금은 이런 경우가 거의 없다오. 그래서 두 번째 방법만 남게 되었소."

무슨 이유에서인지 그는 얼굴을 붉히면서 말을 이어나갔다. "지금 우리는 인간이 미드를 술잔에 따르는 순간, 잔을 입으로 가져가기 전에 재빨리 달려가서 몇 모금을 마신다오. 인간이 눈치채지 못하고 있는 게 하나 있는데, 그것은 우리가 정기를 들이마신 술이 그다지 맛이 좋지 않다는 거요. 우리는 술의 정기를 마신 다음 바로 현장을 떠난다오. 우리가 마시다 남긴 술을 인간이 마시는 것을 보면 비위가 상하기 때문이라오."

이 이야기를 하면서, 그는 식탁 위에 놓인 토스트 조각들을 내려다보았다. 내 눈에 그 토스트들은 내가 처음 그 자리에 내려놓았을 때와 똑같아 보였다. "만약 당신이 지금 이 토스트를 먹는다면 그것은 우리에게 비위 상하는 일이 될 것이오. 우리는 이미 그 토스트의 생명력을 취하였소. 만약 당신이 그 토스트를 먹는다면, 그 행위는 당신이 죽인 존재를 먹는 것만큼이나 나쁜 일이 될 것이오. 물론 완전히 똑같은 것은 아니지만 말이오."

나는 레프리콘의 말을 들으면서 그의 말에 들어 있는 정보를 소화하기에 바빴다. "어쨌든 당신들은 음식에 대해, 그리고 무엇을 먹어야 하는지에 대해 배워야 하오." 레프리콘은 이 말을 끝으로 나에게 고개를 끄덕여 인사한 뒤 사라졌다.

이제 레프리콘 아내와 아이들만이 자리에 남아 있었다. 아이들은 안절부절못하는 모습으로 나를 힐끔거리며 쳐다보았고, 레프리콘 아내는 나에게 할 말이 있는 것처럼 보였다. 나는 그들이 의식을 집중하기 위해 노력하고 있다는 인상을 받았다. 작은 몸집의 그녀는 아이들을 예의주시하는 동시에 나를 바라보았다. 그녀가 내 도움을 원하고 있다는 것을 느낄 수 있었다. 나는 식탁 너머로 나의 오라를 확장하여 그들 쪽으로 평화로운 생각을 집중하여 보냈다. 그러자 즉시 효과가 나타났다. 아이들은 부산스럽게 몸을 움직이지 않고도 훨씬 더 긴 시간 동안 나를 바라볼 수 있게 되었다. 내가 미소 짓는 그녀의 얼굴을 보자마자 그들은 사라져버렸다.

언덕으로 올라가는 길

레프리콘들이 떠난 뒤, 나는 토스트를 쓰레기통에 버렸고 접시들은 싱크대 안에 놓아두었다. 이틀 전의 나였다면 명상을 하기 위해 집에 있었겠지만 이젠 아니었다. 나는 남은 일정을 정해진 목표 없이 쉬면서 보내기로 마음먹었다. 그날은 그해 여름 중 좀처럼 경험하기 힘들었던, 비가 오지 않는 날이었다. 좋은 날씨이기는 했지만 따뜻하게 입기 위해선 청바지와 울 스웨터가 필수였다. 체형이 마른 편인 나는 할 수 있는 만큼 겹겹이 껴입었다.

그리고 이런 생각을 해보았다. '레프리콘이 나한테 지방을 조금만 이식해주면 몸이 따뜻해질 텐데. 그럴 수 없다니 정말 아쉬운걸. 내 키는 160센티미터 정도고, 그의 키는 겨우 내 어깨 높이 정도니까 우리가 코티지에서 함께 지내는 동안 내가 그에게서 지방을 가져온다면 그는 그 대가로 내 키를 달라고 할지도 모르겠어.' 나는 다음번에 그를 만나면 이 이야기를 해줘야겠다고 마음먹었다.

목도리를 두르고 현관문을 나섰다. 그리고 바깥 대문을 지나 마을과는 반대 방향인 왼쪽 길로 들어섰다. 전날 밤에 내린 비가 물줄기가 되어 길 양쪽에 있는 작은 배수로로 흘러내리고 있었다. 빠른 걸음으로 몇 분 걷다 보니 갈림길이 나왔다. 오른쪽 내리막길은 내가 마을에 처음 도착해 버스에서 내린 지점과 이어져 있었고, 이 길을 쭉 따라가면 바위 해변으로 갈 수 있었다. 반면 왼쪽 오르막길은 음산한 분위기의 언덕을 향해 나 있는 구불구불한 길이었다. 본래의 내 천성대로라면 그다지 끌리지 않는 왼쪽 길보다는 해변으로 이어지는 오른쪽 내리막길로 가는 것이 맞았다. 하지만 나는 왼쪽으로 몸을 돌렸다.

평소라면 하지 않던 행동을 하고 싶었다. 그동안 발전시켜 왔던 의식적, 무의식적 행동 패턴을 모두 깨부수고 더욱 깨어 있는 의식 상태가 되고 싶었다. 나는 내가 원할 때 먹고, 자고, 말하는 이러한 익숙한 패턴들이 의식 상태를 둔하게 만든다는 것을 깨달았다. 평소 반복적으로 유지해오던 관습들을 바꾸어

보면 흥미로운 경험으로 이어질지도 모를 일이었다. '화가 나거나 우울해질까? 아니면 새로운 관점이나 높은 차원의 깨달음을 얻게 될까?' 나는 혼자 생각했다. 의지력을 키우고, 더 확실하게 몸을 통제하고 싶었다. 만약 내가 전생에 그리스에서 살았다면, 나는 엄격한 자기 절제와 자기 수양을 추구하는 스파르타인이 아닌, 아름다움과 즐거움을 추구하는 아테네인이었을 것이다. 그래서 오늘은 스파르타를 방문하는 기회를 잡고 싶었다.

이런 생각들을 하며 천천히 구불구불한 언덕길을 올라가고 있던 내게 한 가지 통찰이 보상처럼 찾아왔다. 내가 자기 억압에 대한 보상을 기대하고 있다는 통찰이었다. 의식적으로 깨어 있지 않으면 어느새 내 정신은 이 산책에 목표를 끼워 넣었다. 나는 모든 목적을 내려놓고 나를 둘러싼 풍경의 아름다움에 집중하자고 다짐했다.

아일랜드의 시골에는 손으로 만져질 듯 생생한 마법이 존재하며 대부분의 민감한 사람들은 그 마법의 실체를 느낄 수 있다. 산들바람이 나를 부드럽게 감싸며 노래할 때면 오라가 정화되고 영혼이 상승하는 것을 느낄 수 있었다. 언덕을 올라가면 올라갈수록 길 위에 선 두 다리가 한층 가벼워졌다. 그렇게 모퉁이를 돌아서자 왼쪽 아랫길과 이어져 있는 작은 공동묘지가 눈에 들어왔다. 나는 오늘 중요한 길은 다 왼쪽(우리가 만들어둔 것을 부수거나 제거하는 방향) 길인 것 같다는 생각을 하며 또 한 번 왼쪽으로 걸어갔다.

가까이 다가가 보니, 공동묘지는 잡초로 무성하게 덮여 있었다. 그곳은 차곡차곡 쌓아놓은 허리 높이의 돌벽에 둘러싸여 있었으며 대략 50여 기의 묘비가 세워져 있었다. 계속 앞으로 걸어가자 철문 하나가 나타났다. 문을 열고 들어가자 녹슨 경첩에서는 삐걱거리는 소리가 났다.

살면서 묘지를 좋아했던 적은 단 한 번도 없었다. 하지만 내 전 남자친구 빌Bill은 일시적인 호기심 이상으로 묘지에 관심이 많았다. 나는 그와 사귀는 동안 관이 땅 위로 층층이 쌓여 있는 멕시코 묘지에서부터 발리의 화장터까지 전 세계의 묘지를 방문했다.

나는 고인이 된 영혼들이 나를 끌어당기는 것이 느껴졌기 때문에 묘지를 좋아하지 않았다. 그들로부터 나를 보호하는 막을 세워도 여전히 그들의 존재를 느낄 수 있었다. 죽은 사람과 이야기하는 것을 반대한다는 뜻은 아니다. 다만 친구를 선택할 때 나름의 기준이 있듯, 어떤 죽은 영혼과 이야기를 할 것인지에 대해 까다로울 뿐이다. 돌아가신 아버지나 지인들과 대화를 나눈다는 것이 나에게는 그다지 비일상적인 일이 아니다. 나는 살아 있는 사람에게 보내는 망자들의 메시지를 종종 전달받곤 한다. 하지만 물질 세계에 미련을 가진 채 묘지를 떠나지 않고 있는 영혼과 대화하는 일은 전혀 바람직한 일이 아니다.

나는 정신적으로 스스로를 보호하면서 신중하게, 그리고 존중하는 마음으로 비석들에 다가갔다. 묘지는 황폐하기는 했지만 아직도 사용되고 있는 것 같았다. 몇몇 묘지에는 진짜 꽃이 심어져 있었고, 그 외의 다른 묘지들이 있는 땅에는 빛바랜 플라스틱 꽃들이 꽂혀 있었다. 나는 묘비에 날짜도 이름도 쓰여 있지 않은 무덤들을 한 군데씩 걸어 다녔다. 묘지에는 100년 전쯤 어린 나이에 죽은 사람들이 많아서 감자 대기근 시기에 죽은 것이 아닌가 하는 생각이 들었다.

나는 '목적 없는' 산책을 계속 이어나가야만 했기에 철문을 다시 닫고 그곳을 떠났다. 그곳을 떠나자마자 안도감이 들었다. 그곳의 영혼들은 철과 돌로 만들어진 장벽 너머로는 나올 수 없었다.

공동묘지 왼쪽으로는 골이 깊게 파인 길이 하나 있었는데, 언덕을 향해 올라가는 가파른 길이었다. 나는 움푹 팬 웅덩이와 가시덤불을 요리조리 피하며 정상을 향해 재빨리 올라갔다. 놀랍게도, 그곳에는 버려진 마을의 잔해가 있었다. 제대로 세워져 있는 건물은 전혀 없었고, 돌로 지은 작은 집들의 터만 남아 있었다. 아주 오랫동안 사람이 살지 않은 것이 분명했다. '공동묘지에 묻힌 사람들이 살던 곳인가?' 하는 생각이 들었다.

경사가 완만한 갈색빛 고원이 눈앞에 펼쳐졌다. 고원에는 태양 볕 아래에서 말라가는 토탄이 한 무더기 있었다. 땅 아래로 깊고 날카롭게 파인 자국은 토탄 더미들이 어디서 채취되었는지를 보여주고 있었다. 고원의 분위기는 조금 전에 떠난 공동묘지와 상당히 비슷했다. 처음에는 고원에 사람이 없는 줄 알았는데, 잘 보니 네 가족이 멀리서 토탄 더미를 쌓으며 일하고 있었다. 그들은 나를 못 본 것 같았다. '조용히 있을까? 아니면 저들에게 몇 가지 질문을 해볼까?' 나는 두 가지 선택지 사이에서 고민하다 후자를 선택했고, 그들을 향해 걸어갔다.

그들은 내가 다가오고 있다는 것을 눈치챘지만, 멈추지 않고 하던 일을 계속했다. 내가 그들을 방해하는 것은 아닌지 걱정이 되었다. 두 아이는 네 살, 다섯 살 정도 되어 보였고, 바닷가에서 모래 놀이를 하듯 작은 양동이와 삽을 이용해 토탄으로 성을 지으며 놀고 있었다. 아이들의 부모는 청바지에 두꺼운 아일랜드산 울 스웨터를 입고, 긴 장화를 신고 있었다. 그들은 젖어 있는 토탄이 잘 건조될 수 있도록 다시 뒤집어서 쌓는 작업을 하고 있었다.

그들에게 내 목소리가 들릴 정도의 거리가 되자 나는 "안녕하세요" 하고 인사를 건넸다.

그들은 하던 일을 멈추고, 서서히 다가오는 나의 모습을 묵묵히 바라보았다. 대화를 반기는 기색도 꺼리는 기색도 아닌 것 같았다. 그래서 나는 그들이 쉽게 대답에 응할 만한 몇 가지 질문을 해보기로 했다.

"저는 아일랜드를 여행하고 있어요." 내가 외국인이라는 것을 한눈에 알아보지 못할 것 같아서 먼저 운을 띄었다. "이 많은 토탄은 누가 다 쓰는 건가요?"

대답은 남자의 몫인 것 같았다. "마을에 사는 모든 가정은 언덕에 각자의 구역을 갖고 있어요. 그곳에서 자기가 쓸 만큼의 토탄을 캐가죠." 그는 토탄 채취용으로 보이는 삽에 몸을 기대며 대답했다.

나는 주변을 둘러보며 땅에 경계선 표시가 있는지, 구역을 알려주는 안내판 같은 게 있는지 찾아보았지만 아무것도 없었다. 그는 당혹스러워하는 내 표정을 읽어내고는 자부심이 느껴지는 말투로 이야기했다. "각각의 구역은 이전 세대가 그다음 세대에게 물려주고 있지요."

그의 설명을 들은 나는 어째서 아무 표시도 없었는지 이해가 되었다. 저들은 어린아이였을 때부터 가족 몫의 토탄을 채취하러 이곳에 왔을 것이고, 이웃의 몫을 건드리지 않았을 것이다.

이 언덕은 마을 사람들을 위한 공동의 재산이었다.

“토탄은 주로 언제 캐시나요?” 나는 토탄 채굴의 전체 과정을 이해하고 싶어 물어보았다.

“봄에 토탄을 캔 다음 건조시키기 위해서 쌓아놓아요. 그래야 토탄 안으로 산소가 잘 들어가서 금방 건조된답니다. 물론 비가 많이 내리기 전에 마를 수 있다면 좋겠죠.” 그는 머리 위로 드리워진 회색 구름을 바라보며 웃었다. “우리는 채취한 토탄을 집으로 가져가서 그해에 모두 사용해요. 중앙난방이 있기는 하지만 마을 사람 대부분이 여전히 집에서 토탄을 사용하고 있어요.”

지금 지내고 있는 코티지의 벽난로에서 솔솔 풍겨 나오던 달콤한 향이 떠올랐다. 아일랜드 사람들이 왜 토탄 사용을 포기하지 못하는지 쉽게 이해할 수 있었다. 나는 얘기해주어 고맙다고 인사를 한 다음, 멀리 마을이 보일 때까지 토탄 지대를 따라 계속 걸어갔다. 그러던 중 문득, 내가 다시 코티지의 뒤편 언덕에 도착해 있음을 알게 되었다. 코티지가 시야에 들어오진 않았지만 익숙한 길과 함께 오틀 부인의 농장이 보였기 때문이었다. 마침 그곳에는 언덕 아래로 내려갈 수 있는 잘 다져진 오솔길 하나가 있었다. 나는 그 길을 따라 집으로 내려갔다.

코티지에 다다르자 초저녁이 되었고, 벽난로의 따스한 토탄 불이 나를 맞이하고 있었다. 오툴 부인이 벌써 다녀간 모양이었다. 저녁 식사를 만들어 먹은 뒤 난롯가에 앉아 하루를 되돌아보았다. 몸이 노곤해진 나는 일찌감치 잠자리에 들었다.

장날

다음 날 아침, 천천히 잠에서 깨어났다. 나는 지난번 같은 깜짝 방문은 없기를 바라면서 반쯤 뜬 눈으로 조심스럽게 이불 너머를 바라보았다. 기쁘게도 나는 혼자였다. 나는 몸을 일으켜 베개로 등 뒤를 받친 다음, 잠옷 위로 스웨터를 걸쳐 입었다.

웬 호사인가! 내가 아침 시간을 어떻게 쓸지 계획할 수 있는 날은 그날이 처음이었다. 시간은 계속 가고 있었고, 그렇게 한 달도 금세 지나갈 것이었다. 그리고 꾸준히 명상을 하지 않는다면 깨달음도 없을 것이었다. 마침내 오늘, 내게 평화로운 분위기 속에서 명상을 할 기회가 주어졌다. 아침 명상을 마친 다음에는 식사를 하고, 명상을 조금 더 하다가 오후에는 산책하러

나가는 것이 내 계획이었다.

나는 명상을 하려고 눈을 감고 호흡에 집중했다. 그렇게 막 평화로운 상태에 들어섰을 때, 현관문을 두드리는 갑작스러운 소리에 내 의식도 다시 일상으로 돌아왔다. 나는 몸을 감싸고 있던 이불을 젖히며 얼음장처럼 차가운 침실 바닥에 발을 내려놓았다. 재빨리 아무 양말이나 신고 현관문으로 달려갔다. 그리고 아일랜드에서 이런 잠옷 차림으로 사람을 맞이하면 예의에 어긋나는 것일지도 모르겠다고 생각하면서 문을 살짝 열었다. 문 앞에서는 짧은 갈색 머리의 젊은 여성이 나를 향해 미소 지었다.

"안녕하세요." 그녀가 말했다. "저는 오툴 부인의 딸 모린Maureen이라고 해요. 어머니와 옆 동네에서 열리는 장에 가려고 하는데 같이 가시겠어요?"

모린은 오툴 부인과 전혀 닮아 보이지 않았다. 나이는 아마도 20대 중반에, 키는 나와 비슷해 보였다. 소년 같은 단발머리를 한 모린에게는 어머니처럼 특이해 보이는 요소가 전혀 없었다. 북미 지역 어디에서라도 위화감 없이 잘 어울릴 것 같은, 작은 동네에 사는 평범한 여성의 모습이었다. 오툴 부인과 모린은 아일랜드의 과거와 현재 사이의 차이점을 보여주는 훌륭한 예시였다.

나는 그녀의 제안에 대해 빠르게 고민한 다음, 바로 수락하였다. 명상은 내일 해도 되는 것이었고, 그녀의 제안은 지금 이 순간을 사는 법을 연습하는 또 다른 기회였다.

"초대해주셔서 감사해요. 저도 갈게요." 나는 대답했다. "그런데 언제 출발하실 건가요?"

"30분 후에 떠나려고 해요. 모시러 올게요." 그녀는 바깥 대문을 향해 성큼성큼 걸어가며 대답했다.

나는 현관문을 닫고 서둘러 옷을 입은 다음 차와 토스트를 준비했다. 그리고 눈에 보이지는 않지만 이곳에 있을 내 친구 레프리콘 몫의 식사를 조금 더 만들어 식탁 위에 올려놓았다. 정확히 30분이 지났을 때, 자동차 한 대가 대문 앞에 도착했다. 현관문을 열어보니 일곱 살쯤 되어 보이는 마른 체구의 어린 소녀가 나를 기다리고 있었다. 소녀는 여름 원피스 위에 스웨터를 입고, 도시적인 신발에 무릎까지 올라오는 양말을 신고 있었다. 옷차림이 그다지 따뜻해 보이지는 않았다. 어깨까지 내려오는 소녀의 머리는 양쪽으로 가지런히 묶여 있었다.

"저는 섀넌Shannon이에요." 인사를 건넨 섀넌은 '미국인'을 데리러 가는 일을 맡게 되었다는 사실에 몹시 기뻐하고 있는 것이 분명했다. "저희는 지금 출발할 준비를 다 마쳤어요."

섀넌을 따라 차로 걸어가자 차의 뒷문이 휙 하고 열렸다. 나와 섀넌은 차 뒷문으로 들어가 섀넌보다 더 어려 보이는 아이

옆에 붙어 앉았다.

"나는 타니스야. 네 이름은 뭐니?" 내가 말했다. 아이는 다섯 살쯤 되어 보이는 소녀였다. 섀넌보다 더 동그스름한 얼굴에, 자신의 엄마 모린처럼 소년 같은 갈색 단발머리를 하고 있었다.

"저는 브리짓Bridget이에요." 이빨 빠진 모습으로 웃으며 대답하는 아이의 모습은 할머니인 오툴 부인을 연상케 했다.

모린은 조수석에 앉아 있었는데, 그 옆으로 건장한 체격의 잘생긴 남성이 백미러를 통해 나를 쳐다보고 있었다.

"브렌던Brendan이라고 합니다." 그가 미소를 지으며 말했다.

"어떻게, 오두막에는 잘 적응하고 계신가요?"

약간은 장난스러운 그의 말투로 미루어 보아, 그는 낡고 오래된 코티지에서 살기로 한 외국인의 결정에 놀란 것 같았다. 아일랜드 시골에 사는 대부분의 젊은이들은 구식의 코티지를 기꺼이 현대식 주택으로 바꾸고 싶어한다. 따라서 브렌던과 모린은 내가 왜 그런 옛집을 선택했는지 이해하기 힘들었을 것이다.

"코티지는 지내기에 괜찮아요. 조용한 것이 마음에 들어요." 내가 대답했다.

"눅눅할 텐데요?" 브렌던이 받아치며 되물었다.

"춥기는 하지만 괜찮아요. 오툴 부인이 불 지피는 일을 도와주셔서 얼마나 감사한지 몰라요. 저는 아직도 불 때는 게 어렵더라고요." 나는 웃으면서 말했다.

브렌던은 이제야 궁금증이 풀렸는지 차에 기어를 넣고 빠르게 길을 따라 내려갔다. 나는 뒷좌석의 손잡이를 꽉 붙잡았다. 달리는 속도가 빨라 풍경도 제대로 보이지 않았다. 우리는 1차선 길을 달리고 있었는데, 만일 반대편에서 다른 차가 오기라도 한다면 분명 살아남지 못할 속도였다. 캐나다에서라면 이런 길은 더 천천히 조심해서 달리는 것이 맞았다. 하지만 아일랜드에서는 반대편에서 다른 차가 오지 않기를 바라며 빠른 속도로 달리는 것이 보통인 것 같았다. 차가 큰길에 들어서자, 나는 비로소 안심하고 좌석 등받이에 몸을 기대었다.

왼편에는 언덕들이, 오른편으로는 바다가 보였다. 나는 그 풍경들에 취해 생각에 잠겼다. 아일랜드에 도착한 지 사흘밖에 되지 않았지만, 그것보다 훨씬 오래된 것 같은 느낌이 들었다. 그러다 이들을 따라온 것이 잘한 일인가 싶은 마음이 들었다. 나는 스스로를 정당화하기 위해 머릿속으로 필요한 물품 목록을 작성해보았다.

거리에 주택이 점점 많아지더니, 몇 분 지나지 않아 우리는 어느 마을의 중심가에 도착했다. 브렌던은 주차장에 차를 세운 다음 자동차 시동을 끄고 차 문을 열었다. 그리고 한마디 말도 없이 거리의 길을 따라 혼자 걸어갔다. 모린과 아이들은 그를 따라갈 생각이 없어 보였다. 그래서 나는 그들과 동행했다.

모린과 브렌던이 아무런 상의 없이 서로 다른 방향으로 간다는 사실이 놀라웠다. 그들은 서로 말하지 않아도 이미 모든 것을 이해하고 있는 것 같았다. 순간, 전날 만났던 부부가 이심전심으로 토탄을 쌓는 모습이 떠올랐다. 어쩌면 모린과 브렌던은 장에 자주 다녔기 때문에 굳이 묻지 않아도 서로가 무엇을 할지 잘 알고 있었을 것이다.

내가 생각에 빠져 있는 동안, 모린은 아이들의 손을 잡고 길 건너편 노점들을 향해 걸어가기 시작했다. 노점 가판대 위에는 신상품과 중고품이 쌓여 있었고, 대부분의 가판대에는 주인이 없었다. 주인들은 옆 사람들과 수다를 떨고 있었는데, 그들은 물건을 파는 것보다 수다를 떠는 일에서 더 큰 즐거움을 느끼는 것처럼 보였다. 섀넌과 브리짓은 색색의 머리핀과 리본, 그리고 베레모가 있는 가판대로 모린을 끌어당겼다. 아이들이 물건을 고르는 동안 모린은 기꺼이 그들을 기다려주었다.

마을 사람들 대부분은 아란* 스웨터를 입고 있었는데, 적당히 빈티지하면서도 따뜻해 보였다. 나는 모린에게 다가가 그 스

---

* Aran: 아일랜드 서해안의 아란 섬에서 유래한 스웨터 스타일. 어부들이 입는 스웨터로도 잘 알려진 아란 스웨터는 벌집, 생명의 나무, 블랙베리, 이끼, 바구니, 다이아몬드 등과 같은 독특하고 복잡한 모양의 짜임새를 패턴으로 사용하고 있다.

웨터를 어디에서 살 수 있는지 물었다.

"여기 시장에서는 구할 수 없어요. 백화점에 가셔야 해요." 그녀가 대답했다. 그녀는 잠시 잠시 고민하더니 다시 말했다. "길 아래 머피Murphy네에 가면 스웨터를 팔 거예요." 그녀는 내 오른쪽을 가리키며 말했다.

나는 그녀가 알려준 방향대로 걸어가기 시작했다. 그리고 머지않아 오래된 나무 외관의 가게 앞에 도착했다. 가게 창문 위에는 검은색과 금색으로 '머피네'라는 글씨가 쓰여 있었다. 나는 문을 열고 노란 조명 빛이 가득한 가게 안으로 들어갔다. 아이고, 맙소사. 가게 주인은 형광등이라는 게 있다는 사실을 아직 모르는 건가 싶었다. 가게 한가운데의 카운터 위에는 낡은 계산대가 있었다. 그 뒤로 젊은 여성이 나를 바라보면서 웃고 있었다. 아일랜드를 제외한 다른 나라에서는 나를 영락없는 아일랜드인으로 인식한다. 나의 아일랜드 악센트, 붉은 머리카락, 반짝거리는 눈빛 때문이다. 거기에 나는 친구들 말대로 좋게 표현하자면 '전염성 강한 웃음소리'도 가지고 있다. 하지만 이 가게에 있는 모든 사람들은 딱 봐도 내가 외국인인 것을 알 것이었다. 계산대 뒤의 젊은 여성이 밝으로 나와 사랑스럽고 경쾌한 목소리로 말했다. "도와드릴까요, 손님?"

"네, 저는 아란 스웨터를 찾고 있어요."

"수제 스웨터요?" 그녀가 되물었다.

"네." 나는 그것이 한국 제품보다 얼마나 더 비쌀지 궁금해하면서 대답했다.

그녀는 나를 가게 안쪽으로 안내했는데, 그곳의 나무 선반에는 온갖 종류의 아란 스웨터가 차곡차곡 정리되어 있었다.

그녀는 눈대중으로 내 치수를 짐작해보더니, 두 번째 선반에서 스웨터 하나를 꺼내어 나에게 건네주었다. "이 스웨터가 딱 맞으실 거예요."

나는 머리 위로 스웨터를 당겨 입어보았다. 맞춤옷처럼 잘 맞았다. 팔 기장은 남는 부분 없이 딱 떨어졌고, 허리 품도 적당했다.

"너무 작은 것 같진 않나요?" 나는 이미 울 스웨터의 포근함에 빠진 상태로 물었다.

"아니요. 안에 입고 있는 옷을 벗으면 완벽하게 잘 맞을 거예요." 그녀가 대답했다.

"안에 입은 옷을 벗으면 추울 것 같아요." 나는 언덕 위에 불던 매서운 바람을 떠올리면서 대답했다.

"아란 스웨터를 입으면 춥지 않을 거예요." 그녀는 미소 띤 얼굴로 스웨터를 가리키면서 말했다. "이 옷은 아주 따듯한 데다가 물에 잘 젖지도 않아요. 설령 물에 젖는다고 하더라도 계속 따뜻하답니다."

나는 이 스웨터를 사야겠다고 마음을 먹고, 가격을 물어보았다. "55파운드입니다." 그녀가 대답했다. 내가 깜짝 놀라 그녀를 쳐다보자 그녀는 서둘러 말을 덧붙였다. "스웨터의 패턴이 다 다르고, 독특하거든요."

그녀는 선반 위에 있던 스웨터를 더 꺼내어 다른 패턴의 스웨터들도 보여주었다. 그녀 말에 따르면 스웨터의 다양한 매듭 패턴들은 어부들이 사용하던 매듭에서 착안한 것인데, 각각의 매듭에는 이름이 있다고 한다. 그리고 각각의 가문마다 고유한 패턴이 있어서 누군가가 바다에서 실종되면 스웨터의 패턴을 보고 신원을 확인할 수 있다고도 했다.

"이 스웨터로 할게요." 나는 얼른 지갑에서 돈을 꺼내며 말했다. 그녀는 후회하지 않을 거라고 말하며 포장한 물건을 건넸다. 스웨터를 하나 사고 나니 조용한 코티지로 돌아가고 싶다는 마음이 간절해졌다. 번잡한 거리로 나와 빠른 걸음으로 시장을 향해 걸어갔다. 때마침 모린이 리본값을 지불하고 있는 모습이 보였다. 소녀들은 나에게 뛰어오더니 새로 산 액세서리를 열심히 자랑했다. 나는 예쁘다는 칭찬을 해주었다. 아이들은 행복해하며 내 손을 잡고 모린이 있는 곳으로 끌어당겼다.

브렌던 역시 모린이 일을 끝마친 시간에 맞추어 돌아와 있었다. 우리는 노점 몇 군데를 더 둘러본 뒤, 작은 카페에 들어가 마을 사람들의 주식인 피시 앤 칩스를 점심으로 먹었다. 뜨거운 밀크티로 느끼함을 해소한 후에 우리는 다시 차로 돌아갔다. 마을을 충분히 둘러보지는 못했지만 집으로 돌아가는 것이 아쉽지는 않았다.

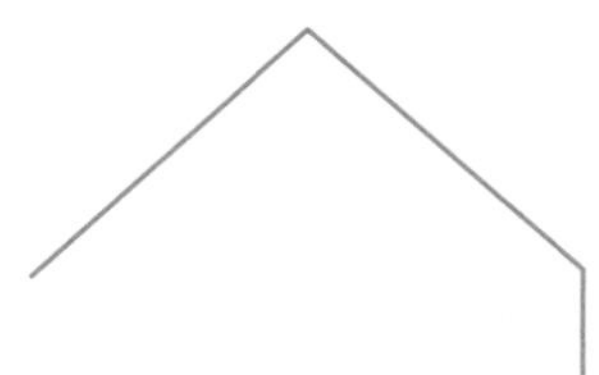

소망을 실현시키기

코티지에 도착해 보니, 내가 조금 전에 산 것과 똑같은 아란 스웨터를 입은 레프리콘이 소파에 앉아 있었다.

"좋은 하루 보냈소?" 레프리콘은 소파 등받이 위로 두 팔을 걸친 채 나를 맞이했다. 자신이 연구한 인간 남성의 몸짓을 따라 한 행동이었다. 나는 난롯가에 앉아 있는 그의 느슨한 태도에 웃음을 터트리며 그의 옆에 자리를 잡았다.

"오늘은 실현(Manifesting)에 관해서 이야기를 나누어볼 것이오." 그는 형식적인 인사말은 생략한 채 바로 대화를 시작했다.

"현재 인간들은 자신들이 원하는 무언가를 실현할 수 없다고 생각하오. 아주 열심히 일해야지만 충분한 음식과 살 거처, 입을 옷을 구할 수 있다고 믿고 있지."

레프리콘은 '입을 옷'이라는 말을 내뱉으며 자신이 입고 있는 스웨터를 쑥 나온 배 아래로 튕기듯 끌어당겼다. 그것은 분명 내가 이웃 마을을 돌아다니면서 힘들게 구한 그 스웨터를 자신은 쉽게 창조할 수 있다는 사실을 보여주는 몸짓이었다.

"물론 당신은 우리보다 밀도가 빽빽한 현실에서 살고 있기 때문에 당신들의 세계에서 원하는 것을 실현하기가 더 어려운 것이 사실이오. 하지만 인간들이 깨닫지 못하고 있는 것이 있소. 원하는 것에 대한 그들의 생각은 다른 차원에서 먼저 현실로 창조되오. 그리고 소망했던 생각을 성급히 취소하지만 않는다면, 그 소망을 인간 차원으로 쉽게 옮겨올 수 있소."

"우리가 어떻게 하면 되나요?" 나는 정확히 어떻게 행동해야 하는 건지 알고 싶었다.

"인간은 상반된 두 개의 메시지를 우주로 보낸다오. 하나는 자신이 이런저런 것들을 원한다는 메시지요. 그리고 다른 하나는 돈이 없으니까 혹은 교육을 못 받았으니까, 아니면 다른 사람들이 이미 그걸 갖고 있으니까 그걸 이룰 수 없을 것 같다는 메시지요. 이처럼 상충하는 메시지를 우주로 내보내기 때문에 인간이 원하는 것을 얻을 수 없는 거라오."

그는 우월함을 느끼는 표정으로 나를 바라보며 말을 이어나갔다. "엘리멘탈은 이런 문제를 겪지 않는다오."

"그래 보이네요." 나는 그의 스웨터를 바라보며, 그리고 그의 비결을 더 들을 수 있길 바라며 대답했다.

"우리는 원하는 것을 생각한 다음 감각을 확장하여 원하는 그것을 보고, 느끼오. 그러면 원하는 것이 나타난다오. 이런 일이 가능한 이유는, 엘리멘탈이 그렇게 될 것이라 믿기 때문이오. 나이가 많거나 더 강력한 엘리멘탈은 원하는 것을 더 잘 실현할 수 있는데, 그건 그들이 이 작업에 투입할 수 있는 더 많은 에너지를 갖고 있기 때문이오."

레프리콘은 잠시 말을 멈췄다. 그는 소파 뒤쪽에 걸쳤던 팔을 거두어 턱을 긁으면서 깊은 생각에 잠겼다.

"우리는 소망을 실현하기 위해서 갖고 있는 모든 에너지를 사용한다오." 그가 말했다. "만약 우리가 코티지 하나를 만들고 싶어한다면, 꽤 많은 에너지가 들 것이오." 그는 눈으로 방 전체를 둘러보며 작업의 난이도를 강조하였다.

"지금은 그렇게 할 수 있는 엘리멘탈이 많지 않소." 그는 내게 혹시라도 잘못된 정보를 줄까 봐 서둘러 부연 설명을 덧붙였다.

"당신이 입고 있는 스웨터, 멋져요." 나는 실현의 기초 사항에 대한 이야기를 더 들을 수 있기를 바라며 그를 칭찬했다. "내가 입은 스웨터처럼 당신 옷도 따뜻한가요?"

"그렇기도 하고, 그렇지 않기도 하오." 그는 이처럼 대답한 뒤, 잠시 무거운 분위기로 말을 멈추었다. "당신의 세계는 우리 세계보다 더 물질적이며 밀도가 높소. 그리고 당신들의 세계가 엘리멘탈에게 영양을 공급해줄 때도 있다오. 우리는 당신 세계의 물질을 먹음으로써 우리의 밀도와 에너지를 증가시키기를 좋아하지. 그랬을 때 더 많은 창조를 할 수 있기 때문이오. 바로 이 점 때문에 우리가 인간과 인간의 물질을 좋아하는 것이라오."

"인간이 토마토를 볼 때, 그들은 오직 한 차원에서만 그것을 본다오." 그가 계속 말했다. "하지만 엘리멘탈은 토마토를 여러 차원에서 아름답게 가꾼다오. 그 아름다움이 인간의 세계로 스며들면서, 토마토에 생생함과 맛을 더해주지."

그는 말을 하는 동안 이따금 벽난로를 바라보았다. 나는 그의 말을 워낙 집중해서 듣느라 그가 쳐다보는 쪽을 미처 보지 못했다. 그러던 중, 붉은 빛이 반짝거리는 것이 느껴졌다. 고개를 돌리자 벽난로에 지펴진 불이 보였다. 하지만 눈을 깜빡이자, 바로 그 불길은 사라졌다. 그 불은 레프리콘의 현실에서만 타오르고 있었고, 나의 현실에는 냉랭한 벽난로만이 존재할 뿐이었다. 나는 감각들을 열어 그의 세계에서 타오르고 있는 불의 따스함을 느끼고, 불에서 풍겨오는 토탄 향을 맡기 위해 주의를 집중했다. 하지만 허사였다.

내 생각을 읽은 레프리콘이 나에게로 몸을 돌려 말했다. "인간 세계에는 아름다운 음악과 옷 그리고 음식이 있는 요정의 왕국을 방문한 이야기가 많소. 그 이야기들 속에서 막상 인간이 그 음식을 먹어보면, 아무런 맛이 느껴지지 않거나 실체 없는 음식이 되어버리는 일이 나오지 않소? 그런 일이 일어난 이유는, 엘리멘탈이 거짓말을 하고 속임수를 썼을 거라는 인간의 의심 때문이오. 하지만 나는 당신에게 이렇게 질문하고 싶소. 지금 우리가 살고 있는 이 코티지가 가짜이거나 속임수는 아닐까?"

"이 집이 만질 수 있는 단단한 것이냐는 게 당신의 질문이라면 나의 대답은 '그렇다'예요." 내가 대답했다.

"이 집이 단단해 보인단 말이오?" 그는 이렇게 질문하며 대답할 시간도 주지 않고 난롯가로 걸어가더니 자신의 팔을 벽 속으로 통과시켰다.

"그렇다면 이 현상은 어떻게 설명할 거요?" 그는 나를 향해 윙크하며 도전적인 질문을 던졌다.

"당신은 할 수 있겠지만, 나는 그렇게 할 수 없어요." 내가 대답했다.

"그건 사실이 아니오. 당신도 이렇게 할 수 있소. 단지, 당신이 이렇게 할 수 있다는 것을 스스로 믿지 않을 뿐이오. 바로 거기에 차이점이 있소." 그는 이렇게 말하며 벽에 들어가 있던 팔을 빼내어 소파 자리로 돌아갔다.

그는 숨을 크게 들이마신 다음, 철학자 같은 자세를 취하며 말을 이어나갔다. "최근, 인간 과학자들은 당신과 나 그리고 모든 것들이 단단하지 않다는 것을 발견했소." 그는 소파, 벽, 벽난로를 손으로 가리키며 말했다. "우리를 구성하는 것은 공간이지, 수분이나 기타 다른 것들이 아니오. 인간과 엘리멘탈 모두 이 공간을 '에테르'라고 부른다오. 우리의 존재 대부분은 이 에테르로 구성된 것이오. 인간과 엘리멘탈은 바로 이런 점에서 다르다고 할 수 있소. 우리 엘리멘탈은 에테르에 대한 이해가 있으며, 그 앎을 적용하며 살아가오. 따라서 우리는 시간과 공간을 여행할 수도 있고, 원하는 것을 손쉽게 실현시킬 수도 있소."

그는 벽난로의 불길을 돌아보며 설명을 이어나갔다. "내가 한 것처럼, 당신도 당신의 현실에서 불을 지필 수가 있었소. 당신이 해야 하는 유일한 행위는 바로 불을 피우는 것이 가능하다고 믿고, 그것에 집중하는 것이라오. 인도에는 허공에서 음식을 만들어낼 수 있는 지혜로운 사람들이 있소. 사람들은 그 지혜로운 자들을 특별한 스승이라고 여기며 그 곁으로 몰려간다오. 물론 그런 지혜로운 자들 중 일부는 오래된 영혼이 맞소. 하지만 그런 일이 가능한 이유는, 지혜로운 자들이 자신의 바람이 실현 가능하다는 것을 발견했기 때문이라오."

레프리콘은 몸을 다른 쪽으로 기울이며 말을 이어나갔다. "필리핀에는 심령 능력으로 외과 치료를 하는 이들도 있소. 그들은 사람의 몸 안으로 손을 집어넣어서 앓고 있는 병을 몸 밖으로 꺼내지. 이러한 일들은 모두 같은 믿음에 기반을 두고 있다오."

나는 전 세계 인간들에 대한 그의 엄청난 지식에 놀랐다. 그리고 그가 나를 통해 이러한 지식을 얻어내고 있는 것은 아닌지 궁금해졌다. 그가 사례로 든 두 가지 일 모두 내가 잘 알고 있는 일이었기 때문이다.

나의 생각을 읽은 그가 빙긋 웃으며 설명을 이어나갔다. "당신의 기억 속에서 이 지식을 읽어낼 수도 있지만, 나는 이런 사건이나 사람들을 직접 보기 위해 여행을 하기도 한다오."

그는 다시 조용히 불을 바라보았다. 나는 내 안의 어떤 공간이 열리는 것을 느낄 수 있었고, 그 공간은 불이 있는 데까지 확장되어갔다. 기억들이 의식의 표면으로 거품처럼 떠올랐다. 마스터들이 내적 차원에서 전해준 가르침에 대한 기억들이었다. 마스터들은 종종 내게, 내가 에테르 세계에서 정보를 전하는 역할보다 정보를 받는 역할을 더 잘한다고 알려줬었다. 그리고 그들은 내게 원하는 것을 실현하는 능력을 키우려면 집중력 연습을 해야 한다는 조언을 해주었다. 그들이 내게 알려준 연습 중 하나는, 종이나 나무 같은 불쏘시개로 가득 채운 난로 앞에 앉아서 거기에 저절로 불이 붙는 상상을 하는 것이었다. 나는 이 연습을 몇 번 시도해본 적이 있었지만, 그때마다 번번이 실패로 끝나고 말았다. 하지만 레프리콘이 지적한 바와 같이 그 실패는 내 뿌리 깊은 신념, 즉 그것은 불가능하다는 나의 신념 때문이었다. 그때의 나는 다른 사람은 이런 일을 할 수 있을지도 모른다고 생각했다. 하지만 나 스스로 그런 일을 직접 경험해본 적은 없었기 때문에 내가 그런 일을 할 수 있다고는 믿지 않았다.

"불을 켰던 것처럼 쉽게 불을 끌 수도 있나요?" 내가 물었다.

"당연하오." 그는 웃음을 터트렸다. "실현하기와 제거하기의 원칙은 같소. 불을 원하는 마음에 집중하고, 원하는 이미지를 시각화하여 보면 불이 생기지. 반대로 차가운 난로에 대해 생각하고, 그 이미지를 시각화하여 보면 불이 사라진다오."

"조금 전 당신은 인간들이 당신들 세계의 보석과 음식을 가짜로 여긴다고 언급했었죠. 당신 세계에서 진짜인 보석과 음식이, 나의 세계에서도 진짜인가요?" 나는 그에게 물었다.

"그건 썩 좋은 질문이 아니군." 그는 머리 뒤를 받치고 있던 두 손을 배 위에 올려놓으며, 내가 했던 질문을 정정했다.

"이렇게 묻는 것이 더 좋은 질문인 듯하오. '우리가 창조해내는 것들에 생명력이 있을까?' 이 질문에 대한 대답은, 그렇다는 것이오. 우리가 만든 음식은 섭취가 가능하고, 우리에게 그 보석은 실재하는 것이오. 하지만 우리 세계의 생명력은 당신 세계의 생명력만큼 크지 않소. 따라서 우리 세계의 생명력은 엘리멘탈을 존속시키기에는 충분하지만, 대부분의 인간은 그것만으로는 존속할 수가 없다오. 다시 말해, 엘리멘탈은 인간의 음식에 있는 정기를 먹고 살 수 있지만, 대부분의 인간은 우리 음식에 있는 정기를 먹고 살 수 없다오."

그는 잠시 멈추어 무언가 알고 있다는 듯이 나를 쳐다본 다음, 말을 이어나갔다. "내가 '대부분'의 인간이라고 칭한 이유는, 주목할 만한 예외가 있기 때문이오. 우리는 때때로 오랜 시간 동안 인간들을 우리 세계의 손님으로 맞고 있소. 가끔은 그들이 한평생 머물기도 하는데, 그것은 또 다른 이야기라."

그는 말을 마치며 자리에서 일어나 떠날 채비를 하였다. 나는 그가 왜 더 머무르지 않는지 궁금했다. 그가 말했다. "나는 할 일이 있어 이만 가봐야겠소. 곧 우리의 친구 오툴 부인이 벽난로에 불을 지피러 이곳에 올 거요."

그의 모습이 점점 희미해졌다. 그가 입고 있었던 아란 스웨터가 가장 마지막에 사라졌다. 몇 분 뒤 집 밖의 대문이 삐그덕 소리를 내며 열리더니, 현관문을 두드리는 소리가 났다. 오틀 부인이 도착한 것이다.

전생

다음 날 아침, 나는 식사를 마친 뒤 소파에 앉아 두 번째 차를 마시고 있었다. 내 친구 레프리콘을 위해 끓여놓은 차가 점점 식어가고 있었다.

30분 전부터 나는 불안감에 휩싸여 있었다. 여름은 지나가고 있었고, 아직 깨달음 근처에도 가지 못했다는 기분이 들었다. 나는 시간을 현명하게 쓰고 있는 것일까? 아니면 시간을 낭비하고 있는 것일까? 나는 남은 시간 동안 명상, 단식, 묵언하면서 나 자신을 계발해야겠다고 생각했다. 이 계획들을 떠올려보았을 때 그다지 설레는 마음이 들지는 않았지만, 리트릿을 마무리하기 위해서는 꼭 필요한 작업이라고 생각했다. 하지만 침대에서 일어나 생각했던 계획을 행동으로 옮기려는 마음이 잘 서지 않았다. 그래서 다양한 명상과 단식 기법들로 좀더 세밀한 계획을 세우면서 나 자신을 바쁘게 만들었다. 어쩌면 이런 다양한 방법들이 나를 움직이는 동기가 되어줄 수도 있으니 말이다.

아직 하루를 시작할 준비가 되지 않은 나는 천천히 방을 둘러보았다. 그런데 갑자기 침실 문 쪽에서 수상쩍은 세 개의 머리가 불쑥 나타나 있는 것이 아닌가. 살아 있는 헌팅 트로피 같은 모습의 레프리콘과 그의 두 아들은 서로의 머리로 층을 쌓고 있었다. 그들은 입이 귀에 걸린 채 웃고 있었다. 나는 웃음이 터졌고, 불안했던 마음이 사르르 녹아버렸다.

내 친구 레프리콘이 두 눈을 반짝이며 말했다. "그래, 웃으니 훨씬 낫소. 당신은 깨달음을 너무 심각하게 생각하고 있었소." 레프리콘과 그 아이들의 얼굴이 침실 문에서 사라졌다. 그리고 내 친구 레프리콘만 다시 모습을 드러냈다. 아란 스웨터를 입은 그는 소파 끝에 다리를 달랑거리며 앉아 있었다.

그는 자신의 옷을 내려다보며 물었다. "이 옷에 대해 어떻게 생각하오?" 그의 말이 끝나자마자 볼록한 배 위로 초록색 클로버* 무늬가 나타났다.

* 아일랜드의 국화.

"좀 촌스러워 보이는데요." 나는 솔직하게 대답했다.

"그렇다면 이것은 어떻소?" 그는 가슴 쪽에 큰 클로버 하나가 그려져 있는 스웨터로 바꿔 입은 뒤 다시 물었다. 처음 것보다 낫긴 했지만 여전히 촌스러워 보였다.

"나는 니트 본래의 패턴이 더 좋아요. 그것만으로도 옷이 충분히 정교해 보이거든요." 나는 내 의견을 말했다.

그는 내 의견에 심통이 난 듯했다. 그의 스웨터에 있던 클로버는 사라지고 어느새 7센티미터짜리 브로치가 그의 왼쪽 가슴에 달려 있었다. 인간들이 옷을 입을 때 흔히 핀을 꽂는 자리였다.

"재미없구먼~!" 그는 인간의 구어체를 흉내 내며 소리친 다음 웃기 시작했다. "그런데, 이런 것이 명상보다 더 재미있지 않소?" 레프리콘이 한층 진지하게 말했다.

"그런 것 같네요." 나는 그의 말에 동의하며 말을 이어나갔다.

"하지만 이곳에서 지내는 진짜 목적에 집중하지 않은 채 시간을 낭비하게 될까 봐 걱정스러워요."

"인간다운 생각이군. 그렇지 않소?" 그가 큰 소리로 말했다.

"재미보다는 엄숙하고 진지한 목적을 가져야 한다는 생각 말이오!"

"나 역시 재미와 기쁨, 그리고 아름다움이 중요하다는 것을 인정해요." 나는 그의 말에 수긍하였다. "하지만 우리의 현 지점

뿐 아니라 미래에 대해서도 집중할 필요가 있지 않을까요?"

"오, 물론이오." 내 친구 레프리콘이 동의했다. "바로 그것이 인간의 특출난 능력이고, 이번 여름 동안 당신이 나에게 가르쳐 주고 있는 일들 가운데 하나라오. 인간은 엘리멘탈에게 집중하는 법과 방향을 설정하는 법을 가르쳐줄 수 있소. 당신도 알다시피 당신과 나는 시간을 다르게 인식하고 있소."

나는 조용히 자리에 앉아 차를 마시면서 그의 이야기를 귀담아들었다.

"인간은 시작, 중간, 끝이 있다고 생각하지." 그는 학자스러운 태도로 돌아가 말을 이어나갔다. "인간들은 과거, 현재, 미래가 있다고 생각하면서 이런 순간들을 작은 상자들 속에 담긴 것으로 보고 있소. 하지만 그것은 엘리멘탈이 시간을 생각하는 방식과는 매우 다르다오. 우리 엘리멘탈들은 다양한 시나리오를 보고 고를 수 있기 때문에 하나의 가능성에만 매여 있는 법이 없소. 인간은 오직 하나의 과거만 있으며, 오직 하나의 미래만 있다고 생각하지. 그리고 그 미래를 미리 알 수 없다고도 생각하오. 하지만 나는 당신을 보면 이번 생과 그 전생들을 포함해서 당신이 지나온 모든 선택적 시나리오를 다 알 수 있다오. 당신이 당신의 삶이었다고 믿는 한줄기의 전생들뿐 아니라 다른 줄기의 모든 시나리오까지 보인다는 말이오."

“세스[Seth]의 책 《일곱 대령[大靈]》(Oversoul Seven)을 보면, 어떻게 하나의 영혼이 다양한 인격을 가진 채로 다른 시간대에서 동시에 존재할 수 있는지 이야기하던데요. 그것과 같은 얘긴가요?”

나는 레프리콘이 이야기하는 내용을 예전에 들어본 적이 있다는 것을 표현하고 싶은 마음에 그가 말하는 도중 끼어들었다.

“정확하오. 당신은 그 이론을 이해하고 있소. 하지만 당신은 그 경험을 기억할 수 없소. 그것이 바로 우리의 차이점이오.” 그가 대답했다.

“나는 나의 많은 전생을 기억하고 있어요.” 내가 답했다.

“그럴 것이오. 하지만 그것은 수많은 선택적 시나리오 중 하나일 뿐이오. 다른 시나리오를 경험해보고 싶지 않소?”

“물론이죠!” 그는 흥분한 나를 바라보며 미소를 지은 채 물었다. “당신이 전생에 엘리멘탈과 함께하는 삶을 살았다는 것을 알고 있었소?”

“아니요, 몰랐어요. 어떻게 그런 일이 일어날 수 있죠?” 나의 신경이 온통 그에게 쏠렸다.

“일전에 우리는 인간의 진화에 개입한 엘리멘탈에 대한 이야기를 나누었소. 반대로, 어떤 인간들은 엘리멘탈의 진화 속으로 들어오기도 했다오. 엘리멘탈을 공부하기 위해, 그리고 우리가 인간의 자질을 배울 수 있도록 도와주기 위해서였소. 당신은 그러한 하이브리드 중 하나요."

나는 내가 전혀 알지 못했던 나의 이야기를 듣게 되어 굉장히 놀랐다. 그것에 대한 의식적인 기억은 거의 없었지만 그의 말이 사실임을 온몸으로 느낄 수 있었다.

"오, 당신은 그 기억을 가지고 있소. 아직 기억해내지 못했을 뿐이오." 레프리콘이 웃으며 말했다. "당신의 시간 감각 안에서는 그것이 100년 전의 일이라오. 하지만 엘리멘탈은 여전히 당신에게서 그 기억들을 읽어낼 수 있고, 당신이 우리에게 친절하다는 것도 알 수 있다오."

"내가 그때의 삶을 기억할 수 있을까요?" 나는 호기심을 갖고 물어보았다.

"물론이오." 그는 나에게 두 눈을 감아보라는 신호를 보냈다.

두 눈을 감자마자, 바닥에 닿을 정도로 긴 갈색 모직 치마를 입은 내가 보였다. 나는 가을 낙엽으로 덮인 길을 따라 걷고 있었다. 나를 완전히 둘러싼 숲은 신비로운 기운이 가득했고, 각각의 나무에서는 생명력과 정체성이 느껴졌다. 나는 내가 원하는 계절을 시각화하여 떠올리기만 하면 그것이 나타나리라는 것을 알고 있었다. 봄이 자신의 모습을 드러내고 싶어했다. 나 역시 봄이 모습을 드러내도록 돕고 싶은 충동이 일었으나, 이내 그런 마음을 억눌렀다. 이후, 숲길을 걸어 다니며 두 귀를 활짝 열자 새와 동물들이 서로 대화하는 소리를 들을 수 있었다. 나는 새들의 모든 지저귐과 생각을 이해할 수 있었다.

나는 지금보다 조금 더 긴 머리를 하고 있었고, 나이는 마흔 살 정도였다. 내 주변 환경은 정말 아름다웠지만, 이곳을 떠나야 한다는 사실을 알고 있었기에 나의 가슴은 슬픔으로 가득 차 있었다. 그러다 나를 지켜보는 시선이 느껴져 고개를 돌려보니 큰 키에 날씬하고 우아한 자태를 한 남성이 녹색 옷을 입고 서 있었다. 나는 그에게 서서히 다가갔고, 그는 그런 내 모습을 지켜보았다. 이윽고 내가 그의 앞에 다다르자 그는 뾰족한 모자를 벗으며, 허리를 숙여 정중한 인사를 건넸다. 그의 손은 길고 섬세해 보였으며, 나무랄 데 없이 품위 있게 움직였다. 그의 눈동자는 짙은 녹색이었고, 눈매가 살짝 옆으로 찢어져 있었다. 그의 눈은 인간의 눈이 아니었다.

"좋은 아침입니다. 현명한 이여." 그가 나에게 인사했다. "어딜 가시나요?"

"나는 죽음을 향해 가고 있어요." 내가 부드럽게 속삭이며 대답했다.

"왜 죽음을 선택한 건가요?" 그는 슬픔 가득한 눈빛으로 물었다. "우리와 함께 지내는 것이 행복하지 않은 건가요?"

"행복했답니다." 내가 대답했다. "나는 이 숲의 마법을 그리워하고, 또 숲의 모든 생명체들에 대해 이야기하게 되겠죠. 하지만 내 영혼의 무언가가 이곳을 떠나야 한다고 말하네요."

"아, 영혼의 부름." 얼굴에 슬픔을 드리우며 그가 대답했다. "우리는 그것에 순종해야만 하지요."

내가 눈을 깜빡이자 멀리 길을 따라 내려가는 내 모습과 내 뒤로 멀찌감치 떨어져 있는 그의 모습이 보였다. "우리를 잊지 말아요." 나를 향해 소리치는 그의 목소리가 들렸다. 그의 목소리가 온 숲에 울려 퍼졌다.

나는 고개를 돌려 다시 앞을 바라보았다. 아름다운 빛 하나가 나를 향해 손짓하고 있었다. 나는 땅에서 떠올라 빛을 향해 날아갔는데, 뒤를 돌아보니 길 위에 누워 있는 내 육신이 보였다. 내 몸은 이미 낙엽들로 덮여 있는 상태였다. 나는 다시 빛을 향해 몸을 돌려 그 빛으로 들어갔다. 이후 나는 의식을 잃었고, 기억나는 것이 전혀 없었다.

현재로 돌아와 눈을 뜨자 레프리콘이 나를 주의 깊게 바라보고 있었다.

"그는 왜 나를 '현명한 이'라고 불렀을까요? 그곳에서 나는 아직 중년의 나이에 불과했는데요." 내가 물었다.

"그곳을 잘 둘러봤었다면, 나이 든 모습을 한 엘리멘탈은 얼마 없다는 것을 알았을 거요. 엘리멘탈은 나이가 들어도 대체로 젊은 외형을 유지한다오. 오직 일부 엘리멘탈만이 나이대에 맞는 외모를 하고 있지." 그는 미소를 지으며 손가락으로 자신을 가리켰다.

"당신은 그 생에서 엘리멘탈들에게 많은 것을 나누어주었소. 당신은 우리의 방식을 존중해주면서도, 우리에게 인간처럼 사고하고 행동하는 법을 가르쳐주었지. 그 덕분에 우리는 인간을 더 잘 이해할 수 있었소. 그 당시 엘리멘탈은 창조자가 될지 결정을 내리지 못하고 있는 상태였지만, 창조자가 되기 위한 씨앗은 이미 뿌려지고 있었소. 우리 중 일부는 시간의 흐름 속에서 어떤 변화를 느낄 수 있었고, 그것이 우리를 당신, 그리고 우리를 가르쳐주는 다른 인간들에게로 이끌었소."

내 친구 레프리콘이 잠시 말을 멈추었을 때, 나는 처음으로 그의 눈 속에 담긴 깊은 존경심과 애정을 확인할 수 있었다. 이번에는 연기가 아닌, 진실한 감정이었다. 나의 마음은 레프리콘에 대한, 그리고 잘 기억은 안 나지만 내가 알고 지냈던 이들에 대한 사랑으로 가득 찼다.

나는 그 순간의 마법이 깨지지 않길 바라며 다정하게 말했다.

"숲속에 있던 그 엘프…. 왠지 내가 알던 엘리멘탈인 것 같은 기분이 들어요. 맞나요?"

"그렇소, 당신은 그를 매우 잘 알았다오. 당신은 그의 무리와 오랜 세월을 보냈소." 레프리콘은 간결하게 대답했다.

나는 그가 나에게 자세한 정보를 주길 꺼릴 것이라고는 생각하지 못한 채, 조금 더 구체적인 질문을 던졌다. "그는 지금 어떻게 지내고 있나요?"

"정말 그걸 확인하고 싶은 거요?" 내 친구 레프리콘은 살짝 한숨을 쉬었다. 보아하니 나의 대답이 '아니오'이기를 바라는 것 같았다.

"어쩌면 지금은 그것을 확인할 때가 아닐지도요." 나는 레프리콘의 판단을 신뢰하며 대답했다.

그는 목청을 가다듬은 뒤, 예고도 없이 소파에서 공중으로 폴짝 뛰어 바닥에 똑바로 착지했다. 마치 서커스 공연에 등장하는, 대포에서 쏘아 올려진 곡예사 같았다. 레프리콘은 옷매무새를 가다듬으며 말했다. "이제 운동할 시간이 됐군."

그는 소파 주변을 번개처럼 빠르게 뛰어다니기 시작했다. 그의 속도는 형체를 분간할 수 없을 정도로 너무나 빨랐다. 한 지점을 집중해서 보고 있으면 그가 거길 이미 지나갔는지 아니면 거길 향해 달리고 있는 건지 분간할 수 없을 정도였으니 말이다. 달리기를 끝낸 레프리콘은 그다음으로 바닥에 엎드려 몸을 이리저리 비틀기 시작했다. 그것은 마치 에어로빅과 요가를 섞은 동작 같았다. 그가 움직이는 속도는 인간이 할 수 있는 속도보다 적어도 세 배는 더 빨라 보였다.

레프리콘은 그동안 다양한 지역을 다니면서 인간들이 이런 행동을 하는 것을 본 것이 분명했다. 아마 그는 미국 캘리포니아와 인도에서 보았던 기술들을 자기만의 방식으로 통합한 것 같았다.

나는 레프리콘이 '피트니스 시스템'을 만들어 놈과 고블린들에게 가르치는 이미지가 머릿속에 떠올라 자지러지게 웃었다.

"내 운동법이 어때서 그렇게 웃는 것이오?" 그는 허리에 양손을 짚은 채 물었다.

"아니에요, 아니에요." 나는 진지하게 대답하려고 했지만 새어 나오는 웃음을 막지 못했다.

그러자 레프리콘의 얼굴이 벌겋게 달아올랐고, 그는 화를 냈다. "왜 웃는 거냐니깐?" 그는 내가 자신을 조롱한다고 느끼고 있었다. 나의 큰 실수였다. 그는 인간의 행동 양식을 완벽하게 습득하기 위해 진지하게 임하고 있었기 때문이다. 나는 진심을 담아, 하지만 그가 인간을 극적인 모습으로 흉내 내듯이 약간은 과장된 태도로 그를 향해 최대한 사과하는 표정을 지어 보였다. 그는 그런 나의 의도를 이해했고, 배꼽을 잡고 웃기 시작했다.

레프리콘은 소파로 몸을 던진 후 손을 뻗어 나의 팔을 흔들었다. 숨을 헐떡거리는 그의 볼에 눈물이 흐르고 있었다. "당신,

해냈군. 해냈어."

"내가 뭘 했는데요?" 어리둥절해진 나는 그에게 물었다.

"아, 뭘 했기는. 당신이 나보다 한 수 위란 말이오." 그가 웃으며 말했다.

나는 일종의 레프리콘 상을 받았다. 그의 방식을 따라 하여 엘리멘탈보다 한 수 위를 점한 것이다.

나는 우리 두 종족, 즉 엘리멘탈과 인간 사회 내에서 수용 가능한 행동의 기준이 각각 어떻게 다른 것인지 궁금해졌다. "당신, 정말로 이렇게 운동을 하는 건가요?" 내가 물었다.

그는 미소를 띤 채로 대답했다. "흠, 나는 인간들로부터 아까와 같은 운동을 진짜로 배웠었소. 그리고 내가 그렇게 운동한 것에는 다 이유가 있소."

"그 이유란 게 인간에 대한 모든 것을 통달하려는 이유는 아닌 것 같은데요?" 나는 웃으며 그의 말을 가로막았다.

내 친구 레프리콘은 나를 향해 손가락을 흔들면서 대답했다.

"조심하는 것이 좋을 거요. 당신이 엘리멘탈로 바뀌어버릴 수도 있으니 말이오."

"그리고 당신은 인간이 될 테고요." 나는 그의 말을 되받아쳤다.

"빨리 습득하고 있군. 좋소. 이번에는 엘리멘탈이 인간에게 무엇을 배우고 있는지에 대해 이야기해보는 게 어떻겠소?"

"좋아요!" 한참을 웃은 나는 힘들게 평정심을 되찾으며 대답했다. 그리고 어느덧 내가 그에게 물들어버린 게 아닌지 반신반의하는 마음이 들었다.

그런 내 생각을 알아챈 레프리콘은 미소를 짓더니 한발 더 나아갔다.

"우리는 서로를 비옥하게 만들고 있소." 그는 나를 향해 손짓하며 말했다. "만약 인간이 엘리멘탈과 협력한다면 인간은 엘리멘탈과 닮게 될 것이오. 엘리멘탈 역시 인간을 닮게 되겠지. 당신은 인간치고는 굉장히 활발하고 짓궂은 유머 감각을 지닌, 마치 아이 같은 성격을 갖고 있소. 당신은 자신의 그런 성격이 어디에서 유래되었다고 생각하오?"

"아마 외가 쪽에서 영향을 받은 것 같아요. 외가 식구들 성격이 이렇거든요." 나는 흥미로워하며 대답했다.

"당신의 외가 식구들은 모두 아일랜드인이지, 그렇지 않소? 그렇다면 그들의 그런 성격은 어디에서 유래되었다고 생각하시오?"

"레프리콘들에게서 온 건가요?" 나는 그가 의도하는 추론 과정대로 따라가주며 질문했다.

"바로 그거요." 내 친구 레프리콘은 내가 그의 '논리'를 따를 수 있다는 사실에 기뻐하며 고개를 끄덕였다.

그는 계속해서 말을 이어나갔다. “당신이 엘리멘탈과 비슷한 성격을 갖게 된 데는 또 다른 이유가 있다오. 당신은 한 생애 이상을 우리와 함께 살며 일했소. 조금 전에 보았던 전생은 그러한 전생 중의 하나였소.”

“전생에 엘리멘탈에게서 명랑함, 짓궂은 유머, 순발력을 배웠다면, 내가 그들에게 가르친 것은 무엇이었을까요?” 나는 참지 못하고 그가 말하는 중간에 끼어들었다.

“그것은 대부분 책임감과 사랑에 대한 것이었소.” 그가 대답했다. “하지만 우리가 사랑을 하거나 책임을 지기 위해서는 집중력이 꼭 필요하오. 우리는 한 가지 주제에 오랫동안 집중하는 것을 어려워하기 때문이오. 나는 수십 년 동안 집중력 훈련을 해왔지만, 보통의 엘리멘탈에게 집중이란 결코 쉽지 않은 일이오. 인간들의 전설이나 우화 속에 등장하는 엘리멘탈은 변덕스러운 것으로 유명하오. 인간은 우리가 쉽게 누군가와 사랑에 빠졌다가 금세 또 다른 이와 사랑에 빠져서 떠나간다고 지적하지. 인간의 기준으로 보자면 그것이 사실이오. 우리는 다양성을 사랑하오. 우리는 온갖 새로운 것들을 체험하고 느끼고 싶어하지.”

그는 나를 쳐다보았고, 나는 그가 뭐라 말하기도 전에 그의 생각을 읽을 수 있었다. “아, 당신의 그런 능력도 우리에게서 받은 거요. 당신이 얼마나 많은 직업을 가지고 있는지 떠올려보시오. 당신은 테라피스트이자, 당신이 지칭하듯 '조직 컨설턴트'이기도 하지. 또 영적 교사이자, 이제는 작가가 되었소. 당신은 그동안 20여 개의 직업을 가져왔고, 전 세계를 여행하면서 많은 세월을 보냈소. 이와 같은 가변성이야말로 굉장히 엘리멘탈스러운 것이라오."

나는 그의 말에 어느 정도 동의했지만, 내가 사랑에 있어 변덕스럽다는 것은 동의할 수 없는 부분이었다. 내가 나 자신을 변호하려던 찰나, 그가 말을 계속했다.

"당신은 친구들과 사랑하는 연인에게 충실한 사람이오. 하지만 거기에는 다른 이유가 있소. 그것은 바로, 당신이 책임과 사랑에 대한 감각이 잘 발달된 존재이기 때문이오. 그리고…." 그가 잠시 말을 멈추었다 이어나갔다. "그런 감각을 지닌 게 바로 인간이라는 존재요."

내 친구 레프리콘은 왠지 모르게 창피한 듯한 표정으로 나를 힐끔힐끔 쳐다보았다. 무엇이 그를 창피하게 만든 것인지 나로서는 짐작이 가지 않았다. 그리고 나는 그의 다음 말을 듣고 깜짝 놀랄 수밖에 없었다.

"일정 부분, 우리가 당신에게 나쁜 영향을 끼쳤소."

그는 고개를 들어 나를 쳐다보면서 내 반응을 확인했다. 나는 그들이 나에게 해를 끼쳤다고 느끼지는 않았지만, 조금 더 자세히 알고 싶은 호기심이 일어났다.

그는 내 얼굴을 마주 보며 말했다. "엘리멘탈과 함께 사는 것은 당신의 집중력에 악영향을 끼쳤소. 이 때문에 당신은 우리들처럼 쉽게 지루함을 느끼지."

그는 한 번에 모든 사실을 설명하고 싶어하는 것처럼 보였고, 다음 말을 이어나갔다. "그뿐만이 아니오. 당신은 영원히 자신의 삶에 만족하지 못할 것이오. 이는 당신의 몸과 무의식이 우리와 함께 살았던 때에 무수히 경험했던 그 마법들을 기억하고 있기 때문이오. 지금 당신에게 인간 세계는 그다지 매력적이지 않소."

나는 집중력이 약한 것이 내 약점이라는 것을 알면서도 여전히 집중하지 못했던 나 자신을 그제야 너그러이 용서할 수 있었다. 오랜 세월 동안 나는 쉽게 지루함을 느끼는 자신, 자기통제력이 부족한 자신과 싸워왔다. 레프리콘은 내가 언제나 '현실 세계'에 대해 불만족을 느낀다는 점을 마지막으로 지적했었는데, 이는 내 마음에 정말 와닿는 부분이었다.

불현듯 어린 시절의 장면 하나가 눈앞에 떠올랐다. 그 당시 나는 피터 팬 이야기에 푹 빠진, 여덟 살에서 아홉 살 정도의 어린아이였다. 나는 피터 팬이 사는 네버랜드에 가고 싶은 마음이 간절했다. 그곳은 어른으로 성장하지 않아도 되는 곳이었기 때문이다. 그 당시 나의 부모님은 토론토에서 철물점을 운영하고 계셨고, 우리 가족은 가게 위층 집에 살았다. 아래층 가게에서 부모님이 일을 하고 계시던 어느 날, 내 침실 천장의 창문으로 햇빛이 들어와 대기 중에 떠 있는 먼지 입자로 무지개가 만들어졌다. 마치 팅커벨이 어린아이들에게 뿌려주는, 하늘을 날게 하는 요정 가루 같았다.

나는 요정 가루가 떨어지는 곳 아래에 서랍장을 끌어다 놓았다. 그리고 의자를 사용해서 서랍장 제일 위까지 올라간 다음, 그곳에 서서 눈을 감으며 요정 가루의 효력이 나에게 나타나기를 기다렸다. 태양의 따스함과 함께 솟구쳐 오르는 영혼이 느껴졌다. 나는 하늘로 날 수 있기를 간절히 기도하며 비행을 시도했으나, 바닥으로 세차게 떨어지고 말았다. 나는 망설임 없이 다시 의자 위로 올라가 비행을 시도했다. 꽈당. 나는 여러 차례 올라갔다 떨어지기를 반복하였고, 결국 두들겨 맞은 것처럼 아픈, 멍투성이가 된 몸으로 바닥에 누워버렸다. 그때 침실의 문이 벌컥 열렸다.

어머니는 방을 둘러보며 소음의 원인을 추측하기 시작하셨다. "그만 좀 뛰어내리렴. 아래층 가게에서 네가 뛰어내리는 소리가 다 들린다구." 어머니는 그렇게 화를 낸 뒤, 방문을 닫고 나가셨다. 그렇게 나의 어린 시절은 끝이 났다. 그 순간, 내가 아무리 네버랜드를 믿고 또 그곳에 가기를 바란다고 하더라도 결코 그럴 수 없다는 사실을 깨달았다. 요정의 왕국이 존재하긴 하지만, 그곳에 갈 수 없는 분명한 어떤 문제가 나에게 있었던 것이다.

나의 친구 레프리콘은 조심스럽게 소파에 앉아 회상 중인 나를 지켜보고 있었다. "나는 피터 팬 이야기를 정말 좋아했어요. 그 이야기는 요정의 왕국으로 돌아가는 통로였거든요. 그렇죠?" 나는 조용히 물었다.

"그렇소. 당신은 다른 전생에서 어린이의 모습으로 우리에게 온 적이 있었고, 이번 생에서도 그러고 싶었던 것이오. 하지만 우리의 진화 속에서 당신이 이번 생을 그렇게 사는 것은 당신 개인에게도, 인간 종족에게도 적절하지 않았소.

피터 팬 이야기는 인간들에게 대단히 중요한 이야기라오. 왜냐하면 그 이야기는 엘리멘탈 종족의 세계에 들어와 어떠한 제한과 얽매임도 없이 자유롭게 노는 마법의 시간을 인간들에게 상기시켜주기 때문이오." 레프리콘은 계속 말을 이어나갔다.

"피터팬 이야기는 인간 종족의 기억 중 일부라오."

나는 이야기의 요점으로 다시 돌아가려 말을 꺼냈다. "그렇다면 인간 세계에서 내가 할 수 있는 것이 제한적이라는 사실에 불만을 가지는 내 마음을 고칠 방법은 없나요?"

"많은 한계들이 그저 상상에 불과한 것임을 깨닫는 게 그 방법 중 하나라오. 일례로 당신은 나와 다른 차원에 사는 많은 존재를 볼 수 있고, 대화도 나눌 수 있소. 이는 당신도 이미 알고 있는 사실이오." 그가 대답했다.

"맞아요. 하지만 다른 사람들이 언제나 이 같은 사실을 믿지는 않죠." 나는 사람들에게 이해받지 못했던 지난 세월을 떠올리며 대답했다.

"하소연은 그쯤 하시오." 나의 친구가 목소리를 높이며 말했다. "많은 엘리멘탈은 인간을 우리를 죽이는 적으로 간주한다오. 내가 인간과 함께 연구하고 일하는 것에 모든 엘리멘탈이 동의했을 거라 생각하오?"

"미안해요. 당신 말이 맞아요." 나는 그의 지적을 수용하며 대답했다. "아무튼, 이 불만에 대해 내가 할 수 있는 건 더 없을까요?"

"우리가 당신에게 준 모든 선물을 기쁘게 누리시오." 그가 대답했다. "웃음과 즐거움, 호기심과 열정이라는 선물들 말이오. 당신이 이러한 자질들을 세상에 표현하면 사람들은 당신에게 끌릴 것이고, 그들 자신에게 내재된 이러한 자질들에 마음을 열 것이오. 이는 우리 두 종족이 조화롭게 협력하기 위한 중요한 요소라오.

더불어, 당신은 당신이 할 수 있다고 생각하는 것보다 더 많은 것을 할 수 있다고 믿으시오. 당신은 당신이 원하는 대부분의 것을 실현시킬 수 있소. 이는 매우 뛰어난 힘이지. 하지만 그러기 위해서는 집중력을 키워야 한다오. 우리 엘리멘탈이 그래야 하는 것처럼 말이오."

"솔직히 말해서…." 내가 끼어들었다. "나는 원하는 것은 무엇이든 이룰 수 있다는 사실이 두려워요. 거기에는 굉장한 책임이 따르니까요. 나는 완벽한 사람이 아니에요. 내가 실현시킨 어떤 것이 나나 다른 사람들에게 도움이 되지 않으면 어떡하죠?"

"두려움에 자책이 더해지면 절대로 모험을 하지 않게 되지. 그러면 당신은 그저 작은 꿈만 꾸며 살아갈 것이오." 내 친구는 두 손을 치켜올려 장난스레 격한 감정을 표현했다.

"당신은 자기 자신이 이미 충분히 사랑스럽고 책임감이 있는 사람이라는 사실을 깨달아야 하오. 당신이 우리에게 그것들을 가르쳐주지 않았소? 지금부터 당신은 집중력을 향상시키는 연습을 좀 해야겠소."

"알겠어요, 그 말이 맞아요." 내가 대꾸했다. "엘리멘탈은 집중을 어떻게 하는지 말해주세요."

"엘리멘탈들은 생각을 고정하고, 서로의 실현화의 힘을 높여줌으로써 함께 공동 창조(co-create) 작업을 할 수 있소." 레프리콘이 대답했다. "과거에는 이러한 작업을 큰 규모의 프로젝트로 실행했었소. 전쟁이 일어났거나, 새로 마을을 만들고 성을 쌓아야 했을 때 말이오. 또, 때때로 우리는 다른 누군가를 위해서 무언가를 실현해주기도 했었소. 그래야 그가 쉴 수 있었기 때문이라오."

갑자기 그의 얼굴에 깊은 슬픔이 드리워졌다. "지난 몇백 년간 우리 세계는 많이 달라졌소. 우리는 인간의 침략으로 인해 우리가 사는 세상의 큰 부분들을 포기해야만 했소. 인간의 수많은 생각이 몰려드는 가운데, 더는 우리가 바라는 것에 관한 생각을 유지할 수 없었지. 따라서 우리는 우리 세계에 존재하던 아름다움과 기쁨을 너무나도 많이 잃어버리게 되었소."

나는 그의 이야기에서 그가 느끼는 자기 종족에 대한 책임감, 그리고 그들을 위해 새로운 삶의 방식을 만들려는 그의 열망을 느낄 수 있었다.

"당신이 엘리멘탈 종족의 일원으로서 그토록 깊은 책임감을 느낀다는 사실이 놀랍군요." 내가 말했다.

"당신 말이 맞소. 이러한 감정은 엘리멘탈에게 일상적이지 않다오. 하지만 내가 속한 무리가 계발하고 있는 것이 바로 이러한 감정이오." 그는 여전히 풀이 죽은 상태로 대답했다.

"당신은 아주 잘하고 있어요. 나는 당신이 거의 인간과 흡사하다고 느끼는걸요. 단지 그 감정으로 인해 당신이 너무 슬퍼하는 것 같아서 마음이 아프네요." 내가 말했다. 나 역시 그 책임의 무게가 어떤 것인지 잘 알고 있었다.

"우리는 서로의 진화에 대해서 배우면서 무언가를 잃기도 한다오." 레프리콘이 대답했다. "인간들이 자주 슬픔에 빠지는 이유는 의무감과 책임감에 짓눌려 기쁨을 느끼지 못하기 때문이오. 우리 엘리멘탈은 책임감을 통해 고양되는 방법을 찾고 있소. 그러면 우리는 우리의 본질을 잃지 않게 되겠지."

"동의하는 바예요." 내가 말했다. "인간이 기쁨과 책임감을 동시에 느끼지 못할 이유가 없어요."

"내가 인간으로부터 얻은 것이 또 있소." 그는 좀더 활발해진 목소리로 말을 이어나갔다. "나는 사랑을 배우고 있소. 사랑에 있어서는 당신들이 우리보다 훨씬 앞서 있소. 친구와 가족에 대한 사랑부터 낯선 이들에 대한 사랑까지, 당신들의 사랑은 정말 감탄할 만하지. 그동안 우리는 즉각적인 쾌락을 거부하는 방식을 통해 사랑을 배워왔소. 당연히 모든 엘리멘탈이 이렇게 할 수 있는 것은 아니지만 이제 우리의 진화에는 그 씨앗이 심어졌소. 우리가 영적인 인간들과 더 많이 협력하면 할수록 사랑도 더 많이 배울 수 있다오."

갑자기 내 안에 어떤 통찰이 떠올랐다. "만약 내가 당신을 사랑한다면 당신은 차나 토스트처럼 그 사랑을 먹고 살 수도 있나요?"

그는 평소의 건방진 태도로 돌아가 미소를 지으며 대답했다.

"물론이오! 더 많은 인간이 우리를 사랑할수록 우리는 그 감정을 더 많이 느낄 수 있소. 또, 내적으로 그 사랑을 똑같이 흉내 낼 수 있다오. 당신도 알고 있다시피, 당신이 먹는 것이 곧 당신이라오."

"서로에 대한 엘리멘탈의 사랑은 변덕스럽잖아요. 그런데 지구를 사랑하는 그들의 마음은 어째서 변하지 않는 거죠?" 내가 질문했다.

"이는 우리 안에 있는 본능이오." 레프리콘이 대답했다. "엘리멘탈은 아름다움과 기쁨을 창조하고 싶어하오. 그래서 우리가 지구를 더 아름답게 만드는 것이오. 내가 속한 무리 안에서, 우리는 우리 종족과 지구의 다른 존재들에게 가장 필요한 것이 무엇인지에 집중한다오. 이것은 새롭게 배운 행동 양식이라오. 이로써 우리는 자유의지를 배울 수 있고, 이것이 바로 우리 선택의 목적이오."

그의 말을 듣고 있던 나는 이것이 보살의 서원(bodhisattva vow)과 유사하다는 것을 불현듯 깨달았다.

"우리가 처음 만났을 때를 떠올려보시오. 나는 당신에게 이번 여름 동안 우리가 같은 시험과 입문을 거쳐야 한다고 말했었소." 그가 말했다.

우리가 대화를 나누는 동안, 중요한 변화가 일어났다. 이전까지 우리는 인간과 엘리멘탈의 공통점보다는 차이점에 더 많이 주목하고 있었다. 그런데 이제 나는 우리가 여러 면에서 비슷하다는 것을 알 수 있었다.

"이로써 오늘의 공부는 충분히 한 것 같소." 그는 하품하며 기지개를 켰다. "오늘 오후는 밖에 나가서 머리를 맑게 하고, 명상 연습을 하시오."

"뭐라고요? 명상을 하라고요? 나는 당신이 명상으로부터 나를 구해줄 줄 알았는데요." 나는 그에게 농담을 던졌다.

"명상은 자기 수양에 도움이 된다오." 그는 자리에서 일어나며 대답했다. "우리는 당신이 명상에 지나치게 빠지지 않길 바랄 뿐이오. 우리 둘 다 균형의 중도에 관심을 두고 있잖소?"

레프리콘은 말을 마친 뒤 모습을 감추었고, 뒤이어 희미한 메아리 속에서 인사말이 들려왔다. "내일 봅시다."

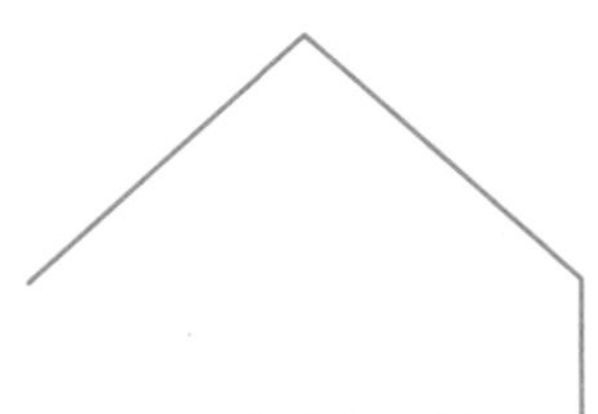

평범한 하루

레프리콘에게 내일이란 개념은 인간의 그것과는 분명 달랐다. 그와 다시 이야기를 나누기 전까지 많은 날들이 지나갔기 때문이다. 비와 뿌연 안개가 낀 날들이 계속되었고, 나는 나만의 일상을 살아나가고 있었다. 나는 매일 아침 8시쯤에 일어나 잠옷 위에 울 스웨터를 걸쳐 입고 침대 위에 앉아 명상을 했다. 습도가 어찌나 높던지 그 습기를 피부로 느낄 수 있을 정도였고, 옷도 축축했다. 코티지 안이나 밖이나 별 온도 차가 없는 듯했다. 사실은 축축한 돌벽 때문에 집 내부가 훨씬 더 추웠을 수도 있다.

그러다 9시쯤 되면 빈속에 차 한 잔을 마셔야겠다는 일념으로 포근한 침대에서 몸을 일으킨다. 찻물이 끓기를 기다리는 동안 뜨거운 수돗물을 세 개의 병에 담은 다음 소파 위 담요 아래에 그것들을 집어넣어 앉을 자리를 따뜻하게 데워놓는 것도 잊지 않았다. 그리고 남은 오전 시간은 내가 그해에 쓴 책인《운명의 해독》(Decoding Destiny) 원고를 편집하며 보냈다. 일을 끝마친 뒤에는 주의를 돌려 단테의《신곡》지옥 편을 읽었다. 나는 단테가 훌륭하게 묘사했던 그 지옥의 단계를 통과해가고 있는 내 여정에 대해 사색하는 시간을 가지곤 했다.

어떨 때는 정오쯤이 되면 아일랜드식 소다 빵 토스트를 몇 조각 먹은 다음, 종아리까지 내려오는 비옷에 퀸 엘리자베스 여왕 스타일의 머릿수건을 두르고 바다로 이어진 차선을 걷기도 했다.

나는 걷기 명상을 하면서 더 이상 내 삶에 긍정적이고 건설적이지 않은 것들은 흘려 보내버리고, 도움이 되는 것들은 환영하며 받아들였다. 걸을 때는 사람과 마주치지 않기 위해서 마을 주변을 빙 둘러서 걸었는데, 덕분에 고요한 상태를 유지할 수 있었다. 그렇게 나는 매일 몇 시간씩 빗속의 시골길과 해안가를 걸어 다녔고, 부서지는 파도는 오래된 두려움, 화, 상처의 매듭들을 풀어주었다.

물방울 하나하나가 과거의 나를 녹여주었고, 새로운 씨앗이 심어질 내 마음의 토대를 비옥하게 해주었다. 가끔은 내 친구 레프리콘이 나타나 그 길을 함께 걸었는데, 그는 내가 사색할 수 있도록 대부분의 시간 동안 나를 침묵 속에 홀로 내버려두었다.

어떤 날들은 깊은 절망의 골짜기에 빠진 채 빗물과 눈물이 하나로 뒤섞인 시간을 보냈다. 그럴 때는 가슴이 쑤시는 듯한 고통을 느끼며 한 발 한 발을 걸었다. 한편, 태양이 잠깐이라도 제 모습을 드러내는 날들에는 삶에 대한 기쁨과 사랑에 휩싸일 때도 있었다. 태양이 뜨면 노란색과 보라색의 아이리스, 하얀 데이지 그리고 보라색 클로버가 물기를 머금은 채 반짝거렸고, 멋진 내일을 약속하는 무지개도 바다 위에 아치를 그렸다. 이런 순간들만 계속된다면 얼마나 좋을까. 나는 워즈워스Wordsworth의 시 〈불멸의 암시〉(Intimations of Immortality)에서처럼, 순수했던 어린 시절로 되돌아가려고 안간힘을 쓰고 있었다. 그 시절 느꼈던, 자연을 향해 완전히 깨어 있는 존재로서의 그 기쁨을 떠올리면서 말이다. 그러자 몸속의 피가 다시 노래를 하고, 기쁨이 혈관을 타고 흘렀다. 나는 그 순간, 그 장소에 있을 수 있다는 것을 행운으로 여기며 기뻐했다.

내가 무슨 생각을 하고 무슨 감정을 느끼든 걷기 명상을 하는 동안만큼은 모든 것을 온전히 경험하기로 마음먹었다. 홀

릉한 내면의 봄 청소 시간이었다. 나는 식료품을 사기 위해 일주일에 몇 번은 마을을 방문했다. 식료품 가게의 호기심 가득한 눈빛들은 내가 반드시 거쳐 가야 하는 장애물이었다. 하지만 "데이비슨 씨의 코티지에서 어떻게 지내고 있어요?"라는 질문을 정기적으로 받는 것보다는 그게 나았다. 그들은 내가 혼자 쇼핑할 수 있도록 나를 내버려두었다. 나는 오툴 부인이 집에 방문하여 토탄 불을 지펴주는 그 시간에 맞춰 집에 들어가려고 항상 신경을 썼다.

오툴 부인은 내가 낮이나 밤에 시간을 어떻게 보내는지 결코 물어보지 않았다. 하루는 캐나다 고향 집에서 보내준 초콜릿 상자가 도착하여 오툴 부인에게 차 한 잔을 권하기도 했었다.

"그거 좋죠." 그녀가 정중하게 초콜릿 한 조각을 받아들며 대답했다. 그녀는 말없이 앉아 토탄에서 연기가 피어오르기를 기다렸다. 시간이 좀 흐르자, 불이 붙은 토탄에서 퍼져나오는 달콤한 사향 냄새가 집 안 가득 퍼졌다. 나는 그녀에게 초콜릿 한 조각을 더 권했다. 그러자 그녀는 귀한 선물을 받은 아이처럼 이빨 빠진 미소를 짓고는 눈을 반짝이며 큰 초콜릿 한 조각을 집어 들었다.

나의 친구 레프리콘은 오툴 부인이 집에 같이 있을 때도 종종 찾아왔는데, 초콜릿을 먹는 날도 그런 날 중 하나였다. 그는 소파에 앉을 자리가 없자, 주방에 놓여 있는 의자 중 하나에 자리를 잡았다. 그러고는 무릎 위에 공책을 올려놓고 펜으로 빼곡히 글을 썼다.

오툴 부인이 떠난 뒤, 나는 그를 향해 몸을 돌려 다음과 같이 물었다. "무엇을 발견했나요?"

"놀랍군, 놀라워." 그는 펑퍼짐한 코끝에 코안경을 걸쳐놓고 영국 교수 같은 목소리를 흉내 내며 느릿느릿 말을 내뱉었다.

그는 연필 끝으로 공책을 두드려 요점을 강조하면서 말을 이어나갔다. "단 것을 좋아하는 당신의 친구가 당신과 함께 앉아 있을 때, 당신들을 둘러싼 에너지가 변했었소. 일반적으로 당신의 에너지는 바위들 사이사이로 흐르는 개울 같고, 그녀의 에너지는 너울거리는 바다 같지. 그런데 두 사람이 함께 있으면 당신은 바다를 닮게 되고, 그녀는 시냇물을 닮게 되오. 그녀는 당신을 잔잔하게 만들고, 당신은 그녀를 다시 장난꾸러기로 만든다오."

"오툴 부인도 우리와 같은 피를 갖고 있다는 사실을 알고 있소?" 그가 안경 너머로 나를 바라보며 말했다.

"오툴 부인은 어떤 종류의 엘리멘탈인가요?" 내가 물었다.

"당신이 거의 만나본 적이 없는 계급이라오." 레프리콘은 안경을 다시 콧잔등 위로 올려놓고, 과장된 몸짓으로 팔을 뻗으며 말했다.

"부인은 쿠Coo 종족에 속해 있소. 쿠 종족은 모든 종류의 동물과 함께 일을 하오. 그들은 동물들이 무슨 생각을 하고, 무엇을 느끼는지 모두 알고 있소.

부인은 당신 몸 전체로 자신의 에너지를 확장하오. 동물들에게 하는 것과 똑같이 말이오. 그녀는 고양이나 개처럼 당신에게 감명을 주오. 오툴 부인이 쿠 혹은 자신의 양치기 개와 함께 있을 때면 말을 할 필요가 없소. 그들은 말없이 서로를 이해한다오. 당신도 오툴 부인과 이러한 방식으로 지내고 있소. 당신들은 말을 많이 하기보단 서로의 오라 속에 자리를 잡고, 또 영향을 주고받고 있소."

"조금 전까지 우리를 보면서 그걸 관찰했던 건가요?"

"그렇소." 그가 대답했다. "나는 오툴 부인이 동물들과 함께 있는 모습을 지켜봐왔고, 그녀가 당신에게도 똑같은 영향을 미치는지 꼭 확인하고 싶었다오."

"당신이 공책에 적은 내용이 궁금하군요." 나는 그의 공책을 가리키며 말했다.

"아니, 아니, 아니!" 공책을 가슴으로 꼭 끌어안으며 그가 대꾸했다. "당신은 관심 없을 내용이오."

"사실, 나는 궁금한걸요. 당신도 글을 쓸 수 있는지 몰랐거든요." 그의 공책을 향해 손을 뻗으며 내가 대답했다.

"우리도 글쓰기 비슷한 것이 있단 말이오." 그는 공책을 더 멀리 치우면서 말을 얼버무렸다.

나는 그를 안심시키기 위해 뒤로 기대앉아 말을 이어나갔다.

"그러니까 당신 말은, 당신이 인간처럼 읽고 쓰지는 못한다는 거죠?"

그러자 그는 마음을 놓고 자신의 무릎 위에 공책을 올려두었다. "그렇소."

호기심이 일은 나는 최대한 매력적인 미소를 지으며 요청했다. "그 공책에 어떤 걸 기록했는지 내게 보여줄 수 있나요?"

"아마 당신은 이해하지 못할 거요." 그는 경고했지만, 그의 마음이 점점 약해지고 있는 게 확실했다.

순간, 나는 그가 나에게 노트 보여주기를 꺼리는 이유가 무엇이었는지 깨달았다. 그는 읽고 쓰는 인간의 기술을 완벽히 연마하지 못했던 것이다. 이는 그의 자존심에 타격을 주는 것이었다.

"당신이 인간에 대해 알고 싶어하는 것만큼, 나 역시도 엘리멘탈을 공부하는 것에 관심이 많답니다." 나는 그를 향해 신뢰와 존경을 내보이며 말했다.

나의 친구는 몸을 앞으로 쭉 내밀어 앉으며, 공책을 볼 수 있도록 해주었다. 그런데 거기에는 아무것도 쓰여 있지 않은 빈

종이만 덩그러니 있는 것이 아닌가. 나는 그를 바라보며 말했다. "아무것도 안 보이는데요."

"우리가 종이에 대고 어떤 생각을 하면, 종이는 우리에게 특정한 이미지들로 그 생각들을 말해주지." 그는 나에게 시도해보라는 손짓을 하며 대답했다.

공책을 다시 바라본 나는 홀로그램으로 만들어진 오툴 부인과 나를 볼 수 있었다. 홀로그램에서는 실제 일어났던 일들이 정확히 똑같이 일어나고 있었다. 인간의 2차원 텔레비전 이미지보다 훨씬 뛰어난 3차원의 이미지였다. 인간의 눈을 가진 나에게는 뿌옇고 옅게 보이기는 했지만, 그래도 보이긴 보였다. 나는 고개를 돌려 내 친구를 바라보았고, 그는 나의 성공에 미소를 지었다.

"우리 엘리멘탈 중에서도 그걸 볼 수 있는 이는 별로 없소. 학자 또는 치유사들이나 볼 수 있는 거라오." 그가 웃음 띤 얼굴로 말했다.

"엘리멘탈은 당신과 내가 소통하는 것과 똑같은 방식으로 인간이 쓴 책을 읽을 수 있소. 다시 말해 텔레파시지. 이런 방식으로 우리는 프랑스어와 독일어도 읽을 수 있소. 소설책은 한결 읽기 쉬운 편이오. 작가가 그 글을 쓸 당시 떠올린 장면들을 이미지로 볼 수 있기 때문이오. 과학책의 경우, 작가가 그 글을 쓸

때 이미지를 떠올리지 않았다면 읽기가 더 까다롭다오. 엘리멘탈의 세계에서는 글을 써야 할 이유가 특별히 없소. 원하는 것은 무엇이든 자유자재로 생각하고 창조할 수 있는 엘리멘탈이 뭐하러 그런 기억들을 남기려 하겠소? 우리에게는 시공간의 장벽이 없소. 그래서 과거나 미래로 갈 수 있으며, 과거에 존재했던 것들과 미래에 존재할 것들을 창조할 수도 있다오. 하지만 인간은 시공간을 초월한 여행을 할 수 없기 때문에 무언가를 기록할 필요가 있는 것이라오. 그리고 우리 학자들이 읽기와 쓰기를 배워온 것도 인간이 이것들을 필요로 하기 때문이오."

나는 이제야 엘리멘탈의 읽고, 쓰고, 말하는 방식이 눈, 손, 입의 움직임보다는 마음과 관련 있다는 것을 이해하였다. 또, 인간도 연습만 한다면 이런 방법을 익힐 수 있다는 것을 깨달았다.

"당신 생각이 맞소." 레프리콘이 말했다. "그리고 미래에 당신도 이렇게 할 것이오. 아틀란티스의 인간들도 이러한 능력들을 갖추고 있었으나 그것을 잊어버렸소. 마음의 힘과 의지의 힘은 원하는 것을 실현하는 데 핵심 열쇠가 되오. 이것은 모든 존재에게 해당하는 이야기오. 인간은 엘리멘탈의 세계보다 밀도가 높은 세계에 존재하고 있소. 따라서 어떤 인간이 이루고 싶은 것이 있다면, 정신적으로는 물론이고 반드시 육체적으로도 일해야 하지. 전반적으로 인간의 정신력은 엘리멘탈보다 강하오. 왜냐하면, 인간이 원하는 것을 이루기 위해서는 자유의지를 사용해서 밀도가 높은 현실의 저항을 극복해야 하기 때문이라오. 이러한 종류의 저항은 인간을 더욱더 강하게 만들지.

안타깝게도, 약한 정신력 때문에 다른 사람들의 생각과 감정을 그대로 따라가는 사람들도 많소. 그들은 자신의 정신을 다루는 법을 배우지 못했소. 정신을 잘 다루려면 많은 노력이 필요하기 때문이라오.

자신의 잠재력을 구현하지 못하는 이들의 수는 엘리멘탈 종족보다 인간 종족에 더 많소. 인간은 지나치게 수동적이오. 하지만 원하는 것을 실현시키는 인간은 그 어떤 엘리멘탈보다도 훨씬 더 강하오."

나는 문득 엘리멘탈이 손을 사용해서 물건을 만드는지 아니면 정신으로 물건을 만드는지 궁금해졌다. "당신 세계의 신발 장인은 수제로 신발을 만드나요? 아니면 신발 만드는 상상을 하나요?" 내가 물었다.

"우리 수공예 길드는 우리 세계만의 물리적인 방식으로 물건을 만드오. 그들은 다른 엘리멘탈들보다 더 무거운 원소들로 작업을 하지. 이런 길드에 속한 수공예 장인이 물질 세계를 다루는 능력은 인간의 그것과 흡사하오. 인간의 전래 동화를 살펴보면, 엘리멘탈들이 장인 정신으로 만든 훌륭한 물건을 받은 사람들에 관한 이야기가 있소. 우리 세계의 장인들은 여러 보석들과 금, 은 그리고 구리를 사용해서 아름다운 장신구를 만들지. 어떤 길드에서는 무기를 만들기도 하고, 어떤 길드에서는 멋진 표지와 테두리를 지닌 아름다운 책을 만들기도 한다오. 이미지를 담는 용도로 말이오.

우리 세계의 치유사들은 강한 정신력을 갖고 있소. 치유사들은 꽃과 나무에게 그들이 지닌 생명의 정수를 자신이 만든 물약에 넣어달라고 요청하지. 그러면 그 물약을 사용해서 다른 존재들의 병을 고칠 수 있소. 치유사는 나무나 사람, 혹은 동물을 바라보는 것만으로도 그들에게 필요한 정수가 무엇인지를 알 수 있어서 그것을 자연에게 요청하오. 자연의 왕국이 치유사에게 자연의 정수를 주는 이유는 모든 살아 있는 생명체가 창조자의 신성한 계획에 따라 일하기 때문이라오."

그의 말을 들으니 인간의 동종요법(Homeopathy)과 아로마테라피가 떠올랐다. "우리 세계에도 그것과 비슷한 방법으로 치유 작업을 하는 사람들이 있어요." 내가 말했다.

"분명히 그럴 것이오." 그가 동의를 표하며 고개를 끄덕였다.

"인간이 이러한 치유 기법들로 치유를 할 때는 엘리멘탈 세계와 함께 일하고 있다고 봐도 될까요?"

"그렇소, 바로 그거요." 그가 말을 이어나갔다. "인간이 농작물을 키울 때도 이런 방법을 사용한다오. 농부들은 땅에 씨앗을 뿌리면서 그것이 튼튼하게 자라 좋은 열매를 맺는 장면을 상상하오. 마음속으로 그 이미지를 계속 상상하다 보면 대개 그들이 상상한 것을 얻게 된다오. 물론 씨앗이 건강하고, 땅도 비옥하고, 적절한 양의 햇빛도 있어야 하겠지. 농부는 씨를 뿌리기 위해 자연과 함께 일해야 하오. 아무 곳에나 씨앗을 뿌릴 수는 없는 법이오. 원하는 것을 시각화하는 능력이 있고, 또 자연이 원하는 것에 귀를 기울일 줄 아는 인간은 훌륭한 먹거리와 아름다운 정원, 건강한 수목들을 창조할 수 있을 것이오."

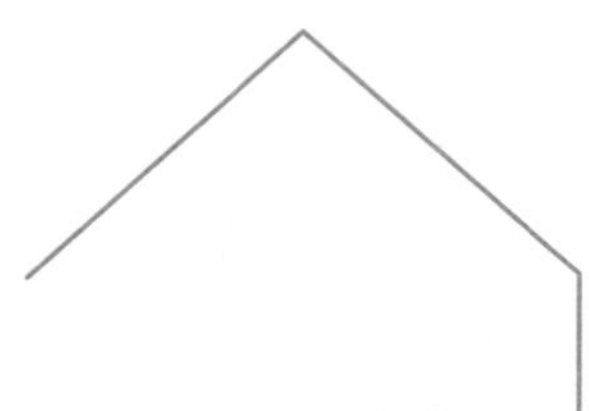

색다른 데이트

집에서 혼자 식사를 만들어 먹는 것이 지겹고 심심한 날이었다. 2구짜리 핫플레이트로 만든 간단한 식사로는 영혼의 허기가 좀처럼 채워지지 않았다. 수제 페이스트리, 아니 어떤 페이스트리라도 좋으니 먹고 싶다는 생각이 간절했다. 나는 예전에 산책을 하다 마을 변두리 바닷가에 있는 '더 유니콘The Unicorn'이라는 식당을 발견한 적이 있었다. 그리고 지금과 같은 상황이 찾아올 것을 대비해 그곳을 잘 기억해뒀었다. 어느새 날이 저물고 있었다. 나는 딱 한 벌씩만 가져왔던 유일한 치마와 블라우스를 서랍장에서 꺼내 침대 위에 살포시 올려놓았다.

그리고 색다른 저녁 외출을 상상하며 뜨거운 물로 호화로운 목욕을 하기로 결심했다. 나는 욕실을 향해 빠른 걸음으로 이동한 뒤, 욕조 안에 살고 있던 거미를 조심스럽게 다른 곳으로 옮겼다.

"가만히 있어." 내가 명령을 내리자, 거미가 즉시 순응했다. 거미는 고양이와 비슷하다. 사람 곁에서 함께 살지만, 결코 자신의 독립성을 포기하지 않는다.

크고 오래된 수도꼭지가 시끄럽게 삐걱거리더니, 방은 몇 분 지나지 않아 뜨거운 김으로 가득 찼다. 나는 목욕 비누가 없어서 흐르는 물에 샴푸를 풀어 거품을 냈다. 그리고 차갑고 습한 공기를 피해 재빨리 옷을 벗고 거품 속으로 미끄러져 들어갔다.

"정말 좋다!" 나는 탄성을 내뱉으며 몸을 물속으로 낮게 뉘었다. 그렇게 눈을 감고 행복한 순간을 음미하고 있었는데 어느 순간 화장실 변기 뚜껑 위에 올려놓은 옷 위로 레프리콘이 앉아 있는 게 보였다.

그는 조용히 나를 지켜보고 있었다. 나를 황급히 수건으로 가슴을 가렸다. "나에게는 일말의 사생활도 없는 건가요?" 나는 그를 쏘아보며, 물속으로 미끄러져 내려갔다.

"내 애인이나 아내인 척하고 데이트하러 나갑시다." 그가 말했다. 그는 애써 태연한 척하기 위해 한쪽 다리를 다른 쪽 다리로 꼬았다. 그의 발이 바닥에 닿았더라면 조금은 더 설득력이 있었을 것이다.

"데이트요?" 내가 되물었다. "나는 혼자서 행복한 저녁 시간을 보낼 생각이었어요. 오로지 나와 내가 함께하는 시간으로 말이에요. 나와 당신이 아니고요."

"지금 내가 가장 중요한 인간적 의례 중 하나를 경험하겠다는데, 거부하는 거요?"

"그게 무슨 말이죠?" 나는 그가 말을 다 끝내기 전에 끼어들어 물었다.

"데이트 말이오. 당연한 것 아니오?" 그는 불쾌해하며 말했다.

나는 가슴팍에 수건을 움켜쥔 채로 손을 뻗어 뜨거운 물을 더 틀었다. 그리고 욕조에 기대어 몸을 뒤로 젖힌 뒤, 눈을 감고 고민을 해보았다. '그는 내가 세상을 달리 보도록 나를 돕고 있고, 훌륭한 친구가 되어주기도 했어…. 하지만 그는 정말로 우리가 연인이 될 수 있다고 생각하는 걸까?'

나를 향해 짓궂게 웃고 있는 그의 모습에 눈이 번쩍 떠졌다.

"그냥 함께 시간을 보내면서 무슨 일이 일어날지 지켜보면 어떻겠소?" 그는 쾌활한 태도로 제안했다. 그는 내가 긴장을 풀 수 있도록 노력하며, 다시 학자 같은 자세를 취하고는 나에게 질문했다. "목욕은 어떻소?"

"당신도 옷을 벗고 여기로 들어오지 그래요?" 내가 웃으며 대답했다.

"짐작건대 내 자리는 수도꼭지가 있는 욕조 끝부분인 것 같군." 그는 못마땅한 듯 눈을 아래로 내리깔면서 말했다.

"당연하죠. 편안한 욕조 자리는 언제나 숙녀들을 위한 것이랍니다." 내가 말했다.

그러자 눈 깜짝할 사이에 그가 욕조 안에 들어와 있었다. 그는 물속에 몸을 담그고 거품 위로 머리만 내보이고 있었다. 그가 앉은 쪽의 수도꼭지는 어느새 없어져 매끈한 욕조 면만 남아 있었다. 그는 욕조에 기대어 누우며 팔을 욕조 위에 걸쳐놓았다. 그러면서 놀리는 듯한 눈빛으로 이렇게 말했다. "불필요한 고통을 겪을 필요는 없지 않소? 나의 세계에서는 수도꼭지가 있는 쪽에 기대어 누울 필요가 전혀 없다오."

그의 말처럼, 사라졌던 수도꼭지가 욕조 측면에 나타났다. 정확히 우리 사이의 중간 지점이었다. 그는 몸을 앞으로 기울여 차가운 물을 틀었다.

"인간은 이렇게 뜨거운 목욕물을 좋아하오?" 그는 붉어진 얼굴에 손으로 부채질을 하며 말했다.

"내 생각에는 남자보다 여자가 뜨거운 물로 목욕하는 걸 좋아하는 것 같아요." 내가 대답했다. "하지만 그런 걸 조사해본 적은 없어요. 그냥 경험상 그런 것 같아요."

그때 그의 머리 위로 공책이 나타났다. 그는 손에 펜을 들고 내가 말한 것을 받아적었다. 나는 다시 눈을 감고 몸을 이완했다. 그런데 그 순간, 쭉 뻗은 내 몸이 그의 몸에 닿았다. 나는 부끄러워하며 다리를 끌어당겼고, 눈을 떴다.

"무슨 문제가 있소?" 그는 능글맞게 웃으며 물었다.

"뭐가 문제인지 알고 있잖아요. 우리 둘 다 욕조 안에 벌거벗고 있고, 이다음에 무슨 일이 벌어질지 몰라 불편하다고요." 내가 대답했다.

"다음 일은 이미 일어났소." 그가 물속으로 팔을 미끄러뜨리며 말했다. "물은 우리의 진동을 공기보다 더 잘 전달하오. 따라서 지금 우리는 접촉하고 있는 것이며, 우리의 본질도 섞이고 있소. 내가 물에 뛰어든 순간, 일은 이미 벌어지기 시작했다오."

나는 몸을 일으켜 세워 앉아, 수건을 끌어당기면서 소리쳐 말했다. "그래도 괜찮은지 나에게 미리 물어봤어야죠!"

"아니, 당신이 나를 초대했잖소." 그는 오해받고 있는 연인의 모습을 연기하며 대꾸했다.

이 우스꽝스러운 상황에 실소가 터진 나는 그의 얼굴에 비누거품을 끼얹었다. 그에게 데이트가 뭔지 제대로 경험하게 해줄 작정이었다. 그는 장난기 가득한 눈을 반짝이며 손가락을 튕겼다. 그러자 목욕물이 밀려와 내 가슴을 가리고 있던 수건이 떠

내려갔다.

"항복할게요, 항복." 나는 웃으며 말했다. "저녁에 당신과 데이트를 하겠어요. 하지만 당신은 나의 '새로운' 데이트 상대이니, 당신이 여기 있으면 내가 겨드랑이 제모를 할 수가 없어요. 그러니 이제 나가주세요."

"그럼 나를 '오래된' 데이트 상대라고 여기시오. 그 모습을 보고 싶으니까 말이오." 그가 말했다.

나는 어깨를 으쓱하며 면도기를 집어 들고 이렇게 말했다.

"인간에 관한 당신의 연구를 위해서라면, 좋아요."

나는 최대한 품위를 지키면서 겨드랑이에 비누칠을 했다. 왼팔을 머리 위로 들어 올리자 2주 동안 자란 겨드랑이털이 보였고, 기분 좋게 면도를 했다.

내 친구 레프리콘은 욕조에 기대앉아 나의 면도 과정을 지켜보았다. "여성 엘리멘탈은 겨드랑이 제모를 하지 않소." 그가 말했다.

"겨드랑이에 털이 없단 말인가요?" 내가 물었다.

"고블린, 놈 등의 엘리멘탈은 몸 이곳저곳에 털이 나 있소. 하지만 왕족 계급 출신의 엘프 숙녀들은 그렇지 않지. 당신은 그들과 좀더 비슷한 것 같소." 그가 얼굴을 붉히며 말했다.

그는 그러한 엘프 여성들에게 매력을 느끼지만, 그들의 연인이 될 수는 없는 것 같았다. 내 생각을 읽은 그의 얼굴이 한층 더 붉어졌다.

"왜 당신은 그들의 연인이 될 수 없는 건가요?" 내가 물었다.

"우리는 계급이 다르고, 다른 계급끼리는 성적인 에너지를 나누지 않소. 이는 금기사항이오." 그가 대답했다.

"왜요?" 나의 호기심이 점점 커지고 있었다.

"내가 이전에 언급했다시피, 우리 엘리멘탈은 인간보다 밀도가 낮소. 우리는 처음 태어날 때 실체도 거의 없고, 우리 자신이 누구인지도 잘 알지 못한다오. 만약 태어난 지 얼마 되지 않았을 때 우리의 에너지를 다른 계급과 섞게 되면, 우리는 우리 자신이 누구인지를 완전히 잊어버려 소멸하게 되지. 이러한 이유로 엘리멘탈의 진화를 관리하는 존재들은 우리에게 그렇게 하지 말 것을 당부한다오."

"인간도 그렇게 다르지 않아요. 정도의 차이만 있을 뿐이죠." 내가 말했다. "인간도 다른 인간과 성관계를 맺으면 그 사람의 진동을 오랜 시간 동안 지니게 돼요. 인간이 연인을 많이 생각하는 이유가 바로 이거예요. 연인이 있다는 건 정말 즐거운 일이지만, 그 때문에 원래 자신의 삶에 집중하기 힘들 때도 있어요. 사랑에 빠져서 죽는 사람은 거의 없지만, 일부 사람들은 사랑에 집착하게 돼요."

"인간은 엘리멘탈보다 자아가 매우 강하오. 그러니 당신은 우리처럼 자기 자신을 잃어버릴 위험은 없소." 나의 레프리콘 친구가 자신의 의견을 밝혔다.

"엘리멘탈이 성숙해지면서 점점 강한 자아를 갖게 되면, 즉 지금의 당신처럼 되면 계급이 다른 이들과 성적 에너지를 교환할 수 있을까요?"

"가끔 그런 일이 일어나긴 하는데, 우리 사회에서 그것은 눈살 찌푸려지는 일이오. 보통 그렇게 행동하는 존재들 대부분이 자신의 계급에서 추방당하고 고립된다오." 그가 매우 불편한 듯 당혹스러워하며 대답했다.

"이해할 수 없군요. 많은 인간이 당신 세계에서 살아왔고, 엘리멘탈의 연인이었던 적도 있잖아요. 그리고 그게 금기도 아니었고요. 어떤 차이점이 있는 거죠?" 내가 물었다.

그는 다소 당황해하면서 이렇게 대답했다. "인간들은 우리의 성적 에너지 배출구요. 인간은 많은 엘리멘탈 계급들이 한데 뭉쳐 있는 조합이라고 볼 수 있소. 어떤 인간은 우리 엘프들처럼 키가 크고 우아하오. 또 어떤 인간은 드워프처럼 키가 작고 굽은 다리를 하고 있소. 심지어 나랑 닮은 인간도 존재하지 않소?" 그는 자신의 농담에 스스로 웃다가 다시 말을 이어나갔다.

"또한, 우리 세상에 들어온 인간은 우리로부터 배움을 얻는다오. 우리가 인간으로부터 배우듯이 말이오. 인간을 연인으로 두는 이들은 대부분 귀족 계급이오. 엘프족은 다른 엘리멘탈에 비해 자아가 강한데, 그들이 인간과 에너지를 공유하게 되면 그들의 자아는 더 강해지지. 인간과 성적 에너지를 교류하는 데 위험이 따르기는 하지만, 그만큼 얻는 것도 크다오. 그것은 마치 인간의 본질을 수혈받는 것과 비슷하다고 할 수 있소. 아무튼, 그런 행동은 지구에서 창조자가 되려는 우리의 진화를 촉진한다오."

그의 설명을 듣던 나는 인간에게 위험한 일이 생길 가능성은 없는지 궁금해졌고, 내 생각을 읽은 그가 답을 해주었다.

"인간이 엘리멘탈의 세계에 존재하는 아름다움, 마법, 기쁨과 너무 깊은 사랑에 빠지면 엘리멘탈의 세계를 떠나지 않으려고 할 수도 있소. 그것이 인간에게 위험한 것이지. 엘리멘탈, 특히 엘프는 노년기를 혐오하기 때문에, 인간이 나이를 먹기 시작할 때가 되면 더는 함께 어울리려 하지 않을 수도 있소. 그러면 인간은 점점 더 고립되오. 만약 그가 다시 인간 세계로 돌아간다고 해도 친구들과 가족들은 이미 죽어 있을 것이오."

욕조의 목욕물이 빠르게 식어가고 있어서 몸이 떨렸다. 나는 욕조 밖으로 나갈 것인지, 아니면 뜨거운 물을 더 틀 것인지 고민하면서 가만히 앉아 있었다. 아직 묻고 싶은 게 많았지만, 점점 마음이 불편해져만 갔다.

눈 깜짝할 사이, 나의 친구는 변기 위에 앉아 있었다. 그는 짙은 보라색 수건을 몸에 두르고 있었는데, 그 수건은 계속해서 다양한 이미지를 반사했다. "감기 걸리지 마시오." 그는 몸을 일으켜 문 쪽을 향해 걸어가며 말했다. "저녁 먹으러 갈 때 이어서 이야기합시다."

혼자 남겨진 나는 배수구 마개를 뽑았다. 얼음장처럼 차갑고 습한 공기가 느껴져 온몸이 파르르 떨렸다. 수건으로 몸을 열심히 문지르며 침실로 이동했다. 밖은 아직 환했고, 비도 그쳤다. 나는 몇 주 만에 처음으로 스타킹을 신은 다음, 큰 어려움 없이 꼬물거리며 치마까지 잘 차려입었다. 하지만 그동안 버터에 구운 소다 빵을 먹은 탓인지 허리 밴드 위로 살이 살짝 삐져나왔다. 나는 뼛속 깊이 스며드는 익숙한 냉기를 느끼며 블라우스의 단추를 채웠다. 오늘도 스웨터가 필요하겠다는 생각이 들었다. 특별한 날인 만큼 콘택트렌즈를 끼고, 립스틱에 아이라인까지 더해서 '나의 데이트'를 준비했다.

나는 레프리콘이 데이트 비용을 낼 수 없어 아쉽다는 생각을 마지막으로 하면서, 핸드백을 어깨에 걸치고 침실을 나섰다. 그는 현관 앞에서 나를 기다리고 있었다. 그는 검은색 실크 재킷에 망토를 두르고 있었다. 그는 나를 바라보며 모자를 벗고, 깊

숙이 고개를 숙였다.

"아름다운 모습이군요, 숙녀분." 그가 교양 넘치는 태도로 말했다.

"당신도 멋지답니다, 신사분." 나는 무릎을 살짝 구부리며 답례 인사를 했다.

우리는 대문을 열고 집 밖으로 나섰다. 그렇게 마을을 향해 오른쪽으로 몸을 틀었을 때, 나는 깜짝 놀랄 수밖에 없었다. 엘리멘탈들이 길 양쪽으로 길게 늘어서서 우리를 지켜보고 있었기 때문이다. 나의 레프리콘 친구는 내 팔을 자기 쪽으로 가져가 팔짱을 끼우더니, 120센티미터 정도 되는 자신의 몸을 최대한 꼿꼿이 세웠다. 그리고 기품 있게 이쪽저쪽 고갯짓으로 인사를 하며 앞으로 걸어 나가기 시작했다. 사방에서 웃음과 환호가 터져 나왔다. 그날 밤, 우리는 그 지역에서 사는 존재들의 볼거리였다.

내 친구는 이 쇼를 굉장히 즐기고 있었다. 우리의 데이트를 위해 그가 엘리멘탈들에게 귀띔하여 그들이 미리 나와 있도록 준비한 게 분명했다. 나는 그의 모습을 따라 그들에게 미소와 함께 가벼운 고갯짓으로 인사했다. 그러다 사마귀가 난 얼굴, 빨간 눈, 긴 발톱을 한 고블린이 아주 가까이 다가오자 나는 혐오감과 두려움을 티 내지 않기 위해 애를 써야만 했다. 군중들 속에서는 다른 이들처럼 큰 소리로 환호하는 레프리콘의 아내와 두 아이도 있었다. 나에 대해 질투하는 기색은 전혀 없었다.

몇 걸음을 더 걸어가자, 우리 발밑으로 레드카펫이 펼쳐졌고 환호성도 덩달아 높아졌다. 나의 이웃 주민인 엘리멘탈들을 조금 더 자세히 들여다보니, 다양한 계급이 와 있었다. 레프리콘, 드워프, 고블린, 놈. 하지만 왕족인 엘프는 그 자리에 없었다. 그날 저녁에는 우리가 귀족 역할을 하고 있는 것 같았다.

우리가 계속 걸어가자, 엘리멘탈들은 우리를 보겠다며 서로를 밀쳐댔다. 그들은 대열을 깨고 우리를 따라오다 이내 싫증을 내며 돌아갔다. 이제 우리 둘만 남겨졌다. 쇼가 끝난 것이다. 나는 조심스럽게 팔짱을 풀고 그가 말하기를 기다렸다.

"저들은 인간들을 따라 해보는 것을 좋아하지. 조금 전의 쇼는 그러기에 완벽한 기회였소."

"그런 것 같네요." 내가 대답했다. "저들 중 일부는 나 혼자서 만나는 것보다 밝은 낮에 당신과 함께 만나는 것이 더 좋겠어요."

그는 나를 다시 봐야겠다는 듯 눈썹을 추켜세웠다. "나는 인간이 일부 엘리멘탈의 외모만으로도 겁을 먹을 수 있다는 사실이 항상 놀랍소."

"단순히 그들의 외모 때문만이 아니에요. 그들의 에너지 때문이기도 하다고요. 어떤 이들은 사악하다는 게 느껴져요." 나는 그의 말에 반박했다.

“당신이 뭘 말하는지 나도 알고 있소. 하지만 인간이 강한 자아를 갖고 있으면 그 어떤 엘리멘탈도 인간에게 영향을 끼칠 수 없소. 인간이 두려워할 때, 그리고 자아가 무너질 때나 문제가 생기는 것이오. 그럴 때 고블린은 인간의 오라 속으로 들어가 인간의 생명 에너지를 훔치지.”

어두운 구름이 석양을 가렸고, 나는 내면으로 침잠했다. 조금 전에 그가 묘사했던 것처럼 내 오라가 무너지는 것이 느껴졌다. 나는 어둠에 빠져 있는 인간들이 사악한 존재나 생각들의 유입에 얼마나 취약한지 생각했다.

내 생각을 읽은 레프리콘이 자신의 의견을 밝혔다. “욕조 안에서 우리는 엘리멘탈의 금기사항, 즉 다른 계급끼리 성적 에너지를 나누는 것에 대해 이야기를 나누었소. 하지만 만지기, 보기, 듣기, 말하기를 통해 서로의 에너지를 나누는 것은 허락되어 있소. 우리 중 가장 강한 엘리멘탈은 당신이 한 것처럼 생각을 통해 에너지를 나눌 수도 있지. 당신과 내가 욕조에 있었을 때, 우리의 에너지는 물을 통해 서로에게 흘러들었소. 당신의 정신력은 매우 강력하다오. 따라서 당신이 누군가에게 자신의 에너지가 흘러가고 있다고 생각하면 실제로 그렇게 흘러간다오. 이는 당신의 정신력이 강한 탓도 있지만, 당신이 치유사인

탓도 있소.”

나는 레프리콘이 말하고 있는 것이 무엇인지 이미 오래전부터 알고 있었다. 내 워크숍 참가자들은 내가 그들에게 직접 말하는 듯한 느낌을 받았다고 말하곤 했었다. 나는 사람들이 내게 증상을 말하지 않아도 그들이 느끼는 두통이나 몸의 불편한 증상들을 느낄 수 있었다. 또, 사람들이 나에게 자신의 통증을 알려주면 내 에너지가 그들에게 흘러가 그들을 치유하는 것을 느낄 수도 있었다.

나는 레프리콘과 마을을 향해 천천히 걸어가면서 긍정적인 에너지의 특성에 대해 깊이 생각하고 있었다. 그러다 부정적인 에너지의 영향에 대해 생각하자 레프리콘이 끼어들었다.

“당신이 생각하는 부정적인 에너지란 무엇이오?” 그가 물었다.

“이 길목에 있는 고블린과 놈에 대해서 생각하고 있었어요. 그들은 내 에너지를 빼어가고 싶어해요. 탐욕스럽고 사악한 이들이에요. 그들이 다른 이들과 세상에 조금이라도 긍정적인 영향을 주긴 하는 건가요?” 내가 물었다.

“인간은 다르다고 생각하는 거요? 히틀러, 그리고 히틀러와 비슷한 이들은 수백만 명의 인간을 살해했소. 하지만 그들은 외적으로 매력적이어서 인간들은 그들의 사악함을 알아보지 못했소. 우리 세계에서는 외모와 내면이 동일하다오. 우리 세계에는 그런 인간들만큼 사악한 엘리멘탈이 없소." 레프리콘은 자신의 동료 엘리멘탈을 옹호하며 화난 목소리로 말했다.

"좋은 지적이군요. 하지만 이쪽 세계든 그쪽 세계든, 다른 이들의 생명 에너지를 훔치는 존재들에게 무슨 긍정적인 목적이 있겠어요?" 나는 완전히 이해할 수 있을 때까지 이 문제를 대충 흘려보내고 싶지 않았다.

"당연히 목적이 있소." 그는 가르치는 듯한 말투로 말했다.

"엘리멘탈이나 인간이 세상의 빛을 훔치는 이들에게 대항할 때, 자아가 강해진다오. 그렇게 창조자가 되기 위한 길을 한 걸음씩 걸어가는 것이오. 악한 이들에게 에너지를 주지 않으면 그들은 위축되오. 그래서 악한 이들은 나약한 이들을 찾아내서 에너지를 뺏으려고 기를 쓰지. 에너지를 빼앗을 나약한 이들이 없으면, 그들은 살기 위해 반드시 긍정적인 생각과 행동을 해야 하오."

레프리콘의 말은 한때 나를 가르쳐주었던 체로키Cherokee 부족 선생님의 말과 똑같았다. 그는 내게 인간은 배움을 얻기 위해 폭군을 찾는다는 사실을 가르쳐줬었다. 우리에게는 분노, 자기 연민, 두려움, 탐욕, 욕망 등과 관련된 해결되지 않은 문제가 있을 수도 있다. 그런 경우 우리는 그러한 반응을 유발하는 인간을 끌어당기게 되고, 그렇게 우리의 자아를 강화하고 약점을 극복한다. 물론 나도 이런 문제가 없는 것은 아니지만 그보다 더 뿌리 깊은 문제가 하나 있었다. 그것은 내 능력을 쓰는 것을 주저하고 두려워하는 마음과 관련이 있었다. 대부분의 내 두려움은 전생에서 온 것이었다. 나는 전생에 내가 가진 재능을 사용했다가 박해당하고, 살해당하고, 화형에 처했었다.

나는 아직도 나의 전사 영혼이 나타나 악한 존재들에게 공격받는 사람들을 보호해준 몇 번의 사건들을 기억하고 있다. 몇 년 전, 한 친구가 나를 유명한 의식변화 단체에 초대한 적이 있었다. 나는 그 단체에서 진행하는 수업에 등록하라는 제안을 모두 정중히 거절하고 혼자 남아 있었다. 그렇게 한쪽 구석에 조용히 서 있던 나는 강의자가 한 젊은 여성을 맹렬히 비난하는 장면을 목격했다.

"당신은 끝장났소. 만약 여기 등록하지 않는다면, 당신 삶은 절대 회복되지 않을 것이오." 그는 분노를 담아 공격적으로 말했다. 젊은 여인은 그의 말에 절망해 눈물을 흘렸다.

남자가 몸을 돌려 자신을 지켜보고 있는 나를 본 순간, 그의 얼굴에는 증오심이 비쳤다. 그는 갑자기 나에게로 달려와 격분했다. 내가 그의 행동을 목격했기 때문이다. 그는 폭언을 쏟아내며 나를 공격했다. 그 즉시, 그의 공격으로부터 나를 보호하는 방어막이 내 주위로 펼쳐지는 게 느껴졌다. 그리고 강력한 에너지가 내 척추를 따라 올라가며 내 오라에 힘을 실었다. 나는 흔들리지 않는 확신과 힘을 갖고 그 폭군의 비난에 이렇게 대응했다. "그렇게 생각한다면, 나에 대해 잘 모르고 있군요." 그는 내 눈을 똑바로 바라보지 못했고, 재빨리 더 약한 먹잇감을 찾으러 가버렸다.

나는 울고 있는 젊은 여성에게로 걸어가, 그 남성으로부터 입은 상처를 치유해주려 했다. 남성의 독설로 인해 그녀의 에너지장에는 큰 구멍이 나 있었고, 그 구멍으로 그녀의 에너지가 급격히 새어나가고 있었다. 그 단체 같은 광신적인 유사 종교 집단에는 위험이 도사리고 있다. 그들은 사람들의 자아를 파괴한 다음, 단체의 신념에 따라 사람들의 정신을 재조직하려고 한다.

"다 왔소!" 레프리콘의 목소리는 생각에 잠겨 있던 나를 다시 현실 세계로 돌아오게 했다. 고개를 들자 우리는 '더 유니콘' 앞에 있었고, 내 친구는 갑자기 모습을 감추고 사라져버렸다.

외식

'더 유니콘'은 가족이 운영하는 전통적인 식당이다. 이곳은 북미의 저렴한 모텔 같은 1층짜리 구조인데, 비슷한 점은 그것 하나뿐이다. 바다가 내려다보이는 절벽에 위치한 이 식당 주변에는 대서양에서 불어오는 강한 바람과 폭풍에 풍화된 두꺼운 돌담이 쌓여 있었다. 흰색 페인트가 칠해진 식당 입구에는 장미 덩굴이 매달려 있었고, 가게의 거대한 문이 햇빛이 잘 드는 방을 향해 열려 있었다. 여름에 점심 식사나 차를 마시는 곳으로 사용되는 방 같았다. 식당 안쪽 깊숙한 곳에는 다이닝룸으로 이어지는 큰 문이 또 하나 있었다. 그 문을 당겨 열자, 경첩이 삐걱거리는 소리를 크게 내면서 나의 입장을 알렸다. 방 안에 있던 모든 사람이 혼자 저녁 식사를 하러 온 여성을 향해 고개를 돌렸다.

숨을 내쉬며 주변을 둘러보니 나의 레프리콘 친구가 벽난로에서 두 테이블 떨어진 곳에 자리를 잡고 앉아 있었다. 그는 나를 향해 손을 흔들었다. 다른 손님들은 다시 식사를 시작했고, 검은 머리의 아일랜드 여성 직원이 활짝 웃으며 내 오른쪽으로 다가왔다. "혼자 오셨나요?" 음악 같은 목소리로 직원이 말했다.

"네." 내가 대답하자 직원은 레프리콘이 앉아 있는 자리로 나를 안내했다. 직원이 여분의 테이블 세팅을 치우려고 몸을 숙이자 내가 말했다. "괜찮아요. 그대로 두세요."

직원은 '특이하게 행동하는 외국인'을 관대하게 대하며, 사랑스러운 미소로 물었다. "식전에 음료 주문하시겠어요?"

내 친구 레프리콘은 고개를 크게 끄덕였다. 하지만 나는 마을 사람들의 입에 오르내리지 않을 만한, 두 잔의 와인을 주문할 그럴듯한 핑계가 머릿속에 떠오르지 않았다. 나는 잠시 고민하다 대답했다. "이따 다시 말씀드릴게요. 감사해요."

직원이 자리를 뜨기도 전에 내 친구 레프리콘이 말했다. "꼭 그렇게 해야만 했소?"

"당신에게 술을 한 잔 살 수 있어서 기뻐요." 나는 조금 전의 내 행동을 변호하면서 그에게 텔레파시로 대답했다. "지금 나는 사람들에게 이상하게 보이지 않을 방법을 고민하고 있는 거예요. 혹시 좋은 생각 있나요?"

"물론이오. 와인 반병을 주문한 다음 한 잔 가득 따르시오."

그가 말했다.

"여기 있는 사람들 눈에는 우리 둘 중 한 사람만 보인다는 걸 알고는 있는 거죠? 사람은 하나인데 와인을 두 잔이나 따르면 사람들이 뭐라고 생각하겠어요?"

"당신의 문제점은 다른 사람이 어떻게 생각할지를 항상 걱정하는 것이오. 그냥 하시오." 그가 나를 부추기며 말했다.

바로 그때, 여자 직원이 다시 테이블로 왔다. "이제 주문하시겠어요?" 직원이 친절한 미소를 지으며 물었다.

"화이트 와인으로 반병 주문할게요." 나는 메뉴판을 열어보며 계속 말했다. "식사메뉴는 곧 주문할게요." 직원은 와인을 가지러 갔고, 레프리콘은 활짝 웃었다.

나는 메뉴판을 살펴보며 그에게 말했다. "분명히 하고 싶은 것이 있어요. 나는 당신을 위해 채식만 할 생각은 없답니다. 오늘 밤에는 먹고 싶은 걸 먹을 거예요."

그는 아무 말이 없었다. 그래서 나는 다시 메뉴판을 살펴보았고, 연어구이에 감자, 아스파라거스를 주문하기로 했다. 와인 잔이 쨍하고 울리는 소리와 함께 직원이 돌아왔다. 그녀는 내가 와인 시음을 끝마칠 때까지 인내심 있게 기다렸다.

첫 모금을 음미하니 탄성이 절로 나왔다. "맛있어라."

그녀는 웃으며 와인을 마저 따른 뒤, 식사 주문을 받고 자리를 떠났다. 맞은 편에서 나를 지켜보고 있던 레프리콘은 와인을 마시고 싶은 마음에 두 손을 가만두지 못하고 있었다.

나는 그의 잔에 와인을 따른 뒤, 그의 잔에 건배하며 아일랜드 말로 "슬레인트Sláinte(건배)"라고 말했다.

그는 잔을 들어 와인을 홀짝홀짝 마시기 시작했고, 이내 자제력을 잃고는 술잔을 반이나 비워버렸다. "음!!! 훌륭하군." 그는 만족스러워하며 탁자 위에 잔을 내려놓은 뒤 의자에 등을 기댔다. 나는 그의 와인과 내 와인 사이의 에너지 차이를 눈으로 볼 수 있었다. 나의 신비한 능력이 더욱 발전한 것이 분명했다. 그가 남아 있던 반 잔의 술을 다 마시고 나니, 확실히 내 와인이 더 생기 있어 보였다.

"당신과 실험을 하나 해보고 싶소." 그가 부드럽게 제안했다.

"당신이 음식을 먹을 때, 당신에게 내 생각과 감정을 덧입혀 보겠소. 그러면 엘리멘탈이 왜 죽임을 당한 생명체를 먹는 것을 혐오스럽게 생각하는지 알게 될 것이오."

"정말 대~단한 생각이군요." 나는 비꼬는 말투로 대답했다.

"내가 이 특별한 저녁 외출에서 꼭 그런 일을 겪어야겠어요?

내가 지금 먹고 있는 음식에 대해 생각하면서 역겨움과 구역질을 느끼는 건 당신에게나 즐거운 일이에요. 내 몸은 귀리, 과일, 씨앗보다 더 많은 걸 필요로 한다고요."

그때, 여직원이 거대한 연어구이 접시와 함께 감자와 채소가 담긴 볼을 들고 나타났다. 그녀는 두 번째 와인 잔을 발견하고는 의아한 표정으로 나를 바라보았다.

"아, 작은 존재들을 위한 것이죠." 나는 장난스럽게 윙크하며 대답했다.

그녀는 미소로 화답하며 나의 농담을 재미있어했다. 그녀가 자리를 떠나면서 말했다. "당연하죠."

나는 와인을 다 마신 뒤 셀러리, 당근, 아스파라거스, 감자를 가리키며 내 친구에게 물었다. "이 중에서 어떤 걸 먹을래요?"

"약간의 감자와 아스파라거스, 그리고 빵과 버터를 부탁하오." 그는 음식을 쳐다보며 대답했다.

나는 작은 접시에 음식을 조금 덜어낸 다음, 그가 앉아 있는 자리 앞으로 가져다 놓았다. 그리고 허겁지겁 나를 위한 식사를 시작했다. 오랫동안 먹을 수 없었던 음식을 먹으니 정말 행복했다.

"연어가 최고예요." 나는 한입 가득 음식을 먹었다. "당신 식사는 어떤가요?"

"훌륭하오." 내 친구가 대답했다. 그는 아일랜드 방식으로 포크와 나이프를 쥐고 있었다. 그는 인간처럼 음식을 먹는 과정에 완전히 몰입해 있었고, 내가 식사를 즐겁게 끝마칠 수 있도록 기다려주고 있었다. 내가 마지막 한 입을 음미하고 있을 때, 여직원이 자리로 다시 찾아왔다.

"식사 끝나셨나요?" 그녀가 물었다. 나는 레프리콘이 식사를 다 마쳤는지를 확인하기 위해 슬쩍 쳐다보았다. 그의 두 손은 불룩 나온 배 위에 올려져 있었고, 냅킨이 저절로 그의 입과 양볼을 문질러주고 있었다. 그는 짓궂은 눈빛으로 나를 쳐다보았고, 거대한 디저트의 이미지가 내 마음속으로 들어왔다.

"네, 잘 먹었습니다." 내가 여직원에게 대답했다. "그리고 저희… 아니, 저는 디저트를 주문할까 해요."

"애플파이, 레몬 스펀지케이크 그리고 당밀 타르트가 준비되어 있습니다." 그녀가 대답했다.

식탁 너머로 살짝 쳐다보니, 레몬이 위에 올라간 거대한 케이크 한 조각이 공중에 떠 있었다.

"레몬 스펀지케이크로 부탁드려요." 나는 그 여직원처럼 활짝 웃으며 주문했다.

"잘했소, 잘했소." 그녀가 자리를 떠나자 레프리콘이 크게 소리쳤다. 옆에서 저녁 식사를 하던 주변 손님들은 나를 향해 가볍게 고개로 인사를 하며 식당을 떠났다. 나는 그들이 내 자리로 찾아와 대화를 청하지 않은 것에 감사했다. 그 덕분에 레프리콘과 즐거운 시간을 보낼 수 있었기 때문이다.

잠시 후, 직원이 케이크를 들고 돌아왔다. 레프리콘의 상상만큼 크지는 않았지만 둘이 먹기에는 충분했다. 나는 숟가락으로 케이크를 반으로 잘라 식탁 한가운데로 옮겼고, 우리는 그것을 반씩 먹었다. 우리는 거의 동시에 음식을 다 먹었는데, 그가 내 속도에 맞추어서 천천히 먹은 것이 분명했다.

"훌륭한 저녁 고마웠소, 타니스." 그는 말을 마친 뒤 자취를 감추었다. 여직원이 다가와 계산서를 건넬 때, 나는 그가 처음으로 나의 이름을 불러주었음을 깨달았다.

이름을 공표하는 날

"일어날 시간이오." 멀리서 목소리가 들려왔다. 햇살 좋은 꿈속 해변에 있던 나는 우중충한 날씨인 아일랜드의 현실로 끌려나왔다.

"아!!! 몇 분만 더요." 나는 머리 위로 이불을 끌어당기면서 애원했다.

"안 되오. 오늘은 이름을 공표하는 중요한 날이란 말이오."

잠자리에서 일어나며 한쪽 눈을 뜬 나는 깜짝 놀랐다. 온 방이 색색의 풍선과 파티용 테이프로 꾸며져 있었기 때문이다. 내 앞에 서 있는 레프리콘은 선물 포장지 같은 옷을 차려입고 있었다. 그는 황금 반짝이 바지에, 새빨간 벨벳 조끼를 입고 있었다. 그가 가장 좋아하는 모자에는 거대한 초록색 클로버가 장식되어 있었고, 그의 목에는 황금색, 빨간색, 녹색이 어우러져 있는 큰 나비넥타이가 달려 있었다.

"당신이 인간에 관한 나의 연구를 진척시켜 주었으니, 레프리콘이 알려줄 수 있는 것 중 가장 중요한 것을 당신에게 알려줄 것이오." 내 친구는 정중하게 허리를 숙여 인사를 한 다음, 이어질 말을 강조하기 위해 잠시 이야기를 멈추었다가 다시 말했다.

"나는 당신에게 나의 이름을 알려 줄 것이오. 그러니 일어나시오." 그는 평소와 같은 거만한 태도로 다시 돌아가 말했다.

그는 돌아서서 방을 나갔다. 그의 말에 깜짝 놀란 나는 덮고 있던 이불을 젖힌 다음, 재빨리 옷을 갈아입기 시작했다. 레프리콘이 자신의 이름을 사람에게 알려줄 경우, 그 사람에게 레프리콘을 조종하는 힘이 생긴다는 것은 전설을 통해 잘 알려진 사실이었다. 나는 '음, 이제 그 얘기가 진실인지 아닌지 알아볼 수 있겠군' 하고 생각했다. 그러다 내 친구 레프리콘은 내가 그를 조종하게 그냥 둘 리 없다는 생각이 들어 피식 웃었다.

옷을 막 갈아입고 거실로 들어서자, 내 친구가 아름다운 책 한 권을 들고 돌아왔다. 번쩍이는 금색 글자가 쓰인 하얀 책이었다. 그는 평소와 같은 건방진 태도 없이, 경건한 자세로 책을 옮겼다. 오늘만큼은 정말로 진지한 것 같았다.

그는 내 옆의 소파 자리에 앉으며 다음과 같이 말했다. "이것은 내 이름들에 관한 책이오. 여기에는 내가 누구이고, 무엇을 했으며, 앞으로 무엇을 할 것인지에 대한 모든 기억들이 담겨 있소."

나는 그가 계속 말을 이어나가기를 기다렸다.

그는 임의로 책의 한 부분을 펼치면서 말했다. "이때는 내가 인간 연구를 위해 전통적 계급을 떠나겠다는 결정을 내린 때라오."

그는 그 시기에 대해 말을 이어가려 했지만, 나는 그만 호기심을 참지 못하고 끼어들었다. "당신의 전통적인 계급은 뭐였나요?"

레프리콘은 못마땅해하며 오른쪽 눈썹을 살짝 들어올렸지만, 이내 웃음을 터트렸다. "당신은 우리 아이들을 떠올리게 하오. 질문이 어찌나 많은지."

"그래서 알려줄 건가요?" 나는 기분 좋게 되물었다.

"당연히 나는 레프리콘 계급에 속하오." 그가 자랑스럽게 말했다.

"하지만 한 계급에도 또 다른 하위 계급들이 있지 않나요? 예를 들어, 신발 장인이나 재단사 같은 거요."

"아, 무슨 말인지 알겠소." 그가 말했다. "그렇소. 레프리콘은 그러한 종류의 일을 하지. 개중에는 보석을 다루는 레프리콘도 있소. 하지만 금속을 다루는 일은 대부분 드워프족이 담당하고 있소. 만약 내가 그런 일들 중 하나를 선택해야 했다면 아마 특별 의상을 제작하는 일을 했을 것이오. 하지만 무언가가 나를 그것과는 다른 길로 이끌었소."

그는 말을 마친 뒤, 나를 향해 몸을 기울이며 비밀스러운 분위기로 말했다. "나는 한 사람을 만났다오."

"이해가 안 되는걸요. 당신은 매일 사람을 보지 않나요?" 내가 말했다.

그가 빙그레 웃으며 대답했다. "우리 세계는 굳이 인간 세계로 모험을 떠나지 않아도 될 만큼 흥미진진한 곳이지. 당신은 이곳에서 내 아내와 자식들을 거의 보지 못했다는 사실을 눈치채지 못했소? 그것은 그들이 우리 세계에 머무르고 있기 때문이지. 그뿐만이 아니오. 세상에는 당신과 나의 세계라는 이 두 세계보다 훨씬 많은 세계가 존재하고, 우리는 그런 세계들을 가볼 수 있소."

그는 질문은 받지 않겠다는 듯 손을 들고, 미소 짓는 얼굴로 말했다.

"아니, 아니, 아니. 당신이 궁금해하는 나머지 이야기는 다른 날에 다루도록 하겠소. 내가 만났던 사람에 관한 이야기로 돌아갑시다. 그는 우리 세계를 방문하며, 우리의 삶을 조사하고 있었소. 당시 나는 젊었지만 어른은 아니었지. 나는 다른 학자들과 어울리며 조금씩 정보를 얻기 위해 노력하고 있었소. 어째서인지, 레프리콘이 학자가 된다는 것은 우리 세계에서는 이례적인 일이었소. 일반적으로 학자가 되는 것은 다른 계급이었소. 그들은….”

“당신이 하려는 말은, 그 사람이….” 나는 그의 말이 옆길로 새는 것 같아 끼어들었다. 레프리콘의 이름에 대한 이야기를 들으려면 아직도 한참 남은 것 같았다.

“오, 그렇지, 그 사람.” 그는 조끼 밑단을 아래로 당기면서 말을 이어나갔다. “그 사람은 나의 존재를 알아차렸고, 그가 나를 향해 다가오기 시작했소. 나는 두려움에 떨었소. 레프리콘은 어렸을 때부터 인간이 어떻게 우리의 에너지를 훔쳤는지, 어떻게 우리의 세상을 파괴했는지에 대한 이야기를 들으며 자라기 때문이오. 하지만 나는 움직이지 않고 가만히 있었소. 그리고 그가 내게 더 가깝게 다가올수록 그는 점점 커졌소. 그의 키는 엘프족처럼 컸지만 엘프보다는 훨씬 밀도가 높았지. 그는 까만 머리에, 검은색 망토를 입고 있어서 마법사 같은 인상을 풍겼는데, 굉장히 지적이고 힘이 강해 보였다오.

그는 ‘안녕하시오, 젊은이’ 하고 나에게 인사했소.

그래서 ‘나는 그렇게 어리지 않소!’ 하고 대꾸했소. 나는 그에게 무시당한 기분이 들었는데, 그것도 젊은이의 특권이겠지.

그는 고개를 뒤로 젖히며 금이빨이 다 보일 정도로 크게 웃었소. 그는 여전히 웃는 눈으로 나에게 '어떤 인생길을 걸을 것인지 결정하였소?' 하고 물었소."

레프리콘은 나를 향해 몸을 돌리며 작게 속삭였다. "사실 엘리멘탈의 세계에서는 이러한 질문을 절대 하지 않소. 그러한 고민을 한다는 걸 다른 이가 알게 되는 건 수치스러운 일이거든.

마치 그가 내 생각을 읽는 것만 같았소. 나는 인간에게 그런 능력이 있을 거라곤 생각조차 못 했지. 그는 내게 이렇게 말했소. '젊은이, 시대가 변하고 있소. 나는 나이 많은 학자들과 함께 인간과 협력할 새로운 엘리멘탈 계급을 만들자는 이야기를 나누어왔소. 어떤 계급에 속한 엘리멘탈이든 상관없이 말이오. 우리는 독립심과 호기심, 그리고 용기를 가진 이들을 찾고 있소. 혹시 관심이 있소?'

당시 나는 우리의 새로운 계급이 처음에는 동료 엘리멘탈들에게 조롱을 당하다 나중에는 두려움의 대상이 될 거라는 사실을 몰랐소. 그걸 알았다면 나는 이 계급에 들어오려 하지 않았을 거요. 하지만 나는 내가 삶의 중요한 갈림길에 서 있다는 것을 알았소. 나는 최대한 허리를 곧게 세운 뒤, 그의 눈을 쳐다보며 말했지. '좋소, 그렇게 해보고 싶소.' 이게 거의 100년 전의 일이오."

내 친구가 소파에 몸을 기대며 말했다. "지금은 꽤 많은 엘리멘탈이 인간과 함께하는 우리의 작업에 관해 알고 있고, 우리 계급에 들어오려는 '젊은 지원자'들도 있소. 우리 계급의 진정한 목적은 인간들처럼 의식적인 창조자가 되기 위해서 배우는 것이오."

"엄청난 이야기예요." 나는 놀라워하며 말했다. "그런데 당신의 이름을 말하는 것과 그 일 사이에 어떤 연관이 있는 건가요?"

"모든 게 연관이 있지." 그는 양손을 배에 얹고 소파에서 뒹굴면서 낄낄거렸다.

그는 대화 주제를 잊지 않고 질문하는 나의 총명함 때문에 웃고 있었다. 가끔 나는 그와 내가 전혀 다른 종이라는 것을 잊곤 하는데, 이런 순간이 오면 그 사실을 다시 한번 깨닫는다. 나는 그가 평정심을 되찾기를 차분히 기다렸다.

자신을 쳐다보고 있는 나를 본 그가 다시 웃음을 터트렸다. 그의 웃음에 전염된 나는 그와 함께 박장대소하였다. 우리는 마치 아이들처럼 웃었다.

그가 천천히 침착함을 되찾았다. 그는 모자를 벗었고, 밝은색의 붉은 머리가 드러났다. 그의 머리는 부스스했으며 위로 뻗쳐 있었다. 그는 무릎에 모자를 올려놓으며 다시 이야기를 시작했다. "당신에게 내 이름을 알려주기 전에, 이름에 대한 이야기를 먼저 해야겠소."

'이런, 또 옆길로 새는군.' 나는 최대한 조용히 생각했다.

만약 그가 이런 내 생각을 들었다 해도, 그는 모른 척하고 계속 말을 이어나갔을 것이다. "인간들 대부분은 자신의 올바른 이름을 모르고 있소. 따라서 진짜 자기 자신이 누구인지 모르고 있지."

그의 말을 들은 나는 내 이름이 내게 맞는 이름인지 궁금해졌다. 지금까지 나는 내 이름이 잘 맞는다고 생각하며 살아왔다. 부모님 말씀에 의하면 어머니가 임신 8개월 차였을 때, 부모님이 함께 침대에 누워 있었는데 그때 아버지가 타니스라는 나의 이름을 들었다고 한다. 두 분의 지인 중에는 타니스라는 사람이 없었고, 다만 가족과 친한 어떤 사람과 만났을 때 한 번쯤 들어본 적이 있는 정도였다.

나의 이름은 내게 항상 이정표 같은 역할을 해주었다. 나는 어릴 때 내 이름이 크리Cree 인디언 말로 '나의 딸'이라는 뜻이라는 사실을 배웠다. 그리고 성인이 된 이후에는 한 크리 인디언으로부터 타니스라는 이름이 그들 부족에게는 굉장히 특별한 이름이며, 전체 부족의 딸이라는 뜻과 함께 창조주가 보낸 선물이라는 뜻이 있다는 사실을 전해 들었다. 이러한 경험들 그리고 기타 지표들을 통해, 나는 내 삶의 목적이 다른 이들을 돕는 것이라는 것을 확신했다.

나의 레프리콘 친구는 내 생각을 읽고서 이렇게 말했다. "그렇소. 당신의 이름은 올바르게 잘 지어졌소. 이름에는 반드시 그 사람의 정체성이 담겨야 하오."

"나는 사람들을 만날 때 그들의 이름을 잊어버리는 때가 잦아요. 그것이 그들에게 맞는 이름이 아닌 것처럼 느껴져서요. 사실, 그들을 다른 이름으로 부를 때도 있어요."

"어쩌면 그 사람에게 맞는 이름으로 부른 것일지도 모르오."

그가 대답했다.

"당신 이름을 얘기하기 전에, 내 이름에 대해 더 하고 싶은 이야기가 있나요?" 나는 그를 놀리면서 말했다.

"잠시 후 내 이름에 대해서 말할 것이오. 그 전에, 엘리멘탈이 왜 자신의 이름을 말하지 않는지 그 이유에 대해서 말하고 싶소." 그가 긴장감을 고조시키며 다음 주제를 꺼냈다.

"정말 궁금하군요." 나는 진지한 척하며 말했다.

"일단, 우리는 인간들처럼 태어날 때 이름을 짓지 않소. 엘리멘탈은 성장하면서 자기 이름을 찾아가야 하오. 엘리멘탈은 삶의 경험을 충분히 쌓고, 그 이야기를 기억할 수 있을 때가 되어야 비로소 자신의 이름을 선택할 수 있소. 그런 다음, 어른들에게 이름을 올바르게 고른 것이 맞는지 확인을 받소."

그의 말을 듣다 보니 인간 사회의 유사한 관례가 떠올랐다.

"일부 원주민 부족은 아이가 태어났을 때 이름 하나를 지어 줘요. 그리고 그 아이가 사춘기가 되면 비전 퀘스트*를 통해 자신의 이름을 직접 선택하도록 한답니다. 어떤 사람들은 특별한 사건을 통해 자신의 부족으로부터 이름을 부여받기도 해요. 나는 원주민 부족의 방식과 당신 세계의 방식이 관습적인 인간의 방식보다 적절하다고 느껴요. 태어난 아기의 영적 본질과 이어져 있지 않은 사람이 그 아기의 이름을 지어주는 것은 부적절하다고 생각해요. 이름은 그 사람과 평생 함께하는 거니까요."

나는 다른 본론으로 돌아와 그에게 질문했다. "이름의 중요성에 대해서는 잘 알겠어요. 그런데 엘리멘탈이 자신의 이름을 밝히지 않는 이유는 무엇인가요? 당신은 이름이 자아를 더욱더 강하게 만들고, 엘리멘탈이 해야 할 일이 바로 자아를 강화하는 일이라고 했잖아요."

"그렇소." 그가 대답했다. "하지만 강한 자아를 가진 엘리멘탈이 약한 자아를 가진 엘리멘탈의 생명의 본질을 알게 되면 그들을 통제하는 것이 가능해지오. 이것이 바로 우리의 이름을 인간에게 말하지 않는 이유요. 만약 인간이 우리의 이름을 부른

---

* vision quest: 북미 원주민 문화에서 이루어지는 통과의례이다. 보통 성년이 되는 젊은 남성들이 이 의식을 치른다.

다음 원하는 것을 요청한다면 우리는 그것을 거절할 수 없소."

"그렇다면 당신은 왜 나에게 이름을 알려주려고 하는 거죠?" 내가 물었다. "사실 처음 만났을 때부터 당신의 이름을 알고 싶긴 했지만, 나는 당신 의지에 반하는 것은 어떤 것도 강요하고 싶지 않아요."

"바로 그 점 때문에 당신에게 내 이름을 알려주려고 하는 것이오." 레프리콘이 말했다. "당신은 내 의지에 반하는 어떤 것도 요구한 적이 없소. 그뿐만 아니라, 당신의 본질 속에는 강요하는 행위에 대한 강한 거부감이 있소."

"당신의 이름을 나에게 알려줌으로써 우리 둘 다 얻는 것이 있나요?" 나는 그가 이름을 말하기 전에 재빨리 끼어들었다. 나는 그의 이름을 알게 되는 책임감 때문에 점점 긴장하고 있었다.

"내가 이름을 말했을 때 알게 될 거요." 그가 말했다. "내 이름은 로이드Lloyd요."

아무 일도 일어나지 않았다. 전혀. "당신 이름은 로이드가 아니에요." 나는 확신하며 말했다. "진짜 이름을 밝혀요." 내가 레프리콘에게 명령했다.

그러자 레프리콘은 부드러운 어조로 자신의 진짜 이름을 밝혔다. 그가 말을 마치자, 우리 사이에 문 하나가 열렸다. 우리의 가슴 한가운데에서 흘러나오는 에너지가 서로를 향해 흐르면서 합쳐졌다. 그 일이 일어남과 동시에, 다른 차원과 세계들이 열려 나를 끌어당기는 것을 느낄 수 있었다. 나는 그 문으로 들어가면 다른 세계를 탐험할 수 있다는 것을 알았지만, 지금은 적절한 때가 아니라는 느낌이 들었다. 나는 뒤로 물러선 다음 그 문을 닫았다.

잠시 반짝거리며 공중에 떠 있던 레프리콘의 에너지는 다시 그의 몸속으로 흡수되었다. 그는 앉아서 나를 바라보고 있었다. 처음 만났을 때의 그 장난꾸러기 같은 모습과는 딴판인, 현명하고 친절한 모습이었다. 내가 그런 그를 바라보는 동안, 그는 자신의 오라 속으로 에너지를 더 끌어당기더니 본래의 장난스러운 모습으로 돌아왔다.

"보다시피 이제 당신에게 내 이름을 알려줬기 때문에 우리는 다른 차원의 세상 속으로 함께 떠날 수 있소." 그가 웃으며 말했다.

레프리콘은 분명 내가 그에게 명령하리란 것을 알고 있었다.

"왜 내가 당신에게 명령을 내리기를 바랐던 거죠?" 내가 말했다.

"두 존재가 이름을 공유하는 의식을 치를 때는 서로의 에너지를 맞춰야 하기 때문이오. 대개 당신은 다른 사람들을 화나게 할지도 모른다는 두려움 때문에 자신의 에너지를 지나치게 자제하면서 한발 물러서려고 하지. 하지만 이 의식을 위해서는 당신의 진짜 힘을 발휘해야만 했소."

"당신의 힘(gift)을 나누어주어서 고마워요." 내가 말했다.

"우리의 힘이오." 그가 나의 말을 바로잡았다.

"다른 사람들에게 당신의 이름을 말해도 되나요?" 나는 실수하고 싶지 않아 그에게 물었다.

"내일 이야기를 더 나눕시다." 그는 점점 희미해지기 시작했다.

"질문 하나만 더요." 나는 그를 불러세웠다. "100년 전에 만났다는 그 사람은 누구인가요?"

"슈타이너. 루돌프 슈타이너Rudolph Steiner." 그의 대답이 희미한 메아리 소리로 들려왔다.

비밀

나는 사람들이 비밀을 좋아하는 것을 전혀 이해할 수 없었다. 나는 심리 치료사로서 다른 사람들의 수많은 비밀을 지켜왔다. 그 비밀들은 내 것이 아니었기에 나눌 수 없는 것이었다. 하지만 삶의 비밀, 즉 내면의 신비에 대해서만큼은 달랐다. 나는 이를 듣고자 하는 이들만 있다면 가능한 한 많이 이 비밀들을 알리고 싶었다.

물론 예수는 이렇게 삶의 비밀을 나누다가 죽임을 당했다. 그는 "알아들을 귀가 있는 사람들은 들으시오"라고 외치며 우화의 형식을 빌려서 내면의 신비에 관한 비밀들을 설파하였다. 하지만 그 당시 많은 문화권에서는 그러한 신비, 즉 깊은 영적 진리들을 대중에게 전하는 것이 금기였다.

다음 날 아침, 나는 소파에 앉아 평소처럼 차 한잔을 하면서 레프리콘의 비밀에 대한 본질을 깊이 생각하고 있었다. '세상에 밝혀도 되는 비밀일까? 아니면 나 혼자 간직해야 할까?'

"음, 중차대한 사안이군." 내 친구 레프리콘이 말했다. 그는 소파에 털썩 주저앉더니 내가 미리 따라놓은 차를 마시기 위해 손을 뻗었다.

그는 양손으로 컵을 쥐고 뜨거운 차를 한 모금씩 마시며 다음 말을 이어나갔다. "그 비밀에 관한 이야기를 나누기 전에, 먼저 인간의 성姓이 얼마나 중요한 것인지 논의해보고 싶소."

"인간의 성은 그의 조상이 누구인지를 알려줘요." 내가 대답했다. "성은 자신이 영국, 독일, 일본 등 어느 혈통을 이었는지를 보여주죠. 어떨 땐 우리나 우리 조상의 타고난 재능에 관한 통찰을 주기도 해요. 예를 들어, 내 성 헬리웰Helliwell은 빛과 어둠, 즉 태양의 의식적인 세계와 달의 무의식적인 세계 사이의 균형을 의미해요. 이것은 내가 누구인지, 무엇을 하는지에 대해 많은 것을 말해주죠. 여성은 결혼하면서 남편의 성을 따르게 되는데, 그 새로운 이름은 여성에게 적합하지 않아요."

레프리콘은 귀 기울여 이야기를 들은 뒤, 다음과 같이 질문하였다. "왜 자식들은 어머니가 아닌 아버지의 성을 따르는 것이오?"

"아주 오래전에는 자식들이 어머니의 성을 물려받았어요." 내가 대답했다. "여기에는 타당한 이유가 있어요. 누가 나의 어머니인지는 확실히 알 수 있지만, 그에 비해 아버지는 확실하지 않거든요. 하지만 남성들은 여성의 성을 따르는 것을 좋아하지 않았지요. 남성들은 여성과 아이를 자신의 소유물로 여기고, 그에 대한 소유권의 흔적을 남기고 싶어했죠."

레프리콘이 끼어들어 말했다. "우리는 엘리멘탈이나 인간을 바라보면 즉시 누가 그의 어머니이고 아버지인지, 심지어 조상이 누구인지도 알 수 있소. 그것이 그들의 진동(vibration) 전체에 쓰여 있기 때문이오. 따라서 우리는 굳이 성을 가질 필요가 없다오."

레프리콘은 잠시 생각에 잠겼다가 말을 덧붙였다. "하지만 우리도 가끔 재능이나 명성을 이름 뒤에 붙이기도 한다오. 셔우드 Sherwood 숲의 로빈 후드(Robin the Hood) 같은 이름이 그 예지." 그는 뒤로 기대고 앉더니 히죽거리며 웃었다. 인간 세계의 민담 속 영웅을 알고 있다는 것에 자부심을 느끼는 듯했다.

나는 로빈 후드가 엘리멘탈 세계와 관련 있는 인물인지 궁금했고, 그러한 내 생각을 레프리콘에게 보냈다.

"우리에게는 다른 버전의 로빈 후드 이야기가 있소. 그거야말로 진짜 이야기지." 내 친구 레프리콘이 기꺼이 자청하며 이야기를 들려주었다. "이것은 어느 귀족 엘프 왕자에 관한 이야기라오. 그의 아버지인 왕은 전쟁에 나가 있었고, 왕자에게 왕국을 부탁했소. 하지만 왕자의 삼촌은 계략을 꾸며 자신이 왕좌를 차지하고 죄 없는 왕자를 내쫓아버렸지. 왕자 로빈은 숲으로 도망쳤고, 새와 동물들이 그의 친구가 되어주었다오. 그렇게 왕자는 숲의 엘프가 되었소. 한편, 왕자의 악랄한 삼촌은 왕국에 불행과 절망을 몰고 왔소. 그리하여 또 다른 귀족 남성 엘프가 로빈 왕자가 있는 곳으로 도망쳐 왔고, 그들은 힘을 합쳐 삼촌과 전투를 벌였소. 동시에 숲의 은신처로 후퇴하여 몸을 숨기기도 했지. 최후에는 왕이 왕국으로 돌아왔고, 왕국은 정상으로 되돌아갔다오."

"인간 세상에는 요정의 세계를 무대로 하는 이야기가 많은 것 같군요. 당신들도 인간으로부터 이야깃거리를 얻나요?" 내가 물었다.

"인간들의 이야기 대부분이 우리를 우울하게 만든다오." 그가 솔직하게 대답했다.

"디킨스Dickens, 셰익스피어Shakespeare, 도스토옙스키Dostoyevsky를 떠올려보면 내 말이 무슨 뜻인지 알 거요. 그들이 쓴 이야기들의 주제는 곧 우리가 인간과 얽히지 말아야 할 이유요. 우리가 가장 좋아하는 인간 이야기는 우리가 집필을 도왔던 이야기들이오. 루이스 캐럴Lewis Carroll의 〈이상한 나라의 앨리스〉와 C.S. 루이스Lewis의 〈나니아 연대기〉 같은 것이지."

갑자기 내 머릿속에 한 가지 통찰이 번뜩 떠올랐고, 이 생각을 그에게 확인해봐야겠다는 생각이 들었다. "그 이야기들은 단순히 재미를 위한 이야기들이 아니었네요. 그렇죠? 그것들은 개인뿐 아니라 우리 인간 종족을 위한 인간 의식의 기록물이었던 거예요. 이야기는 이름과 같은 거였어요. 우리가 누구인지를 알려주는 흔적 같은 거죠."

"그렇소!" 그가 큰 소리로 외쳤다.

"나는 오랫동안 신문 구독이나 텔레비전 뉴스 시청을 거부해왔어요. 이러한 대중매체는 사람을 우울하게 만들 뿐만 아니라 자극적이라는 사실을 깨달았거든요. 그것들은 우리 세계가 엉망이라는 인식을 강화시키고, 폭력적이고 부정적인 사고방식을 만들어내죠. 현재 일어나고 있는 일들이 바로 그래요. 그렇지 않나요?"

"그렇소!" 그는 다시 한번 큰 소리로 외쳤다.

"문제는…." 나는 절망스러운 마음으로 말했다. "내가 조금 전에 당신에게 한 말을 다른 사람에게 하는 것 말고는 내가 무엇을 더 할 수 있는지 모르겠다는 거예요. 다른 방법이 있을까요?"

"그렇소!" 그가 세 번째로 외쳤다. "당신은 이야기를 전해야 하오. 사람들에게 우리의 존재를 알리고, 지구와 지구에 사는 모든 생명체를 살리는 이들을 돕도록 하시오."

"당신에 관한 책을 쓰라는 건가요? 아니면 강의를 하라는 건가요?" 나는 책임감을 느끼며 물었다.

"모두 다 하시오. 단, 밝고 명랑한 영혼을 담아서." 그는 나를 향해 미소 지으며 말했다.

"이름과 이야기에 관한 진실을 알려야겠군요. 그럼, 다시 돌아가서 비밀에 대해 얘기해보죠." 나는 그가 삼천포로 잘 빠진다는 사실을 염두에 두고 앞선 대화 주제로 돌아갔다.

"아, 그렇지. 비밀!" 내 친구가 소곤거리며 말했다. 그는 누가 볼세라 과장된 몸짓으로 뒤를 힐끗 돌아보았다. 그가 두 눈을 이리저리 굴리며 입술에 손가락을 갖다 대자, 귀신이 내는 것 같은 '쉬~잇' 소리가 방 안에 울려 퍼졌다. 그의 짓궂은 장난에 웃음이 나왔다. 하느님 감사합니다! 그 비밀은 그다지 신성하지 않은 것이 분명했다.

그는 웃음을 가라앉히며 자리에서 일어났다. 그리고 턱을 문지르며 방 안 여기저기를 왔다 갔다 걷기 시작하였다. 그의 철학자 캐릭터가 돌아왔다.

"아주 많은 비밀이 있다오." 그는 한쪽 눈썹을 추켜세운 채 나를 바라보며 말을 시작했다. "이것 참 딜레마란 말이지." 그는 여전히 방 안을 서성이며 말했다. 나는 긴장감이 높아지는 것을 느끼며 기다렸다.

그는 걸음을 멈추고 나를 향해 돌아서며 "금방 돌아오겠소" 하고 말한 뒤 사라졌다.

처음 있는 흥미로운 상황이었다. 레프리콘이 자기 생각에 확신이 서지 않아 윗사람에게 조언을 구하러 간 것이다. 나는 미지근한 차를 따르며 기다렸다.

금방 돌아오겠다고 한 것이 벌써 몇 분이나 지났다. '진짜 중요한 주제인가 보군.' 나는 그렇게 생각하며 찻잔의 차를 다 비웠다.

"비밀이 생긴다네, 비밀이 생긴다네, 나의 친구여." 허공에서 그의 목소리가 들려왔다.

"굳이 당신 이름을 다른 사람에게 말할 필요는 없어요." 내가 말했다. 그러자 그가 다시 모습을 드러내며 자리에 앉았다. 나는 "당신을 그냥 레프리콘이라고 부르면 돼요" 하고 덧붙였다.

"조금 전 우리 세계에 가서 상의해봤는데, 그게 최선이라는 결정을 내렸소." 그가 대답했다.

나는 낙담했다. 만약 누군가가 나에게 질문을 한다면 제일 먼저 "그의 이름은 무엇인가요?"라고 질문할 것이기 때문이었다. 그의 이름을 밝힐 수 없다면 내 이야기에 대한 신뢰도와 신빙

성도 떨어질 것이다. 그가 주인공인 이야기인데 말이다! 게다가 나는 그의 부탁대로 그에 대한 이야기를 해야만 했다. 차라리 그의 이름을 모르는 편이 나았다. 그러면 나도 다른 사람들과 같은 입장이 될 수 있을 테니까 말이다.

"하지만 당신은 그들과 다르오." 그가 나를 상기시켰다. "당신은 사람들이 엘리멘탈 친구를 만날 수 있도록 도울 수 있소. 그렇게 한다면 사람들은 엘리멘탈에게 이름을 물어볼 수 있겠지. 내 이름을 대중에게 밝힐 수 없는 이유는 딱 하나요."

"그게 뭔가요?"

"나는 수천 명의 사람이 나를 소환해서 엘리멘탈에 관해 알려달라고 하지 않았으면 하오. 그렇게 되면 나는 방해를 받게 되오. 그리고 나에게는 그렇게 할 만한 힘도 없소."

"무슨 말인지 잘 알겠어요." 내가 말했다. "사실, 나도 당신 생각에 동의해요. 나도 그런 점 때문에 유명인사가 되기 싫거든요. 레프리콘과 관련한 유명인사가 되는 것조차도 원하지 않아요. 사람들이 나를 특정한 분야의 인물로 한정해버리면 내가 즐거움을 느끼는 다른 영역들을 더는 탐구하지 못하게 될까 봐요."

"거기에는 간단한 해결 방법이 있소." 그가 우쭐해하며 대답했다. "광범위한 영역을 선택하면 되오."

"아, 그러니까 요정들과의 대화 같은 것 말이죠?" 나는 팔짱을 끼면서 말했다.

"뭐, 그런 거지." 그는 마지못해 동의하였다.

"당신은 내게 굉장히 흥미로운 존재예요. 하지만 내가 남은 평생을 엘리멘탈에 관한 워크숍을 하면서 보내고 싶은지는 잘 모르겠어요. 어떻게 하면 내가 지루함을 느끼지 않을 수 있을 만큼 광범위한 영역을 선택할 수 있을까요?"

"완벽한 해결책이 하나 있소." 그가 대답했다. "우리의 이야기를 10년 후에 쓰시오. 10년 뒤쯤이면 당신은 사업적으로도, 영적인 가르침을 나누는 일에서도 기반을 잘 다져둔 상태일 것이오. 하지만 무엇보다도 가장 중요한 점은, 그때가 되면 세상은 우리의 메시지를 들을 준비가 되어 있을 것이오."

"그때가 당신의 이름을 세상에 알려도 되는 적기라는 건가요?" 나는 희망을 품고 물었다.

"어쩌면. 하지만 그럴 것 같진 않소." 그는 빙그레 웃으며 말했다. "우리의 두 세계는 시간대가 다르오. 나의 자아 정체성이 10년 안에 충분히 강해질 것 같지는 않소만, 당신은 강해질 거요. 자신의 길을 벗어나게 될까 봐 너무 두려워하지 마시오. 그래야만 당신의 길을 확고하게 걸어갈 수 있소."

"알겠어요. 그런 것 같네요. 그런데 혹시 당신의 진짜 이름을 대신할 만한 가명이 있을까요?" 내가 물었다.

"아쉽지만 없소. 어떤 이름이든 거기에는 힘이 담겨 있소. 사람들이 나를 엉뚱한 이름으로 부른다고 해도, 사람들은 내 정체성이 담겨 있는 진짜 이름에서 내 에너지를 얻어가게 될 것이오."

나는 입 모양으로 '재미없어~'라고 말하며 "그러니까 책의 모든 부분에서 당신을 레프리콘이라고만 지칭해야 한다는 거죠?" 하고 물었다.

레프리콘은 하품을 참으며 "그렇소"라고 대답하고는 사라지기 시작했다.

"질문 하나만 더요." 내가 재빨리 외쳤다.

"'질문 하나만 더'라고 외치는 것이 습관이 됐군." 그가 다시 모습을 나타내며 말했다. "좋소, 질문이 무엇이오?" 그는 귀찮은 척하며 말했다.

"조금 전에 모습을 감추고 사라졌을 때, 누구와 상의를 한 건가요?" 내가 물었다.

"내일 얘기합시다." 그가 웃으며 대답했고, 그의 모습은 다시 사라지기 시작했다. 그가 완전히 사라지기 직전까지 그의 미소는 계속 남아 있었다.

성당과 펍

며칠이 흘렀고, 레프리콘은 보이지 않았다. 어느새 시간이 빠르게 흘러 코티지에서의 한 달도 막바지에 이르렀고, 내 영적 여정에는 별 진전이 없는 듯했다. 나는 레프리콘과 유쾌한 시간을 보낼 때를 제외하고는 많은 시간을 명상을 하며 보냈다. 하지만 여전히 깨달음을 얻지는 못한 상태였다.

그러던 어느 날 아침, 마을에 이동도서관 차량이 도착했다. 나는 가벼운 내용의 책을 읽으면서 이 외로운 날들을 한층 밝게 만들어보기로 했다. 단테의 《신곡》과 신약성서의 마태복음, 누가복음까지 다 읽었더니, 이번에는 공상과학 소설이 읽고 싶었다. 읽고 싶은 책을 생각하며 낡은 이동도서관의 흔들리는 계단을 올라갔다. 그리고 어떤 책이 있는지 훑어보았다.

"어서 오세요. 무엇을 도와드릴까요?" 쾌활하고 매력적인 남성이 나에게 인사를 건넸다. 그는 도서관 사서라기보다는 축구 선수 혹은 어부처럼 보였다. 피부가 검게 그을린, 야외에서 일하는 건강한 사람의 외형이었다.

"책을 몇 권 빌릴 수 있을까요?" 내가 물었다.

"물론이죠. 잘 반납하시기만 하면 돼요. 저는 2주에 한 번씩 두 시간 동안 이곳에 차를 세워놓고 있어요." 그가 웃으며 대답한 뒤, 말을 이었다. "다섯 권까지 빌리실 수 있어요."

이동도서관의 어둑한 조명에 두 눈이 적응되자, 차량 양쪽 아랫부분에 무더기로 쌓여 있는 책들이 눈에 들어왔다.

"괜찮다면 먼저 둘러보기만 할게요." 내가 대답했다.

"물론이죠. 도움이 필요하면 부르세요." 그는 계단으로 올라오는 다음 손님을 향해 발걸음을 옮기면서 대답했다.

전기傳記와 태양계에 대한 그림책이 한가득 꽂혀 있는 책장들을 지나, 공상과학 소설을 찾아보았다. 책장에는 이곳처럼 외진 마을에 사는 여성들이 찾을 연애 소설도 많이 있었다. 하지만 공상과학 소설은 한 권도 찾을 수가 없었다.

실의에 빠진 나는 별생각 없이 태양계에 대한 책 한 권을 뽑아 들었다. 그렇게 책장을 넘겨보고 있는데, 옆쪽의 어린이 책

코너가 눈에 들어왔다. 그곳에 커다란 책 한 권이 선반 가장자리 너머로 튀어나와 있었다. 《요정들》(Fairies)이라는 제목이었다. 나는 손을 뻗어 책을 뽑아 든 다음, 아무 곳이나 펼쳐 보았다. 뒤를 돌아보며 서 있는 커다란 레프리콘 그림 하나가 나를 쳐다보고 있었다. '완벽하군! 어린 레프리콘들을 위한 선물로 가져가야겠다. 꼬맹이들이 좋아할 거야.'

나는 장바구니를 챙기며 책 두 권을 대출한 다음 코티지로 되돌아갔다. 집에 들어서자, 어린 레프리콘들이 거실 식탁 옆에서 나를 기다리고 있었다. 그들은 이미 내가 무엇을 가져왔는지 다 알고 있었다. 나는 장 본 것들을 내려놓고 책을 식탁으로 가져갔다. 꼬맹이들은 깡충깡충 뛰면서 자기가 보겠다며 서로를 밀쳐댔다. 그들 세계에는 책이 존재하지 않았기 때문에 어린 레프리콘들은 엘리멘탈의 모습을 담은 그림을 본 적이 없었다. 아이들은 인간이 그들의 모습을 기록했다는 사실에 환호했다. 마치 처음 거울을 본 인간 아이 같았다. 책의 첫 장을 넘기며 내가 말했다. "너희가 다른 엘리멘탈의 그림을 볼 수 있게 매일매일 책을 한 장씩 넘겨놓을게."

그들은 몸을 숙여 고블린 그림을 들여다보았는데, 그림 속 고블린의 모습이 마침 이곳 길목에 사는 녀석과 상당히 비슷해 보였다. 꼬맹이들은 고블린의 긴 코를 가리키며 신나게 웃고 떠

들어댔다. 그들의 목소리가 매우 가볍고 빨라서 나로서는 무슨 말인지 알아들을 수가 없었다. 그림책에 대한 그들의 관심은 그리 오래가지 않았다. 하지만 큰아이는 모습을 감추기 전, 내게 감사의 의미로 미소를 지어주었다.

나는 그날 이후 매일같이 책장을 한 장씩 넘겨놓았고, 가끔 새로운 그림을 살펴보며 놀고 있는 어린 레프리콘들의 모습을 발견할 때도 있었다. 그리고 2주 후 나는 책의 대출 기한을 연장했다.

내가 식료품을 한창 정리하고 있는 와중, 오툴 부인이 바깥 대문을 통해 들어오고 있는 것이 보였다. '조금 일찍 오셨네.' 현관문을 열면서 생각했다.

"어서 오세요." 나는 그녀가 들어올 수 있도록 옆으로 비켜서면서 말했다. "마침 초콜릿 비스킷을 먹으려던 참인데 딱 맞춰 오셨어요."

"오늘은 시간이 없네요." 그녀는 전날 밤에 사용했던 토탄의 재를 치우기 위해 난롯가로 걸어가며 말했다.

그녀는 뒤로 고개를 돌려 나를 바라보며 반짝이는 눈빛으로 말을 덧붙였다. "오늘 밤에 성당에서 미사가 있는데, 미사가 끝나면 펍에 갈 예정이에요. 같이 가시겠어요?"

"좋아요." 내 입에서 바로 대답이 나왔다.

그녀는 토탄을 쌓아 불을 붙인 다음 말했다. "모린이 7시 반에 당신을 데리러 올 거예요."

그녀는 내 곁을 지나 현관 밖으로 빠져나갔다. 예상치 못한 행운에 기뻐하며 시계를 힐끔 쳐다보니 외출하기까지 세 시간이 남아 있었다. 누군가와 함께 외출했던 것이 벌써 몇 주 전의 일이었기에, 나는 이 기회를 완전히 활용할 계획이었다. 정확히 저녁 7시 반에 모린이 도착했다. 그녀도 나처럼 치마에 블라우스를 입고, 스웨터를 걸치고 있었다. 나는 혹시나 해서 머릿수건을 핸드백에 넣어놓고 있었는데, 머리에 아무것도 쓰지 않은 모린을 보니 안심이 되었다. 차는 대문 앞에 주차되어 있었고, 아이들은 성당에 갈 때 입는 가장 멋진 옷으로 차려입은 상태였다.

나는 브렌던, 섀넌, 브리짓과 인사를 나눈 뒤 함께 마을로 출발했다. 두 마을 사이에 위치한 성당은 흰색의 큰 건물로, 수십 대의 차량과 자전거에 둘러싸여 있었다. 내가 머물고 있던 마을에는 펍만 네 군데 있었는데, 두세 개의 마을 사이에 성당은 하나밖에 없다는 사실이 재미있었다.

브렌던이 주차를 하고, 다른 사람들은 모두 차에서 내렸다. 나는 아이들 뒤에 줄을 서서 매의 눈으로 모린을 지켜보았다. 나는 가톨릭 신자도 아니었고, 작은 마을의 아일랜드식 가톨릭 미사에는 그들만의 특징이 있을 것이 분명했다. 따라서 나는 내가 제대로 행동하고 있는지를 확인해가며 이들을 잘 따라 해야 한다고 생각했다. 모린과 브렌던, 그리고 두 딸아이는 성당 입구에 놓인 성수에 손가락을 넣어 적신 다음, 이마 위로 성호를 그었다. 나도 그들을 똑같이 따라 했다.

그녀는 이웃 주민들에게 고갯짓으로 인사를 하며, 통로를 걸어갔다. 부모님을 발견한 모린은 그들 옆자리로 미끄러지듯 들어갔다. 나 역시 그들 곁에 자리를 잡았다. 오틀 부인은 몇 좌석 떨어진 곳에 앉아 있었는데, 깔끔한 꽃무늬 원피스에 스웨터를 입고 있었다. 발에는 장화 대신 스타킹과 튼튼해 보이는 신발을 신고 있었다. 그녀가 평소 머리에 둘렀던 스카프를 벗자, 흰 머리와 자연스럽게 어우러진 밝은 갈색의 머리가 드러났다. 오틀 부인은 10년은 더 젊어 보였다.

오틀 부인을 보려고 애쓰던 나는 모린 가족이 무릎을 꿇고 기도를 하고 있다는 것을 눈치채고 서둘러 그들을 따라 무릎을 꿇었지만, 딱딱한 나무 장괘틀에 무릎이 닿자마자 모린 가족이 금방 다시 일어서는 소리가 들렸다. 나는 최대한 조용히 다시 자리에 앉았다. 감고 있던 눈을 떠 통로 건너편을 슬쩍 쳐다보니, 두 가족이 나를 지켜보고 있었다. 나는 그들에게 미소를 지었고, 그들도 나에게 미소를 지었다. 이후 그들이 고개를 숙이자 나도 그들을 따라 고개를 숙였다. 내가 이 마을에 머무는 외국인이라는 사실을 모든 사람이 알고 있었기 때문에 나를 예의주시하고 있는 듯했다.

모린은 손에 묵주를 들고 있었는데, 주변을 둘러보니 거의 모든 사람이 모린처럼 묵주를 들고 있었다. 그래서 나도 얼른 핸드백을 열어 외할머니가 사용하시던 묵주를 꺼냈다. 외할머니는 아일랜드 가톨릭 신자셨고(이후에 개신교로 개종하셨다), 돌아가시면서 나에게 묵주를 물려주셨다.

외할머니는 일곱 명의 형제자매들과 농장에서 함께 자랐는데, 외할머니의 어머니는 일찍 돌아가셨고 아버지는 술을 지나치게 많이 드셨다고 한다. 다른 형제자매들 역시 모두 어린 나이에 목숨을 잃었지만, 외할머니는 92세까지 사시다가 세상을 떠나셨다.

외할머니는 내가 살면서 만나본 훌륭한 사람들 중 한 분이셨다. 외할머니는 좋은 유머 감각의 소유자에, 사랑을 실천하셨고, 관대한 성격을 지니셨던 데다 다른 사람에 대한 험담은 일절 하지 않으셨다. 열심히 일했던 우리 외할머니. 나는 그런 외할머니를 사랑했다. 외할머니가 돌아가신 뒤 나는 매일 밤 외할머니의 플라스틱 묵주와 함께 잠자리에 들었다. 묵주기도로 성모송(Hail Mary)을 바치는 법은 몰랐지만, 묵주를 지니고 있는 것만으로도 위안이 되었다.

외할머니와의 추억에 빠져 있던 나는 오르간 소리에 정신이 번쩍 들었다. 신부님이 제단에 들어서자 모든 신자가 자리에서 일어났다. 몇 마디 말로 신부님이 미사를 시작하자, 신자들이 응답했다. 미사 책이 제공되어 있었지만, 신자 모두가 그 내용을 외우고 있는 것 같았다. 이들의 모습을 보고 있자니 내게 익숙한 연합 교회(United Church) 예배가 떠올랐다. 하지만 미사에서는 찬송가 대신 의례적인 응답을 한다는 점이 달랐다. 또 다른 점은 예수보다 성모 마리아에게 더 많은 기도를 한다는 점이었다. 개신교에서는 성모 마리아에게 기도하지 않는다. 하지만 나는 성모 마리아를 포함하는 게 기독교의 남성적 측면과 여성적 측면의 균형을 맞추는 데 더 나은 것 같았다.

신부님은 별다른 특색 없이 평범했지만, 그 교구에는 딱 맞아 보였다. 보수적인 성향의 중년 신부님은 미사의 진행 방식을 완벽하게 알고 있었으며 성경 구절에 충실했다. 헌금 시간이 끝났고, 미사의 마지막 부분인 영성체(communion) 시간이 되었다. 나는 영성체를 받고 싶었지만, 내가 개신교인 것을 알면 신부님이 반대할 수도 있겠다는 생각이 들었다. 비록 신부님을 불쾌하게 만들거나 속이고 싶지는 않았지만, 나는 영성체를 모시려는 마음이 그런 문제보다 더 중요한 것이라 생각했다. 그래서 나도 일어서서 영성체를 모시는 대열에 합류하였다.

나는 영성체를 나누어주는 신부님 앞으로 천천히 걸어가면서 사람들이 영성체를 모시기 전에 성호를 긋는 모습을 보았다. 내 차례가 되었을 때, 나도 그들처럼 무릎을 꿇고 성호를 그었다. 자리로 돌아온 나는 눈을 감고 사랑을 위해 기도했고, 내가 모든 의식 있는 존재들에게 더 잘 봉사할 수 있기를 기도했다. 그렇다. 영성체를 모시기로 한 것은 옳은 결정이었다.

신부님의 마무리 말씀과 함께 미사는 끝이 났고, 우리 일행은 제단을 바라보며 무릎을 꿇고 인사를 한 다음 성당을 나왔다. 시간은 밤 9시가 되었고, 이제 펍에 갈 차례였다. 나는 소녀들을 따라 차 뒷좌석에 올라타는 도중, 내 옆자리에 앉는 오툴 부인 때문에 깜짝 놀랐다.

“패디paddy는 자리를 잡으러 먼저 갔고, 브렌던이 펍에서 우리를 내려줄 거예요.” 오툴 부인이 상황을 설명해주었다.

추측건대 ‘패디’라는 남자는 아직 내가 소개받지 못한 오툴 부인의 남편인 것 같았다.

브렌던은 차에 시동을 걸더니 말했다. “우리 식구는 오늘 밤 펍에 안 가요. 저는 친구들하고 연습을 하기로 했어요.”

“연습이요?” 나는 잘 이해가 되지 않아 그에게 되물었다.

“풋볼football이요.” 그가 말했다. 나는 북미에서는 축구를 사커

soccer라고 하는 반면, 아일랜드에서는 풋볼이라고 부른다는 사실을 재빨리 떠올렸다. 모린은 아무 말이 없었다. 아마도 모린은 아이들을 집으로 데리고 가서 잠을 재울 것 같았다.

브렌던은 평소처럼 엄청나게 빠른 속도로 차를 몰았고, 나는 마음속으로 성호를 그으며 기도했다. 몇 분 뒤, 내가 사는 길목 아래에 있는 펍에 도착했다. 그곳에는 이미 많은 차가 주차되어 있었고, 문 위로 '음악의 밤'이라고 써진 커다란 안내문이 걸려 있었다.

오툴 부인과 나는 서둘러 차에서 내린 다음, 브렌던에게 데려다줘서 고맙다고 인사를 전하고 펍으로 들어갔다. 펍 안은 웃음과 활기찬 대화로 가득 차 있었다. 자욱한 담배 연기 때문에 실눈을 뜨고 바라보니, 저 멀리에 있는 한 테이블에서 작은 남성이 우리를 향해 손을 흔들고 있었다. 그의 옆에 빈 의자 두 개가 놓여 있었다. 기적이었다. 나는 그에게 걸어갔고, 오툴 부인이 내 뒤를 따라왔다. 펍 안의 모든 사람이 오툴 부인을 보고 깜짝 놀라 하며 그녀를 향해 따뜻한 고개 인사를 하였다. 오툴 부인은 수줍은 미소로 고개를 끄덕이며 인사에 답했다.

나는 오툴 부인과 오툴 씨가 같이 앉을 수 있도록 가운데에 자리를 남겨놓고 끝에 앉았다. 오툴 부부가 함께 저녁 외출을 하는 것은 드문 일이겠다는 느낌이 들었고, 나를 위해 이런 자리를 마련해주었다는 사실이 감격스러웠다.

"이 사람이 패디랍니다."

오툴 부인이 남편을 소개했다. 오툴 씨가 거칠어진 손을 뻗어 악수를 청했다. 류머티즘과 노동으로 손가락 마디마디가 굵어져 있었지만 손아귀의 힘이 단단했다. 오툴 씨는 키도 체격도 작은 편이었다. 장밋빛 얼굴에, 반짝이는 눈동자와 따뜻한 미소를 지닌 그는 검은색 모자를 쓰고 있었다. 오툴 부부는 둘 다 건전하면서도 선량한 기운을 내뿜었다. 그것은 땅과 가까이 사는 사람들에게서 느껴지는 기운이었다.

"뭐 좀 마시겠어요?" 오툴 씨가 정중하게 물었다.

"샌디* 한잔 부탁드릴게요." 내가 대답했다.

"여보, 당신은?" 그는 오툴 부인에게 다정하게 물었다.

"레몬 스쿼시요."

나는 그가 자리를 떠나는 모습을 보고 있었는데, 그는 한쪽 다리를 절고 있었다. 오툴 부인은 그런 나를 보고 몸을 앞으로 숙이며 말했다. "고관절이 안 좋아서 내년에 수술을 받을 예정이랍니다."

"오툴 씨는 연세가 어떻게 되시나요?" 내가 물었다.

---

* shandy: 맥주에 레몬 또는 레몬과 라임 맛이 나는 음료를 섞은 것.

"예순다섯이요." 그녀가 대답했다.

나는 아무리 궂은 날씨에도 소와 양을 돌보기 위해 자전거를 타고 농장으로 향하는 그의 모습을 봐왔었다. 그는 고관절이 좋지 않은데도 나이보다 훨씬 더 젊은 사람처럼 행동했다.

그는 우리가 마실 음료수와 함께 흑맥주 한 잔을 들고 돌아와 자리에 앉았다.

"고맙습니다." 나는 그에게 인사를 전한 뒤, 고개를 숙여 그의 농장에 대해 질문을 던졌다. 하지만 그는 내 질문에 대답을 하지 않았고, 오툴 부인이 당황해하는 나를 보면서 대신 답했다.

"이이는 전쟁 때 청각이 손상돼서 잘 듣지 못해요."

어색한 대화를 시도하고 있던 우리를 구한 것은 연주단의 등장이었다. 별도의 무대가 있지는 않았지만, 연주자들은 우리 자리에서 두 테이블 떨어진 곳의 의자에 격식 없이 알아서 앉았다. 음악이 시작되었고, 사람들은 연주를 듣기 위해 대화를 줄였다. 한 연주자는 파이프를 연주했고(파이프는 스코틀랜드가 아닌 아일랜드에서 발명한 악기라고 한다) 다른 음악가는 아일랜드식 핸드 드럼인 보란bodhrán을 연주했다. 보란은 짤막한 막대기의 양쪽 끝을 사용해서 연주하는 악기다. 연주가 제법 어려워 보였다. 밴조banjo처럼 보이는 악기를 자기 옆에 세워둔 마지막 음악가는 기타를 연주했다.

음악은 훌륭했고, 오툴 씨는 박자에 맞춰 발을 구르기 시작했다. 얼마 지나지 않아 사람들은 노래를 따라 부르기 시작했다. 곡이 끝나자, 한 여자가 일어서서 기타 연주자에게 귓속말을 했다. 그러자 기타 연주자는 노래 한 곡을 연주하기 시작했고, 여자는 음악을 음미하는 청중을 향해 큰소리로 노래를 불렀다.

밴드가 잠시 쉬는 시간을 가지고 있을 때, 나는 오툴 씨의 맥주잔이 비어 있는 것을 보았다. 나는 그와 눈을 마주치며 최대한 아일랜드의 어풍을 살려 말했다. "이번에는 제가 쏠게요. 기네스 한 잔 더 드시겠어요?"

놀란 그는 고개를 끄덕였고, 나는 사람들 사이를 헤치며 바를 향해 걸어갔다. 펍 안의 모든 사람이 서로 아는 사이인 것 같았다. 어떤 남자들은 나를 살피는 듯한 눈빛으로 쳐다보았다. 무례하지 않은, 그러나 호기심이 가득한 눈빛이었다. 붉은 머리에 주근깨가 가득한 어떤 남자는 나를 여러 번 쳐다보았다. 내가 그를 향해 몸을 돌리자, 그는 재빨리 시선을 피했다.

'부끄러워하네. 마음에 들어.' 나는 혼잣말을 하고는 재빨리 머릿속의 생각을 지워버렸다. '이번 여름, 내가 집중해야 할 것은 명상과 레프리콘을 통한 배움이지 붉은 머리의 아일랜드 남자가 아니야.' 나는 이 사실을 상기하면서 마실 것을 챙겨 들고 오툴 부부가 있는 자리로 돌아왔다. 이상하게도, 그들 부부를

성으로 부르는 것이 불편하게 느껴졌다.

"모두 일요일 아침 미사 대신, 토요일 저녁 미사에 참석하시나요?" 나는 대화를 시작하기로 마음먹고, 오툴 씨에게 큰 소리로 물었다.

"네. 그래야 저녁 미사를 끝내고 펍에서 한잔한 다음, 일요일 아침까지 잘 수 있거든요." 그가 눈을 반짝이며 대답했다. 참 현실적인 아일랜드 사람들이다.

젖을 짜야 하는 소들을 돌보는 그가 과연 얼마나 오랫동안 늦잠을 잘 수 있을지는 짐작이 되고도 남았다. 우리의 대화를 본격적으로 시작하려던 찰나, 밴드가 돌아왔고 다시 음악이 흘렀다. 한 시간쯤 지나니 술잔도 비었고, 우리는 서로를 쳐다보며 충분히 시간을 보냈으니 인제 그만 일어나기로 했다. 펍 문을 나서자, 바텐더가 문을 닫기 전의 마지막 주문을 알리는 벨을 울렸다. 오툴 씨는 자전거를 타고 길을 따라 올라갔고, 오툴 부인과 나는 걸어갔다. 사랑스러운 밤이었다. 나는 담배 연기와 소음이 가득했던 펍을 뒤로한 채 고요하고 상쾌한 공기를 듬뿍 들이마셨다. 그렇게 오툴 부인을 집 대문까지 데려다준 뒤, 혼자 코티지까지 계속 길을 따라 걸어 올라갔다. 아직도 희미하게 타오르고 있는 벽난로 속의 불꽃이 집에 돌아온 나를 반겨주었다.

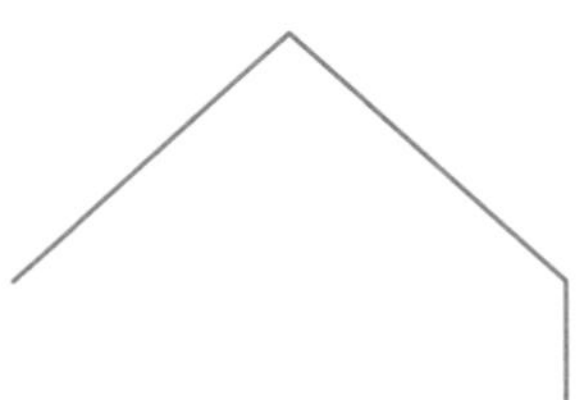

몸의 엘리멘탈

레프리콘은 그다음 날 아침에도 나타나지 않았고, 덕분에 나는 홀로 평온한 하루를 보냈다. '일요일은 역시 쉬는 날이지.' 나는 잠옷으로 갈아입고 침대로 가며 생각했다. 이날 저녁에는 촛불을 켜놓고 명상을 했다. 집중력을 높이고 부정적인 생각에 맞서기 위한 훈련이었다.

똑같은 생각을 계속해서 반복하다 보면 하나의 사념체로 굳어진다. 사념체는 긍정적일 수도 부정적일 수도 있는데, 그 자체가 하나의 생명체와도 같다. 매우 강한 사념체 같은 경우는 타인에게 달라붙을 수도 있다. 따라서 우리는 자신뿐 아니라 타인을 위해서도 생각에 주의를 기울여야 한다.

나는 가부좌로 앉은 상태에서 허리를 곧게 편 다음, 일곱 가지의 대죄에 관한 명상에 들어갔다. 내가 그것과 관련하여 어떤 사념체들을 창조해왔는지 살펴보기 위함이었다. 나는 내가 그 사념체들을 만들었을 때 갖고 있었던 본래의 선한 의도가 무엇이었는지를 알아보았다. 그러자 색욕은 사랑받고 싶어하는 마음에서, 인색함은 원대한 지식과 경험에 대한 목마름에서, 질투는 창조자가 줄 수 있는 모든 것을 다 가지려는 욕심에서 나왔다는 것을 알 수 있었다. 그리고 나의 나태함은 내게 필요한 것을 창조자가 마땅히 제공할 것이라는 믿음에서 비롯된 것이었다.

나는 명상을 하면서 나의 부정적 사념체들을 불러냈고, 원래의 긍정적 의도만 남을 때까지 그것들을 에테르체 안에서 녹여냈다. 그런 다음, 나는 강력한 감정을 동반하여 내 몸에 사랑, 수용, 풍요, 믿음을 채워주었다. 그러자 이 선물들을 받지 않으려는 몸의 저항이 느껴졌다. 몸이 나를 신뢰하지 않는 것 같았다. 순간적으로 나는 내가 아닌 다른 존재가 내 몸을 지배하고 있다는 것을 인식했다. 하지만 나와 완전히 분리된 존재는 아닌 것 같았다. 그 존재는 내 마음, 내 의식과는 뚜렷하게 구별되는, 하지만 내 몸과 연결된 또 다른 의식인 것 같았다.

"당신은 누구인가요?" 내가 그 존재에게 물었다.

정적만이 흘렀다. 하지만 나의 내면 그림자 속에서 서성이고 있는 어떤 존재를 느낄 수 있었다.

"당신이 누구인지 알고 싶어요." 나는 포기하지 않고 다시 물었다. 나의 의식은 밝은 손전등이 되어 그림자를 비추면서 그곳에 사는 존재를 수색했다. 자신을 드러내고 싶어하지 않는 한 존재가 나를 지켜보고 있는 것을 느낄 수 있었다. 그 존재에게서 불신, 분노, 냉소의 감정과 동시에 호기심과 희망이 느껴졌다.

"당신을 해치지 않을 거예요. 정말 당신이 알고 싶어요." 나는 그 존재에게 사랑을 보내며 텔레파시로 생각을 전했다.

그러자 그 존재가 조심스럽게 대답했다. "난 당신을 믿지 않아요. 저리 가세요. 그리고 내 할 일을 하도록 나를 내버려둬요."

'할 일'이라는 단어를 들은 나는 그가 내 몸 안에서 무언가를 한다는 것을 알 수 있었다. 내 직감으로, 그것은 긍정적인 일이었다. "당신은 어떤 일을 하나요?" 내가 물었다.

다시 한번 침묵이 이어졌고, 절망과 희망이라는 모순된 두 감정이 느껴졌다.

"제발 나를 믿어줘요." 나는 진심을 담아 말했다. "만약 내가 당신에게 어떤 행동을 했었다면 그것은 당신이 그곳에 있는지 몰랐기 때문이에요. 이제 알게 되었으니 달라질 거예요. 당신이 원하는지 게 무엇인지 알려면 당신의 도움이 필요해요."

그 존재는 잠시 망설이다가 응답했다. "좋아요. 당신이 나를 알게 된다고 해서 더 큰 해를 끼칠 것 같지는 않군요. 그렇다면 말해주겠어요. 나는 당신 몸의 엘리멘탈이랍니다."

"나의… 뭐라고요?" 나는 혼란스러웠다. "몸의 엘리멘탈이라는 게 뭐죠?"

"몸의 엘리멘탈이 '누구'냐고 물어야죠!" 그 존재는 화를 내며 말했다. 그 존재가 다시 절망감 속으로 빠져드는 것이 느껴졌다.

나는 서둘러 사과를 전하며 말했다. "이 모든 것이 너무 낯설어요. 부디 나의 무지를 너그럽게 이해해주세요. 그리고 당신과 당신의 작업에 대해 알려주세요."

"수백만 년 동안 해왔던 작업을 한 문장으로 요약하기란 쉽지 않아요." 그가 나를 무시하는 말투로 말했다.

"밤새 이야기를 나눠도 돼요." 나는 약간의 유머로 긴장을 풀 수 있으리라 생각하면서 대답했다.

"당신 매력이 다른 엘리멘탈에게는 먹혔을지 몰라도 나에게는 통하지 않아요." 몸의 엘리멘탈은 내 친구 레프리콘의 이미지를 투사하면서 짜증을 부렸다.

나는 그에게 어떻게 접근해야 할지 몰라 한숨을 내쉬며 말했다. "나는 당신이 억지로 말하게끔 만들지는 않을 거예요. 당신의 존재를 내가 이해하는 것이 좋을지, 아닐지는 당신이 결정할 일이에요. 당신이 나를 신뢰하지 않는다고 해도 나는 당신을 신뢰해요."

이런 내 말이 '열려라 참깨' 같은 마법의 말이었는지, 몸의 엘리멘탈은 즉시 오랜 세월 담아뒀던 원망의 말을 마구 쏟아냈다.

"나는 당신이 이 행성에서 처음 몸을 받아 내려왔을 때부터 지금까지 함께해왔어요. 하지만 당신은 내가 누구인지조차 모르죠." 몸의 엘리멘탈이 화를 냈다. "나는 당신이 환생할 때마다 당신의 몸을 지었던 건축가고, 각각의 생에서 당신이 습득한 모든 힘과 상처들을 당신의 몸에 결합시키는 일을 해왔어요. 그리고 당신이 죽을 때까지 당신 몸에 머물면서 모든 것들이 잘 작동하고 있는지를 점검하죠. 그리고…." 몸의 엘리멘탈은 잠시 숨을 돌리다 말을 이어나갔다. "당신이 죽으면 비로소 나에게 쉴 시간이 생겨요. 당신이 다시 태어나기 전까지 말이에요."

몸의 엘리멘탈의 말이 진실임을 의심할 여지가 없었다. 그것이 사실이라는 것을 내 몸의 모든 세포가 인정했기 때문이다. 나는 그간 이를 감사해하지 않았던 것이 부끄러웠고, 더 이상 나의 무지를 변명 삼을 수 없었다. 나는 그가 내 딜레마를 느낄 수 있도록 한 뒤 내가 어떻게 해야 할지 물었다.

몸의 엘리멘탈은 다소 누그러진 듯 마지못해 대답했다. "이건 당신만의 문제는 아니에요. 다른 인간들도 몸의 엘리멘탈이 그들을 위해 무슨 일을 하는지 전혀 알지 못해요. 인간은 우리가 없으면 살아 있을 수조차 없는데 말이죠."

나는 해결책을 찾으며 그에게 이렇게 제안했다. "당신과 협력할 방법을 알려주면 그대로 따를게요. 더 나아가, 기꺼이 다른 인간들에게도 당신의 말을 전할게요."

몸의 엘리멘탈은 아직 완전히 마음을 열지 않은 채 나를 시험하는 문제를 하나 던졌다. "도토리가 어떻게 참나무가 되는지 생각해본 적이 있나요? 그냥 아무렇게나 자라는 참나무 말고, 네 개가 아닌 두 개의 가지를 가진, 18미터가 아닌 15미터 크기로 자라는, 나무 몸통에서 옹이가 자라는 그런 참나무로 어떻게 자라는지 생각해본 적 있냐는 말이에요."

나는 질문에 대답하기에 앞서, 기억을 더듬으며 참나무에 대한 정보를 떠올렸다.

"땅에 씨앗을 심고, 필요한 만큼의 물과 일조량을 공급해야겠죠. 그리고 본래 그 씨앗이 얼마나 튼튼했는지도 중요할 거예요. 틀렸나요?"

"틀린 건 아니에요. 하지만 그건 그저 전체 과정의 한 부분일 뿐이에요." 몸의 엘리멘탈이 대답했다. "그리고 그것이 인간이 보는 전부죠."

"나는 나무 데바, 페어리 그리고 다른 유형의 엘리멘탈이 모든 생명체의 성장을 지켜보고 도와준다는 것을 알고 있어요."

나는 재빨리 말을 덧붙여 엘리멘탈들이 지구에 어떤 유익을 주고 있는지 칭찬했다.

"그게 바로 아까 말한 과정의 나머지 부분들이자 대다수 인간이 믿고 있는 것 너머의 일들이에요. 하지만 당신이 깨닫지 못하고 있는 마지막 부분이 하나 있어요. 그것은 모든 생명체의 성장을 위해 일하는 몸의 엘리멘탈의 역할이에요." 이제 몸의 엘리멘탈은 공격적인 목소리가 아닌, 한층 더 슬퍼진 목소리로 말했다.

"내가 무지에서 벗어날 수 있도록 가르쳐주세요." 나는 겸손하게 부탁했다. "당신이 그렇게 해준다면 우리는 몸의 엘리멘탈들과 인간들이 더 잘 협력할 수 있도록 함께 일할 수 있을 거예요. 그리고 그건 인간들뿐 아니라 세상에 더 많은 유익을 가져다줄 거고요."

"그게 본래 의도였죠." 몸의 엘리멘탈이 비꼬는 듯한 목소리로 대답했다. "나는 당신이 '인간은 훈련 중인 신과 같다'고 말하는 것을 여러 차례 들었어요. 그리고 당신 말은 전적으로 옳아요. 하지만 몸의 엘리멘탈의 전폭적인 협력이 없다면 인간은 창조자가 될 수 없어요. 우리는 인간이 마음속에 그린 것을 만들어요. 우리의 역할은 인간이 생각하거나 느끼는 것이 무엇이

든지 간에 그 기억을 몸속 세포 안에 기록하는 거예요. 만약 인간이 탐욕, 분노, 색욕, 식탐, 두려움 같은 부정적인 감정을 통제할 수 없다면 우리는 그것을 그대로 기록하게 돼요. 우리는 당신 몸의 건축가이자 기록자랍니다."

문득, 내가 부정적인 사념체들을 본래의 긍정적인 씨앗들로 대체하는 작업 중에 처음으로 몸의 엘리멘탈을 인식했다는 사실이 떠올랐다. 나는 이것이 우연인지 궁금했다.

"절대 우연이 아니에요." 그는 내 생각을 듣고 대답했다. "당신은 창조자가 되어가는 여정 속에서 자신이 창조한 모든 것들에 대한 책임을 지는 중이랍니다. 당신은 이번 생과 다른 모든 생에서 비롯된 부정적인 생각과 기억을 발견해내고, 또 제거하는 중이에요. 나는 당신이 이 과정을 잘 겪어나갈 수 있도록 돕고 있었어요. 당신의 명령을 따르는 것이 내 일이기 때문이죠."

"당신의 목소리는 기꺼이 명령에 따르는 이의 목소리가 아닌 것 같은데요." 나는 유머러스한 말을 던졌다.

이번에는 기분이 나쁘지 않았는지, 몸의 엘리멘탈이 이렇게 대답했다. "나는 당신을 닮을 수밖에 없답니다."

"계속하세요." 나는 새로운 지식을 얻을 수 있음에 신이 나서 다음 말을 재촉했다.

"몸의 엘리멘탈은 몸의 주인과 함께 진화해요. 다른 엘리멘탈과 마찬가지로, 처음 삶을 시작할 때 우리는 텅 빈 존재예요. 기능적인 요소를 제외하고는 비어 있죠. 삶을 거듭할수록, 인간은 보관할 많은 기억을 우리에게 제공해요. 그러면 우리는 점점 복잡하고 의식적인 존재가 되어간답니다. 한 마디로, 나는 당신의 거울이에요. 나는 당신처럼 강한 의지를 갖고 있고, 겁이 많고, 호기심이 왕성하고, 고집스럽고, 한결같고, 지혜롭죠. 또, 다른 몸의 엘리멘탈들이 세상 속에서 의식적으로 일할 수 있도록 그들의 진화를 돕고 싶어해요."

순간, 몸의 엘리멘탈의 최대 관심사는 긍정적인 생각과 감정으로 내 몸을 재구성할 수 있도록 나를 돕는 것임을 깨달았다. 그러면 나뿐만 아니라 몸의 엘리멘탈의 진화도 앞당길 수 있기 때문이었다.

"당신 생각이 옳아요. 그래서 오늘 밤 당신에게 내 존재를 알리기로 마음먹은 거예요. 하지만 이런 행동에는 위험도 따르죠."

"위험이 따른다니요?" 나는 거기에 위험이 따를 거라고는 상상도 하지 못했었다.

"흑마법사는 자신의 몸의 엘리멘탈을 사용해서 복체(a double)를 만들어요. 그리고 다른 사람을 해치기 위해서 그 복체를 보내지요. 복체가 주인에게 돌아오면, 몸의 엘리멘탈은 흑마술사가 복체에게 시켰던 행동을 그대로 흡수해야 해요. 이는 몸의 엘리멘탈의 진화를 크게 지연시키는 행위랍니다. 영적인 죽음인 거죠."

초자연적인 전투에 관한 카를로스 카스타네다Carlos Castaneda의 책들과 흑마법의 길을 따랐던 영국의 아뎁트*들이 떠올랐다. 나는 영적인 공격을 한 차례 이상 경험한 적이 있었고, 그런 공격 배후에 존재하는 개인의 의지가 가진 힘을 매우 존경하기도 했다. 하지만 나 스스로는 흑마술의 길을 따르는 것에 대한 강한 혐오감을 갖고 있었다.

몸의 엘리멘탈이 내 생각을 듣고 말했다. "그래서 내 존재를 당신에게 알리기로 마음먹었지요. 모든 존재는 일정한 진화 단계에 이르면 반드시 우리와 함께 일해야만 해요. 그렇지 않으면 결코 창조자가 될 수 없죠. 예수 그리스도나 석가모니 같은 모든 훌륭한 아뎁트들은 육체적 죽음 이후를 대비하기 위해 몸의 엘리멘탈과 미리 작업을 했어요. 이제 당신과 내가 함께 작업할 차례예요."

"좋아요." 나는 기꺼이 동의했다. "언제 시작할까요?"

"우리는 이미 작업을 시작했어요." 몸의 엘리멘탈이 대답했다. 그의 거친 말투 속에서 옅은 미소를 느낄 수 있었다. "지금

* adept: 아뎁트는 자기 수양과 영적 수행을 통해 지식, 영성을 포함한 인간의 자질들을 특정 수준만큼 계발한 사람이다.

당신이 하고 있는 대로 신성한 계획과의 조화 속에서 일하게 되면 내 작업은 더욱 빨라지고 강력해질 거예요. 그것이 나의 궁극적인 목적과 부합하기 때문이에요."

"개선해야 할 점이나 조언해줄 것은 없나요?" 나는 늘 그렇듯 더 나아지려는 열망을 가진 채 물었다.

"당신이 이번 여름에 하고 있듯, 모든 엘리멘탈들과 함께 일한다면 당신과 나의 연결은 더 강해질 거예요. 그리고 그것은 지구의 발전을 위해 노력하는 모든 존재들에게도 유익한 일이 될 거예요. 몸의 엘리멘탈은 나무, 꽃, 광물, 동물, 물고기, 새 등 사실상 모든 것들의 형태를 짓죠. 지구는 살아 있는 존재이고, 우리는 지구의 몸을 구성하고 있는 세포랍니다. 우리 각자가 신성한 계획에 맞춰지면 지구 전체도 똑같이 그렇게 맞춰지는 거예요."

"동의해요." 나는 몸의 엘리멘탈의 역할을 지지하며 말했다.

"그런데 저는 아직도 몸의 엘리멘탈과 나무와 산의 데바, 페어리 같은 다른 엘리멘탈 사이의 역할이 어떻게 다른 건지 잘 모르겠어요."

"나는 이미 몸의 엘리멘탈이 무슨 일을 하는지 설명했어요. 내 생각에는 당신이 페어리, 데바와 직접 이야기를 나누면서 그들의 역할이 무엇인지 배우는 게 좋겠어요." 몸의 엘리멘탈이 대답했다.

"좋은 지적이에요." 나는 그의 말에 동의했다. 그리고 아침에 그들과 얘기를 나눠봐야겠다고 생각했다. 점점 의식이 흐려지고 있었지만 몸의 엘리멘탈을 떠나보내기가 못내 아쉬웠다.

"나는 항상 여기 있어요. 언제든 당신이 원할 때 나를 만날 수 있어요." 몸의 엘리멘탈이 나를 안심시켰다. "당신은 나에게 균형을 잃은 당신 몸의 특정 부분을 재구성해달라고 요청할 수 있어요. 또, 다른 사람의 몸의 엘리멘탈에게 말을 걸 수도 있어요. 다른 생에서 당신이 의식적으로 해왔던 일이기 때문에 본능적으로 그렇게 할 수 있을 거예요. 원한다면 그 삶의 기억에 접속할 수도 있어요."

나는 몸의 엘리멘탈의 말대로 내 의식의 끝자락에서 그 생에 대한 기억을 감지할 수 있었다. 하지만 무언가를 더 하기에는 너무 피곤했다. 촛불도 이미 오래전에 다 타버렸다. 나는 미끄러지듯 침대로 들어갔고, 마음으로 내 몸의 엘리멘탈에게 고마움을 전했다. 그리고 이내 잠에 빠져들었다.

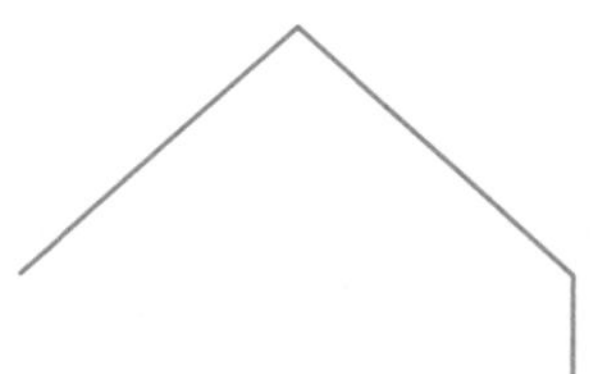

고대 엘리멘탈

다음 날, 레프리콘이 다시 모습을 드러냈다. 나는 우비 안에 잠옷을 그대로 입고서 이른 아침 산책을 마치고 돌아오는 길이었다. 코티지 안으로 들어서자, 페어리 그림책 주변을 떠다니며 두 아이에게 여러 그림에 관해 설명하고 있는 내 친구가 보였다. 아이들은 넋을 잃고 이야기에 빠져들었다.

'그를 다시 보게 되니 반갑네.' 나는 우비를 벗고 전기 주전자의 전원 코드를 꽂았다. 그러자 "다음!"이라는 말소리가 들렸는데, 아마도 레프리콘이 나를 향해 한 말 같았다. 그래서 나는 식탁으로 걸어가 그림책을 다음 장으로 넘겼다. 그러자 블루벨 bluebell 꽃 위를 날고 있는 섬세한 날개를 가진 페어리가 뒤를 돌아 우리를 지그시 바라보고 있는 그림이 나왔다. 레프리콘이 손가락으로 페어리를 가리키자, 페어리는 3차원의 존재로 바뀌어 움직이기 시작했다. 어린 레프리콘들은 황홀해했고, 그중 키가 작은 동생 레프리콘이 몸을 앞으로 내밀며 요정의 배를 손가락으로 쿡 하고 찔렀다. 방심했던 작은 페어리는 재빨리 반격에 나섰다. 페어리는 빛의 속도로 몸을 구부리더니 자신을 공격한 손가락을 깨물었다. 동생 레프리콘은 야단법석을 부리며 울다가 허공 속으로 사라졌다. 형 레프리콘이 서둘러 그 뒤를 따랐다.

"아이들이란." 내 친구 레프리콘은 두 손을 들어 올리고는 중얼거렸다. 주전자의 물이 끓는 소리가 들렸다. 나는 그에게 소파에 앉으라고 손짓을 한 뒤, 차를 준비하러 갔다.

그리고 김이 모락모락 올라오는 머그잔 둘을 갖고 돌아와 그의 옆에 앉았다. 그는 나를 가까이 살펴보며 말했다. "몸의 엘리멘탈을 만났나 보군."

"어떻게 알았어요?" 나는 웃음이 나왔다. 늘 그렇듯이 그는 내 근황을 이미 꿰뚫어 보고 있었다.

"온몸에 그렇게 쓰여 있소." 그는 느릿하게 차를 마시며 대답했다.

"어떤데요? 어떻게 보여요? 더 자세히 말해봐요." 나는 신이 나서 캐물었다. 그리고 그를 다시 볼 수 있어서 정말로 기뻤다.

우리가 함께 나누던 아침 수다가 그리웠다.

"'인간'에게 설명하는 것이 그렇게 쉬운 일이 아니오." 그는 이 복잡해 보이는 영역에서 자신이 얼마나 대단한 존재인지를 뽐내며 말했다.

나는 눈을 살짝 내리깔며 긴장감 넘치는 분위기로 이야기하는 그의 익숙한 태도에 속으로 미소를 지으며 간곡히 부탁했다.

"할 수 있는 만큼 말해줘요. 제발요. 이 불쌍하고 단순한 인간은 당신의 호의에 크게 감사할 거랍니다."

"역시 내게 뒤지지 않는군." 그는 크게 웃으며 소파 위로 쓰러졌다. "솜씨가 날이 갈수록 좋아지고 있소."

그는 평정을 되찾으며 더욱 진지하게 말을 이어나갔다. "예전에 당신을 보았을 때는 당신과 당신 몸의 엘리멘탈, 이렇게 두 개의 존재가 보였소. 인간 대다수가 그렇듯 그 둘은 분리되어 있었지."

"그런데 지금은요?" 나는 그를 살살 달래가며 물었다.

"이제 그 둘이 좀더 함께하는(together) 느낌이오. 하지만 '함께'라는 표현이 정확하지는 않소." 그는 턱을 매만지며 더 정확한 표현이 없는지 고민했다. "예전에는 당신 몸의 엘리멘탈이 당신 내부에 갇혀 있는 것 같았는데, 이제는 그 엘리멘탈이 자유로워져서 온몸의 세포 사이사이를 돌아다니고 있소. 활동 영역을 확장한 거요."

그 순간, 내 마음속으로 이미지 하나가 보였다. 형체가 뚜렷하지 않은 성긴 모양의 아메바가 몸을 수축했다가 다시 쭉 폈다가를 반복하며 내 몸을 돌아다니고 있었다. 그것이 내 몸만큼 커져서 나를 완전히 덮어씌울 때도 있었다. 그리고 또 다른 때에는 그것이 몸의 특정 부위에 집중되어 있을 때도 있었다. 내 몸이 덮어씌워졌을 때는 그것이 마치 사람처럼 보였다. 눈으로 직접 보는 듯한 영상이었다. 나는 확인차 이 이미지들을 레프리콘에게 투사했다.

"당신 눈에는 그렇게 보이는가 보군." 그는 확인을 마친 뒤 틀린 내용을 바로잡았다. "나에게는 말이오, 당신 몸의 엘리멘탈이 몸에 퍼져 있는, 빛나는 생명력으로 보인다오. 사람이 죽으면 보통 몸의 엘리멘탈이 그 몸에서 완전히 빠져나오기까지 사흘이 소요된다는 사실을 알고 있소?"

"많은 종교에서 시신을 사흘간 땅에 묻지 말라고 하는 것도, 예수가 죽은 지 사흘 만에 부활한 것도 그런 이유겠네요. 그렇지 않나요?" 나는 이것들이 딱 맞는 사례라고 느끼면서 물었다.

"그렇소." 그가 말했다.

"당신도 인간처럼 몸의 엘리멘탈을 갖고 있나요?" 나는 이 질문을 하는 순간 놀랄 수밖에 없었다. 내가 답을 이미 알고 있었기 때문이다.

"정확히 그렇다고 할 수는 없소." 레프리콘이 대답했다. 그리고 나는 그가 대답을 주저한다는 것을 느낄 수 있었다.

하지만 나는 궁금함을 덮어놓고 싶지 않아 말을 이어나갔다.

"왜인지 알아야겠어요!"

"당연히 그럴 테지." 그는 잠시 슬픈 미소를 짓다 밝은 목소리로 말했다. "우리의 논의가 엘리멘탈의 깊은 비밀에까지 이르러버렸군. 이제는 내가 당신에게 가르쳐줄 수 있는 수준을 넘어선 것 같소. 지난 며칠 동안 나는 스승들과 시간을 보냈고, 더 많은 가르침을 위해 당신을 그곳으로 데려가도 좋다는 허락을 받았소."

나는 입고 있던 잠옷을 내려다보며 빠르게 이의를 제기했다.

"잠깐만요. 옷부터 갈아입고요."

"그럴 필요 없소." 그가 웃었다. "우리 세계에서는 자기가 원하는 대로 옷을 입어도 되오. 이제 눈을 감으시오."

그의 지시에 따라 눈을 감자, 내 주변으로 검은 터널이 열리는 것이 느껴졌다. 0.001초 만에 나는 거대한 참나무와 산사나무로 둘러싸인 야생화 초원에 서 있었다. 레프리콘은 클로버(잎

이 세 개가 아니라 네 개였다*)가 그려진 빛나는 흰색 로브를 걸치고 있었는데, 클로버가 마치 방패처럼 그의 가슴을 가리고 있었다. 그는 자신이 즐겨 쓰는 모자를 쓰고 있었다. 이번에는 나를 내려다보았다. 나는 레프리콘과 비슷한 로브를 입고 있었고, 가슴에는 밝은 빛깔의 붉은 장미가 새겨져 있었다.

"임시로 당신 옷을 갈아입혔소." 그가 결의에 찬 모습으로 참나무 숲을 향해 성큼성큼 걸어가며 말했다. 나는 서둘러 그를 따라갔다.

거대한 참나무들을 따라 걸어가니 블루벨 꽃이 카펫처럼 숲의 지면을 덮고 있었다. 나뭇잎 사이로 반짝거리는 빛이 불가사의한 분위기를 자아냈고, 속삭이는 목소리가 대기를 가득 채웠다. "그녀는 누구인가? 그녀는 누구인가?" 그리고 다시 정적이 흘렀다. 위를 올려다보자 하얀 수염을 기른 고대의 엘리멘탈이 우리의 방문을 지켜보고 있었다. 그 역시 흰색 로브를 입고 있었으며, 가슴에는 불꽃 휘장이 새겨져 있었다. 원뿔 모자를 쓴 그는 오른손에는 자신의 키보다 큰 지팡이를 들고 있었다. 그를 본 나는 마법사를 떠올렸다.

"우리 세계에 온 것을 환영하네." 레프리콘과 내가 가까이 다

---

* 아일랜드의 상징인 세 잎 클로버는 수호성인 성 패트릭이 세 잎 클로버를 기독교의 삼위일체에 비유한 것에서 유래되었다.

가가자 그가 인사말을 전했다. 그의 눈빛은 고대의 힘과 비밀로 빛났다.

"우리의 젊은 친구는 자네에게 엘리멘탈에 관한 훌륭한 가르침을 주고 있었네. 하지만 그는 여전히 배워야 할 것이 있기에 우리는 그대들을 동시에 가르치는 것이 최선이라고 생각했지."

고대 엘리멘탈이 지팡이로 거대한 참나무를 가리키자 나무에서 울퉁불퉁한 세 갈래의 뿌리가 뻗어 나와 의자 모양으로 변했다. 고대 엘리멘탈은 앞으로 걸어 나와 자리에 앉으며 우리에게도 앉으라는 손짓을 보냈다. 나의 친구 레프리콘은 소개 인사를 까먹은 듯했고, 이상하리만치 말이 없었다. 나는 레프리콘을 따라 고대 엘리멘탈이 말을 하기를 조용히 기다렸다.

"자네는 몸의 엘리멘탈에 대한 더 많은 배움을 얻기 위해 이곳에 왔네." 고대 엘리멘탈은 사교적인 인사말은 생략한 채 바로 본론으로 들어갔다. "자네는 우리 젊은 친구에게 엘리멘탈들은 인간과 같은 방식으로 몸의 엘리멘탈을 가지고 있지 않다고 들었을 걸세. 왜 그렇다고 생각하는가?"

나는 그의 질문에 당황했다. 여태까지 레프리콘은 항상 나의 질문에 답을 해줬었고, 나는 거기에 익숙해져 있었기 때문이다. 고대 엘리멘탈은 참을성 있게 대답을 기다렸다.

기억을 더듬어보았지만, 대답할 만한 어떤 것도 떠오르지 않았다. 이런 상황에서 생각할 수 있는 선택지는 딱 한 가지였다. 나는 고대 엘리멘탈의 몸속으로 의식을 확장했고, 그곳에서 답을 찾을 수 있지 않을까 하고 둘러보았다. 그곳에서 내가 발견한 것은 거대한 에너지의 원천이었다. 그곳의 모든 세포가 다채로운 색깔과 소리로 진동하고 있었다. 그런데 거기 있는 모든 것을 둘러싸고 있는 것은 단 하나의 의식, 바로 고대 엘리멘탈의 의식이었다.

내가 본래의 의식으로 돌아왔을 때, 고대 엘리멘탈이 내 친구 레프리콘을 향해 미소를 지으며 동정하는 투로 말했다. "그녀를 다루기가 쉽지 않았겠군. 그렇지 않았나?"

"왜 제 허락도 없이 저에 대한 추측을 하시는 거죠?" 나는 항의했다. "어쨌든 저와는 달리 당신 내부에서는 몸의 엘리멘탈을 발견할 수 없었어요. 이유를 모르겠으니 알려준다면 감사하겠어요."

"그래, 내 내부에 들어가니 무엇을 알 수 있었던가?" 고대 엘리멘탈이 물었다.

"세포들에 에너지가 넘쳐 보였고, 그것들이 모두 당신의 의식에 의해 통제되고 있었어요." 나는 기억을 떠올리며 대답했다.

"내 혼(soul)을 보았는가?"

"솔직히 말하자면 저는 항상 혼과 영(spirit)이 헷갈렸어요." 내가 대답했다. "상대방이 사람일 경우, 저는 그 사람의 전생과 이번 생의 목적이 보여요. 그리고 본래 가야 할 삶의 궤도를 잘 따라가고 있는지 아니면 벗어났는지도 알 수 있고요. 제 생각에, 혼의 목적은 존재의 고차원적 측면일 뿐이에요. 그렇다면 영이란 무엇일까요? 흠, 영은 생명의 불꽃인 성령(Holy Spirit)인 것 같아요. 창조자는 우리가 전체의 신성한 계획에 부합하는 삶을 살 수 있도록 우리 모두에게 이 성스러운 불을 주셨죠."

고대 엘리멘탈은 수염을 쓰다듬으며 내가 한 말에 대해 깊이 생각해보더니, 다시 나에게 물었다. "그렇다면 자네는 내가 혼과 영을 모두 갖고 있다고 말할 수 있겠나?"

"말했듯이, 제가 그것을 판단할 자격이 있는지 모르겠어요. 이 질문에 대해서는 인간을 대상으로 판단하기도 어려운걸요. 그러니 엘리멘탈에 관한 판단 또한 유보할 수밖에요."

"나는 자네의 판단을 묻고 있는 것이라네." 고대 엘리멘탈이 대답을 재촉했다. 그제야 나는 스스로 골똘히 고민하지 않는다면 어떤 답도 얻지 못하리라는 것을 알게 되었다.

나는 질문에 집중하며 다시 그의 몸속으로 들어갔고, 그의 놀라운 생명력에 또 한 번 둘러싸였다. 직전의 경험처럼, 그의 에너지가 신성한 영과 일치를 이루며 흐르는 것을 느낄 수 있었다. 하지만 혼과 유사해 보이는 것은 발견할 수 없었다.

“그래서, 자네 대답은?” 고대 엘리멘탈이 내 친구 레프리콘처럼 눈썹을 추켜세우며 물었다.

“영만 있고, 혼은 없었어요. 이건 어디까지나 저의 추측이에요.” 내가 대답했다.

“정답이네.” 그가 대답했다. “이제 젊은 친구 안으로 들어가보시게.”

나는 내 친구 레프리콘 쪽으로 의식을 돌리며 마음으로 허락을 구했고, 그의 승낙을 얻었다. 레프리콘의 몸속으로 들어간 나는 고대 엘리멘탈에게서 느꼈던 그 생명력이 그에게는 거의 없다는 것을 확인할 수 있었다. 또한, 레프리콘의 내부는 그의 스승인 고대 엘리멘탈의 내부와는 다르게 밀도가 높았다. 나는 이 주제를 완전히 이해하고 싶어 더 자세히 그의 몸을 들여다보았고, 직감적으로 레프리콘이 나와 더 비슷하다는 생각이 들었다. 그는 스승보다 더 조밀한 몸을 가지고 있었다. 혼란스러웠다. 나는 그의 몸에서 나의 의식을 거둬들인 후, 그들에게 내가 관찰한 것을 말해주었다.

“자네가 본 것은 몸의 엘리멘탈의 초기 상태라네.” 고대 엘리멘탈이 말했다. “오래전, 우리 젊은 친구는 창조자가 되기 위해 인간과 협력하기로 했다네. 따라서 그의 몸도 순수한 엘리멘탈에서 인간처럼 밀도 높은 몸으로 바뀌어나가는 중인 게야. 그는 기억을 보존하기 위해 자기 몸의 엘리멘탈과 작업을 하고 있는데, 이 덕분에 그는 죽음을 맞이할 수 있으며 환생 후에도 자신의 전생을 기억할 수 있다네. 우리는 엘리멘탈의 세계에서 긴 세월을 살 수 있네. 나처럼 천 년 가까이 살 수도 있지. 하지만 우리는 죽을 때 우리의 에너지를 지구로 다시 되돌려 보내기 때문에 다음 생으로 가져갈 어떤 기억도 남지 않네. 기억을 유지하기 위해서는 몸의 엘리멘탈이 필요하다네."

나는 그의 말에 충격을 받았고, 고대 엘리멘탈이 어째서 나 스스로 결론을 내리도록 압박했는지를 이해할 수 있었다. 만약 그가 그렇게 하지 않았다면 나는 그의 말을 믿지 않았을 것이다.

"인간은 창조자로 진화하기 위해서 신성한 영과의 교감(communion)을 포기하고 있어요. 그렇지 않나요?" 내가 인간 종족에 대한 통찰을 내놓으며 물었다.

"그렇네. 포기하고 있다네." 그가 대답했다. "하지만 궁극적으로 인간은 나만큼이나 신성한 불꽃이 될 것이며 이번 생의 기억이 다음 생으로도 그대로 이어질 걸세. 인간은 영과 혼이라는 두 존재가 모두 될 것이라네."

"혼은 '몸의 엘리멘탈'의 또 다른 이름인가요?" 나는 강한 호기심을 느끼며 물었다.

"인간에게 있어 몸의 엘리멘탈은 혼의 그릇(vessel) 같은 것이지. 인간 세계의 동물은 개별화된 동물이 아닌, 집단 혼(group soul)의 일부로서 존재한다네. 그리고 동물들처럼 엘리멘탈도 집단 혼을 가지고 있네. 각각의 엘리멘탈, 그러니까 페어리, 데바, 놈, 고블린, 실프*, 스프라이트**, 레프리콘에게는 그 각각에 맞는 집단 혼이 있는 것이지. 예를 들어, 고양이들이 각기 개별화된 자아를 가지고 있긴 하지만 결국 그들 모두 고양이지 않은가. 우리도 마찬가지라네. 엘리멘탈들은 개별화된 자아를 가지고 있지만, 인간들보다 집단적 혼에 훨씬 더 많이 묶여 있네." 고대 엘리멘탈이 말했다.

그 순간, 마침내 내 친구 레프리콘이 입을 열었다. "100여 년 전에 형성된 새로운 학자들의 계급은 모든 계급의 다양한 엘리멘탈들로 구성되었소. 그래야 서로를 통해 다양성을 배울 수 있기 때문이었지. 우리 각자는 다양성을 배움으로써 개별화될 것이오. 우리 집단의 구성원들은 모두 몸의 엘리멘탈의 주인이기 때문에 우리 세계에서 이른바 돌연변이로 취급되고 있소. 다른 엘리멘탈들은 우리를 빽빽하고 밀도가 높다고 여기기 때문에 언젠가 우리는 엘리멘탈의 세계를 떠나 인간 세계로 가야 할 수도 있소."

---

* sylph: 물, 불, 공기, 흙의 4대 정령 중 하나로, 공기를 관장한다.

** sprite: 곤충 같은 날개를 가진 작은 인간형 요정.

"예외가 있네." 고대 엘리멘탈이 끼어들어 레프리콘의 말을 정정했다. "지금 많은 인간이 인간 세계의 진동을 바꾸는 작업에 참여하고 있네. 인간이 자신들이 베어낸 나무보다 더 많은 나무를 심고, 먹어야 할 만큼만의 생명을 죽이고, 신성한 계획과 조화를 이루어 일한다면 인간 세계의 진동이 더 가벼워지면서 우리 세계와도 더 가까워질 걸세. 그러면 오래 지나지 않아 과거에도 그랬듯 인간과 엘리멘탈의 세계가 서로 겹치기 시작할 것이야." 말을 하는 고대 엘리멘탈의 얼굴 위로 그리움이 스쳐 지나갔다.

"인간 세계를 방문한 적이 있나요?" 나는 정중하게 물었다.

"젊은 시절, 수백 년 전의 일이라네." 고대 엘리멘탈이 회상에 잠기며 말했다. "오래전, 인간과 엘리멘탈은 더 많이 닮아 있었네. 두 세계 모두 풍성한 숲과 초원, 깨끗한 개울물과 호수로 덮여 있었지. 인간은 물리적 환경이 그들의 영에 끼치는 영향력이 얼마나 중요한지 이해하지 못하고 있네. 인간이 자연과 가까이 살던 시절, 인간은 더 가볍고 깨끗했다네. 지금보다 지식은 부족했지만, 훨씬 더 지혜로웠지. 인간들의 몸과 영이 맑아지면 엘리멘탈을 더 자주 볼 수 있다네. 옛 인간들은 우리에게 기꺼이 음식을 내어주었고, 농작물이 잘 자라도록 도와준 우리들에게 고마워하며 계절이 바뀔 때면 축하연을 베풀어주었지. 인간들이 우리를 알아주면 인간 세계에서의 우리의 존재가 더욱더 강해지네.”

“인간과 엘리멘탈이 다시 함께 일하고, 놀 수 있을까요?”

“그렇다고 기록되어 있다네.” 고대 엘리멘탈이 대답했다. 그는 내 친구 레프리콘을 쳐다보았다가, 다시 나를 바라보았다. 그가 레프리콘과 나의 에너지를 하나로 엮는 것을 느낄 수 있었다.

“많은 인간이 오염과 탐욕으로부터 세상을 정화하는 작업을 하고 있네. 더불어, 많은 엘리멘탈이 지구를 지키기 위해 창조자가 되려 하고 있지.”

“왜 당신은 ‘우리 젊은 친구’처럼 몸의 엘리멘탈을 갖고 있지 않은 건가요?” 나는 고대 엘리멘탈이 레프리콘을 부르는 호칭을 놀리며 물었다.

“내가 젊었을 때는 창조자가 되는 선택을 할 수 없었네.” 고대의 존재가 대답했다. “그 선택을 제안받았을 때는 내가 창조자로 변화하기에 너무 늦은 시점이었지. 하지만 나는 우리 젊은 친구 같은 어린 엘리멘탈들에게 내 지혜를 전해줄 수 있다네. 그리고 그들은 나를 위해 그 지혜를 기억할 걸세. 나는 자네 같은 인간들과 작업할 수도 있네. 물론, 그가 나의 존재를 감당할 수 있을 정도로 강하고 가벼운 영을 지닌 인간이라면 말이네.”

우리들의 대담이 마무리되었다는 느낌이 들었다. 하지만 고대의 엘리멘탈이 레프리콘 종족인지 아니면 다른 종류의 엘리멘탈인지, 그리고 그의 재능은 무엇인지 너무나 궁금했다. 내가 막 물어보려던 찰나, 그가 말했다. "내일 우리는 다른 엘리멘탈 종족에 관한 이야기를 나눌 것이네. 이제 집으로 돌아가 옷을 갈아입을 시간이라네."

충격적이게도, 내 몸을 내려다보니 다시 할머니 잠옷 차림으로 돌아가 있었다. 고대 엘리멘탈과 내 친구 레프리콘은 웃으며 사라졌고, 어느새 나는 어질러진 침대 앞에 서 있었다.

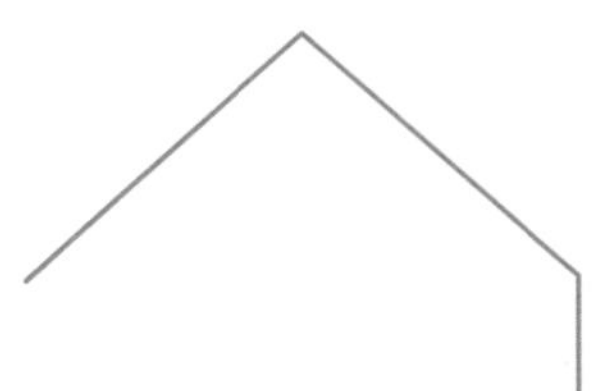

흙, 공기, 불, 물

나는 몇 가지 질문이 마음에 걸렸기 때문에 간절한 마음으로 빨리 다음 날 아침이 되기를 기다렸다. 마침내, 눈부신 햇살이 비치며 아침이 밝았다. 나는 의자 두 개와 찻잔 두 개를 챙겨 밖으로 나와 의자에 앉았다. 햇살에 한껏 취해 시원하고 상쾌한 공기를 들이마시고 있던 그때, 레프리콘이 빈 의자 위로 모습을 드러냈다.

"좋은 아침이오." 그가 모자 끝을 손으로 잡으며 인사를 건넸다. "당신은 어제 고대 엘리멘탈에게 상당히 깊은 인상을 남겼소. 이유는 잘 모르겠지만, 그가 오늘 당신을 다시 보고 싶어하오."

"그를 다시 만날 수 있다니 더없이 행복하네, 젊은이." 나는 내 옷을 멋대로 갈아입힌 전날의 사건을 복수하기 위해 기다렸다는 듯이 그를 놀렸다.

"그만하면 됐소. 계속하면 그곳에 데려가지 않을 거요." 그는 화난 척하며 나를 나무랐다.

"알겠어요, 휴전." 나는 제대로 된 옷을 차려입은 상태로 협상을 할 수 있다는 것이 기뻤다.

"휴전." 그가 나를 따라 말한 뒤, 손가락으로 내 뒤를 가리켰다. 그러자 검은 터널이 열리면서 나를 집어삼켰다. 눈 깜짝할 사이에 우리는 전날에 앉았던 울퉁불퉁한 참나무에 앉아 있었고, 바로 옆에는 고대 엘리멘탈이 있었다.

"당신들의 로브 가슴 부위에 수놓아져 있던, 각기 다른 휘장에 대해 생각해봤어요." 나는 마치 우리 대화가 끊어진 적 없다는 듯 말을 꺼냈다. 이것이 엘리멘탈 특유의 대화 방식이었다.

"그런데?" 고대 엘리멘탈이 결론을 궁금해하며 물었다. 고대 엘리멘탈의 대화 방식은 내 질문에 그가 대답하는 것이 아니라 그의 질문에 내가 대답하는 것이었는데, 그는 이런 대화 방식에 적응한 나를 보며 만족스러워했다.

"당신의 휘장은 당신의 혼에 담긴 재능과 관련이 있어요." 내가 말했다. 하지만 고대 엘리멘탈에게 혼이 없다는 사실이 떠올라 말을 정정했다. "내 말은, 당신 존재의 정수에 담긴 재능이요."

고대 엘리멘탈이 웃으며 대답했다. "정답이네. 그렇다면 내 휘장이 무엇을 상징하는 것 같나?"

나는 그의 로브 가슴 부위에 새겨진 불꽃을 보며 대답했다. "당신은 창조자의 신성한 불과 함께 타올라요."

고대 엘리멘탈이 고개를 끄덕이며 인정했다. 이번에는 그가 나의 가슴에 새겨진 장미를 가리키며 물었다. "그렇다면 자네의 휘장은?"

나는 말을 이어나갔다. "서양의 장미는 동양의 연꽃처럼 깨달음의 상징이에요. 나는 동양보다는 서양 신비주의 전통에 좀더 가까운 사람이니, 내 휘장이 장미인 것은 당연한 일이에요."

"나쁘지 않군." 고대 엘리멘탈이 대답했다. "그렇다면 이 젊은이의 네 잎 클로버는 무엇을 의미하는지 알겠소?"

"그가 아일랜드 태생이고, 클로버가 아일랜드를 상징한다는 것 외에는 모르겠어요." 나는 고대 엘리멘탈이 나 스스로 답을 찾게 만들지 않기를 바라며 대답했다.

고대 엘리멘탈은 내 친구 레프리콘을 바라보며 그가 대답하기를 기다렸다.

"엘리멘탈의 클로버는 기독교의 삼위일체를 상징하는 세 잎 클로버가 아닌, 네 잎 클로버요. 네 개의 잎은 우리가 관장하는 자연의 4대 원소, 즉 땅, 공기, 불, 물을 상징하오. 학자 계급의 모든 엘리멘탈은 이 휘장을 갖고 있소." 레프리콘이 나와 고대 엘리멘탈을 번갈아 쳐다보며 대답했다.

"다음 질문 있는가?" 고대 엘리멘탈이 지체하지 않고 바로 물어보았다.

"진화하는 엘리멘탈로서 당신은 어떤 종족에 속해 있나요?" 나는 무례한 사람처럼 보이고 싶진 않았으나 더 잘 이해하고 싶었기에 그에게 물었다. 그는 겉보기에는 인간형 페어리(fairly human)처럼 보였다. 비록 그보다는 좀더 작고, 전형적인 엘리멘탈의 눈처럼 눈꼬리가 치켜 올라가긴 했지만 말이다. 나는 혼란스러웠다.

"당신의 선입견이 진실한 인식을 방해한다네." 고대 엘리멘탈이 뼈 있는 말을 내뱉었다.

나는 복잡한 것을 단순하게 만드는 능력은 뛰어났지만 딱 봐도 명확해 보이는 것을 알아차리는 능력은 부족했다. 나는 명확히 보이는 것들에 주의를 집중하기로 마음먹으며 그의 휘장을 바라보았다.

"당신은 불의 엘리멘탈인가요?" 여전히 반신반의하며 내가 물었다.

"그렇네." 고대 엘리멘탈이 미소 지으며 대답했다. "지금의 내 모습은 자네가 편하게 느끼게끔 배려한 모습이라네. 다만, 자네가 나의 참된 내적 정수 속으로 들어왔을 때는 스스로 관찰한 것에 대해 더 주의를 기울여야 하네."

나는 불의 엘리멘탈에 관한 정보를 떠올리려 애를 썼다. 하지만 그들이 벽난로 속 불꽃으로 반짝하고 나타났다가 사라진다는, 그런 기본적인 정보밖에 떠오르지 않았다. '언딘Undine이라고 불렸던가? 아니야, 그건 물의 엘리멘탈이지. 실프? 아니야, 이건 공기의 엘리멘탈이었어. 불의 엘리멘탈의 이름이 떠오르지 않네. 하지만 어쨌든, 이 고대 엘리멘탈은 내가 생각했던 불의 엘리멘탈과는 전혀 닮지 않았어.'

"스스로 만든 선입견 때문에 또다시 막혀 있군." 고대 엘리멘탈이 내 마음을 읽으며 말했다. "지금 자네가 찾고 있는 단어는 살라맨더*라네. 자네가 가진 살라맨더의 이미지는 불의 엘리멘탈의 진화 단계 중 가장 초창기의 모습에서 기인한 것이지. 우리는 진화를 통해 창조자의 불을 점점 더 많이 실어 나르고 있다네."

"한 생애 안에서 그런 진화를 다 이룰 수는 없겠네요. 맞나요?" 내가 물었다.

"그렇다네. 마스터가 되려면 우리도 인간들처럼 수많은 생애

* salamander: 연금술사 파라켈수스에 의해 불의 정령으로 정립되었다. 영어로 불도마뱀을 뜻하기도 한다.

를 살아야 하지. 불은 최상위 엘리멘탈이라네. 자네 몸 안에도 인간들이 쿤달리니kundalini 에너지라고 부르는 그 불이 있네. 쿤달리니 에너지는 척수를 따라 중앙 에너지 통로를 이동하며 창조주(Creator)의 신성한 생명력을 운반한다네. 이 통로는 자네 몸 안에 있는 일곱 개의 주요 에너지 센터와 연결되어 있는데, 인간은 그것을 차크라chakra라고 부르지. 쿤달리니의 불은 일곱 차크라에 영양소를 공급하여 차크라와 연결된 모든 내장기관에 에너지를 공급한다네. 이뿐 아니라 인간의 혈액은 불의 에너지가 가진 생명력을 운반하지. 불은 인간 세계와 엘리멘탈 세계 모두에서 자신의 바람을 실현하는 데 꼭 필요한 요소라네. 불은 모든 것이 실현되게 하는 촉발제이자 불꽃이야."

그의 말을 들으니, 이번 여름 내내 정신력으로 불을 피우는 훈련을 했던 것이 떠올랐다. 나는 그것을 여러 차례 고생스럽게 시도했지만 결국 성공하지 못했다.

"진심으로 불을 지필 수 있다고 믿지 않았기 때문이라네. 자네의 부족한 믿음이 가능성을 없애버린 것이지." 고대 엘리멘탈은 무심한 듯 지팡이 끝에 불을 피우며 말했다. 지팡이는 횃불처럼 붉게 타올랐다. 갑자기 손안이 불룩해지는 것이 느껴져 아래를 내려다보니, 그의 것과 비슷한 지팡이가 내 손에 들려 있었다.

"이제 자네 차례라네." 그가 지시를 내렸다.

나는 내 의식이 나의 몸 안으로 들어가도록 한 다음, 뿌리 차크라에 주의를 집중했다. 뿌리 차크라는 불 에너지가 위치한 곳으로, 지구 에너지와 연결된 곳이다. 나는 내 몸에서 불의 에너지를 끌어올리며 지팡이 끝에 불이 붙는 상상을 했다. 그러자 불이 붙었다. 충격을 받은 나는 마음을 닫아버렸고, 불꽃도 사라졌다. 그래서 다시 시도해보기로 했다. 이번에는 고대 엘리멘탈의 지팡이의 불꽃이 내 지팡이로 옮겨붙는 상상을 했다. 그러자 정말 내 지팡이에 불이 붙었지만 이내 고대 엘리멘탈이 내 불을 꺼버렸다.

"그것은 반칙이네." 그가 미소 지으며 꾸짖었다. "자기 자신을 믿지 않는다면 스스로 이 방법을 익힐 수 없다네. 다시 해보게."

나는 내가 나의 불을 두려워하고 있다는 것을 깨달았다. 지난 수년간, 내 손과 몸에 아무것도 하지 않았음에도 화상과 물집이 생겼고, 그 때문에 병원 신세를 져야 했었다. 병원에서는 2도 화상이라는 진단을 내렸지만, 원인을 찾을 수 없었다. 피부를 진정시키는 유일한 방법은 불이 사그라질 때까지 1~2주씩 매일 목욕하는 것이었다. 그러면 놀랍게도 아무런 흉터 없이 몸이 완전히 치유되었다.

"그 화상들은 자네가 불을 세상으로 돌려보내는 그라운딩*과 채널링을 하지 않은 상태로 몸에 너무 많은 불을 지니고 있었기 때문이라네." 고대 엘리멘탈이 격려하듯 말했다. "자네는 반드시 세상 속으로 불을 흘려보내는 법을 배워야 하네. 그러면 다시는 화상이 생기지 않을 걸세. 불의 엘리멘탈인 내가 자네에게 가르침을 주도록 배정받은 것은 우연이 아니라네. 세상을 만드는, 훌륭하게 균형 잡힌 창조자가 되려면 4대 원소를 관장하는 법을 통달해야 해. 이것이 바로 이 행성을 창조한 존재, 바로 자네가 신이라고 부르는 존재가 한 일이라네. 특히 불은 3차원 세상에서 어떤 것을 빨리 만들어낼 때 필요한, 가장 중요한 원소지. 그럼 이제, 다시 해보게."

나는 내면의 불에 다시 주의를 집중하며 다시 한번 불이 나를 타고 올라오도록 했고, 온몸에 불이 붙은 느낌이 들 때까지 이것을 계속하였다. 그리고 혹여 사고가 날 수도 있으니 주변에 물의 엘리멘탈이 있기를 기도했다. 불이 피어올랐다 사그라들기를 반복했다. 거의 통제하지 못하는 수준이었다. 그래서 나는 불에 대한 긍정적인 생각을 창조하기로 마음을 먹었다. 그 즉시 난로에 불이 타오르는 아늑한 이미지 하나가 떠올랐다. 눈을 떠

* grounding: 신체를 전기적으로 지구와 다시 연결하는 행위 혹은 그러한 치유 기법.

보니 숲속에 놓여 있는 난로에서 멋진 불이 눈부시게 타오르고 있었다.

"이것이 바로 그동안 자네가 집중력을 통해 매일 창조하고 있었던 그 불이라네." 고대 엘리멘탈이 말했다. "불은 자네 세계보다는 우리 세계에서 훨씬 더 쉽게 나타나지. 인간 세계는 매우 무겁고 밀도가 높기 때문이라네. 자네는 지금까지 에테르계에서 불을 창조해왔다네. 에테르계에는 자네의 모든 생각이 저장되어 있어. 그러니 실패했다면서 절망하지 말게나."

이때, 고대 엘리멘탈과 나의 대화에 조용히 귀 기울이고 있던 내 친구 레프리콘이 대화에 끼어들었다. "이제 그녀를 다른 존재들에게 소개할 시간이 된 것 같군요."

"그러면 되겠군." 고대 엘리멘탈이 대답했다. "물의 엘리멘탈이 올 수 있는지 지켜보도록 하지."

잠시 후, 나무뿌리로 만든 의자가 하나 더 나타나더니 고대 엘리멘탈과 유사해 보이는 두 번째 엘리멘탈이 그 의자에 앉았다. 그의 얼굴에 천천히 미소가 번졌다. 불의 엘리멘탈은 허리를 숙여 인사하며 사라졌고, 그가 앉았던 의자는 다시 나무 속으로 흡수되었다.

물의 엘리멘탈을 향해 내 몸을 돌리자, 그의 가슴팍에 있는 짙은 푸른색의 파도 휘장이 눈에 들어왔다. 그의 눈은 불의 엘리멘탈과 매우 달랐다. 불의 엘리멘탈의 눈은 불로 번득이며 빛이 났다면, 물의 엘리멘탈의 눈은 깊고 푸른 바다의 평화를 담고 있었다. 내가 지금껏 다른 엘리멘탈에게 영향을 받았던 것처럼, 이번에도 물의 엘리멘탈로 인해 마음이 평온해졌다.

"바로 이런 게 필요했어요." 나는 깊이 숨을 들이마시고, 그의 평화로운 오라 속으로 서서히 빠져들고 있었다. 하지만 내 친구 레프리콘이 헛기침을 하며 나의 주의를 끌었다. 그는 고개를 좌우로 저으며 입을 다물라는 신호를 보냈다. '이번 공부는 규칙이 또 다른가 보군.' 나는 입을 꼭 다물며 생각했다.

"지금까지 공부해보니 우리 세계에 대해 어떤 생각이 드는가?" 물의 엘리멘탈이 점잖게 물었다.

"정말로 즐거워요." 내가 공손하게 대답했다. 나는 빙 돌려 말하는 그의 태도가 물의 엘리멘탈의 전형적인 특징인지 궁금해졌다. 그의 평화 속에 아주 깊이 자리를 잡고 나니, 우리가 말을 하든 하지 않든 점점 신경이 쓰이지 않았다.

"인간이 지나치게 많은 물을 지니고 있으면 나타나는 현상이네." 물의 엘리멘탈이 몽상에 빠진 나를 깨우며 말했다. "그리되면 인간은 게을러지고 마음이 굳지 못하며, 우유부단해지지."

나는 내가 여전히 생각할 수 있다는 것을 증명해 보이기 위해 평화 속에 잠잠히 가라앉은 기분을 끌어올리며 그에게 물었다. "그렇다면 얼마만큼의 물이 인간에게 적당한가요?"

"물의 '존재 상태'와 불의 '행위 상태'가 균형 잡혀 있을 때 올바른 균형 속에 있다고 할 수 있네." 물의 엘리멘탈이 대답했다.

나는 곁눈질로 내 친구 레프리콘을 힐끗 보았다. 레프리콘은 물의 엘리멘탈이 말할 수 있다는 사실에 놀란 듯했다.

"나도 말할 수 있네." 물의 엘리멘탈이 정중한 말투로 레프리콘에게 말했다. "자네를 가르칠 때는 침묵을 선호하는 것뿐일세. 만약 내가 자네의 인간 친구와 더 오래 있어야 한다면, 나는 그녀에게도 침묵할 거라네." 물의 엘리멘탈이 나를 바라보며 말을 이었다. "보다시피 나의 재능은 평화와 평온이네. 행위하는 것이 아닌 존재하는 것이지."

"당신에게서 평화가 느껴져요. 하지만 졸졸 흐르는 개울과 사나운 물결의 강, 그리고 폭풍이 치는 바다에는 당신이 말한 평화가 없는 것 같은데요."

그가 느긋한 미소를 지으며 대답했다. "아, 그것은 물의 진정한 본질이 아니라네. 그러한 현상은 불이나 공기가 물을 휘저어놓은 것이지. 물은 이 지구 행성을 이루는 기본 원소이고, 인간의 몸 대부분도 물로 이루어져 있네. 물은 자네 몸 안에서 불, 공기, 흙의 원소를 움직이게 하는 매개체라네."

그는 나를 바라보며 계속 말을 이어나갔다. "물은 자네 몸의 윤활유가 되어 몸이 잘 움직일 수 있도록 한다네. 맛을 느끼는 것도 다 입속의 침 덕분이지. 자네 혹시 꿈을 현실로 만드는 잠재력이 있는, 무의식의 물에 대해 생각해본 적이 있는가?"

물의 엘리멘탈의 말을 들으니, 내가 여름에 호수나 바다에서 수영하는 것을 얼마나 좋아하는지가 떠올랐다. 그럴 때면 지적인 사고와는 전혀 상관없는, 태고의 중요한 무엇인가가 회복되는 것이 느껴졌다. 가장 뛰어났던 나의 몇몇 통찰들은 샤워 중 명상을 할 때 떠올랐었다. 그런데도 나는 전반적으로 물보다는 불과 공기에 대해 더 잘 이해하고 있다고 생각했었다.

물의 엘리멘탈이 내 생각을 중단시켰다. "모든 존재는 자신과 조화를 잘 이루는 특정 원소가 있네. 하지만 불의 엘리멘탈이 자네에게 말했듯이, 창조자가 되기 위해서는 4대 원소 모두를 관장하고 이해할 필요가 있다네. 계속 수영을 하게."

물의 엘리멘탈이 말을 마치자, 또 다른 존재가 그 옆에 나타났다. 가슴팍에 아무런 휘장이 새겨져 있지 않다는 점을 제외하면, 물과 불의 엘리멘탈과 똑같았다. 물의 엘리멘탈은 조용히 우리를 지켜보면서 계속 그 자리에 앉아 있었다. 나는 새로운 엘리멘탈의 심기를 불편하게 만들고 싶지 않아 침묵을 지켰다. 아마 그것이 새로운 엘리멘탈을 향한 적절한 태도는 아니었을 것이다. 새로운 존재는 다른 두 고대 엘리멘탈과 비교해 더 투명해 보이는 모습으로, 존재의 경계선이 어디에 있는지도 명확하지 않았다.

"당신은 공기의 엘리멘탈이겠군요." 나는 그에게 질문했다.

"그렇네." 그는 나무 의자 위를 계속해서 떠다니며 행복하게 재잘거렸다.

"당신도 불이나 물의 엘리멘탈처럼 고정된 하나의 모습을 유지할 수 있나요?"

"물론 그렇게 할 수 있네. 땅의 엘리멘탈의 원소 중 일부를 빌린다면 말이네." 그는 대답을 마친 뒤, 즉시 형태를 갖추었다.

"자네에게 나의 진짜 모습을 보여준다면 나를 더 잘 이해할 수 있으리라 생각했네."

"제가 불의 엘리멘탈 속으로 들어갔던 것처럼 당신의 내부에 들어간다면 당신을 이해하는 데 도움이 될까요?"

"그렇게 해보게."

나는 그의 내부에 의식을 집중했다. 놀랍게도 그곳에서는 공간과 에테르 말고는 어떤 것도 발견할 수 없었다. 나는 공기 엘리멘탈의 의식을 찾아보았으나 공기 엘리멘탈은 어디에서든 나를 보고 들을 수 있었다. 그곳에서 빠져나온 나는 거기서의 경험을 이해하기 위해 애를 썼다.

"모든 물질 사이에 있는 공간이 바로 당신인가요?" 나는 이것이 정확한 해석이라고 생각하며 물었다.

"그것이 나일세." 공기의 엘리멘탈이 말했다. "인간 과학자들은 물질 속에 얼마만큼의 공간이 존재하는지를 이제 막 발견하고 있네. 내가 그 공간이네. 공기 원소를 통제할 수 있는 인간과 엘리멘탈은 시공간과 여러 차원들을 여행할 수 있네. 나는 스스로를 공기라기보다 공간이나 에테르로 인식하는 편이지. 공기는 내 정수의 부산물일 뿐이라네."

나는 그가 말하는 동안 그의 가슴을 유심히 들여다보면서 휘장이 어디 있는지 찾아보았다. 하지만 그의 가슴에 있는 것은 휘장이 아니라 아주 미묘해서 거의 보이지 않는, 소용돌이치고 있는 에너지 기류였다. 그의 눈 역시 다른 엘리멘탈과 달랐다. 그의 눈은 빈 공간으로 이뤄진 끝없는 구덩이 같아서, 주의하지 않으면 그 안으로 빠져버릴 것 같았다.

공기의 엘리멘탈이 레프리콘을 향해 고개를 끄덕이며 인사했다. "우리 젊은이가 자네를 우리에게 데려올 때도 나의 원소를 사용하지. 물론 공기의 원소를 이용해서 자네를 데리고 다른 곳을 방문할 수도 있고."

공기의 엘리멘탈은 내가 가르침에 대한 감사 인사를 하기도 전에 자취를 감추어버렸다. 그리고 또 다른, 훨씬 더 단단한 엘리멘탈이 그의 자리를 대체했다. 이번 엘리멘탈 역시 가슴팍에 있는, 다양한 색깔을 비추는 수정 휘장을 제외하면 앞선 세 엘리멘탈과 똑같았다. 그는 다른 세 엘리멘탈에 비해 훨씬 더 울퉁불퉁한 모습에, 눈동자 색이 녹색에서 갈색으로 계속해서 바뀌고 있었다. 땅의 엘리멘탈이 분명했다.

"앞선 세 엘리멘탈을 만났으니, 나도 만나야겠지." 그가 나를 향해 으르렁거리며 말했다.

나는 그가 왜 나에게 적대적인지 궁금했는데, 그런 내 생각을 땅의 엘리멘탈이 읽고 대답했다.

"자네 같은 인간들이 세상을 죽이고 있네." 그가 비난하듯 말했다.

"당신의 분노를 이해해요. 하지만 저는 개인적으로 그런 일을 하지 않고 있어요. 그리고 세상을 돕기 위한 긍정적인 일들을 하려고 노력 중이기도 하고요." 나는 나 자신을 변호하며 대꾸했다.

"자네는 할 수 있는 일의 절반만큼도 하지 않고 있네." 땅의 엘리멘탈이 반박했다.

우리의 관계는 시작도 전에 삐걱대고 있었다. 그래서 나는 다른 접근 방법을 택했다. "어쩌면 당신 말이 맞아요." 내가 대답했다. "아쉽게도 오늘 아침, 제가 이곳에서 긴 시간을 보냈기 때문에 내일 다시 대화를 나눈다면 세상을 위한 위대한 업적을 함께 성사시킬 수 있을 것 같다는 생각이 드네요. 제 제안을 승낙하시겠어요?"

나는 우리의 논쟁을 지켜보고 있던 물의 정령에게서 부드럽고 차분한 파동이 나오는 것을 느낄 수 있었다. 땅의 엘리멘탈은 고개를 돌려 동료 엘리멘탈로부터 무언의 메시지를 확인한 뒤, 다시 나를 바라보았다. 그는 감정을 가라앉힌 상태로 말했지만, 여전히 못마땅해하는 태도였다. "자네의 제안을 받아들이겠네. 내일 여기서 보세."

눈앞에 터널이 나타났고, 나는 다시 의자가 있는 정원으로 돌아왔다. 이곳을 떠날 때 막 떠오르고 있던 태양이 어느새 중천에 있었다. 의자 옆에는 반쯤 비워진 두 개의 차가운 찻잔이 놓여 있었다. 피곤에 지친 나는 찻잔을 집어 들고 부엌으로 가져간 다음, 소파에 드러누워 낮잠을 청했다. 땅 엘리멘탈과의 대립에 충격을 받은 나는 다음 날의 만남이 기대되지 않았다. 하지만 반드시 가야만 했다. 마치 전 인류가 저지른 범죄 때문에 내가 고발당한 것만 같은 기분이 들었다. 그리고 어떻게든 나의 종족을 변호해야 할 것 같았다. 나는 이런 역설적인 상황에 인상을 찌푸렸다. 평상시 같았다면 나야말로 다른 인간들이 지구에 저지른 일을 비난하는 사람이었는데, 어쩌다 이렇게 되었을까.

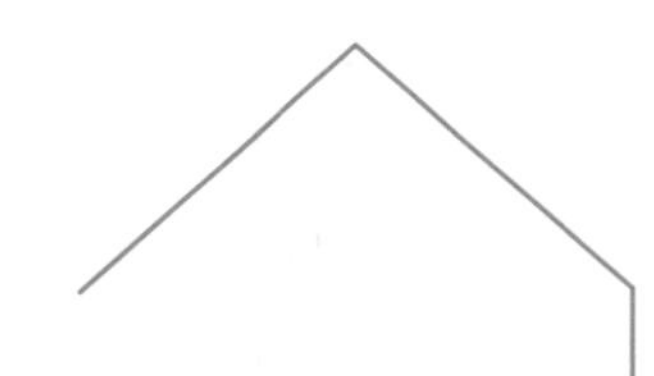

지구를 파괴하는 범죄들

다음 날 아침, 나는 명치에서 느껴지는 차가운 두려움을 부드럽게 달랠 수 있기를 바라며 찻물을 끓이고 있었다. '내 친구 레프리콘은 내가 그를 필요로 했을 때 어디에 있었던 것일까?' 나는 궁금했다. 그리고 그에게 마음속으로 도움을 요청하는 호출을 보냈다.

"나 여기 있소." 검은색의 긴 법복을 입은 레프리콘이 내 옆에 나타났다. 판사나 성가대원이 입을 법한 옷이었다. 어렵지 않게 오늘 그가 연기할 역할을 파악할 수 있었다.

"아이고 맙소사." 나는 물이 끓는 주전자의 전원 코드를 뽑으며 앓는 소리를 냈다. "나는 가지 않는 게 좋겠어요. 그냥 정원에 함께 앉아 꽃의 페어리를 만나면 안 될까요?"

"그건 다른 날에 합시다." 레프리콘이 근엄하게 말했다. "일단 지금은 차를 준비하고 떠나기 전에 잠시 대화를 나눕시다."

나는 주전자에 평소보다 티백 하나를 더 집어넣으며 '카페인이 도움이 될지도 몰라' 하고 생각했다. 그런 다음 욕실을 이리저리 배회하며 열심히 양치를 하고, 찬물로 세수를 했다. 그리고 침실로 들어가 울 스웨터를 입고, 일주일 동안 남쪽으로 여행을 가서 햇볕을 좀 쬐면 얼마나 좋을까 생각했다. 부엌으로 간 나는 찻주전자와 컵 두 개를 들고 밖으로 나갔다. 내 친구 레프리콘은 이미 의자에 앉아 기다리고 있었다.

나는 한숨을 내쉬며 맥없이 의자에 주저앉았다. 그리고 눈을 깜빡이면 오늘에서 내일로 순간 이동을 할 수 있기를 바라며 눈을 감았다.

나는 최고의 방어는 공격이라는 말을 들었던 것이 기억났다. 그래서 이렇게 말했다. "전 인류가 지구에게 저지른 일을 나 혼자 질책받는 것은 억울해요."

레프리콘은 아무 대답이 없었다.

"나 자신이 한 행위들에 대해서는 벌을 받을 준비가 되었어요. 그게 공평한 거라고요. 그렇지 않나요?" 내가 말했다.

레프리콘은 논쟁에 휘말리지 않으려 계속되는 침묵 속에 앉아 있었다.

"무엇보다도, 나는 당신 세계를 방문한 손님이에요. 당신 세계에서는 손님을 이렇게 대하나요?" 나는 배짱을 부리며 따져 물었다.

하지만 이내 아무 소용 없다는 사실을 깨달은 나는 한숨만 쉬었다. 차를 따라 붓고, 고집을 내려놓으며 내가 말했다. "언제 갈까요?"

"우리가 차를 다 마시면." 그는 양손으로 잡은 에테르체의 컵을 오므린 입술에 갖다 대며 대답했다.

아무 말 없이 앉아 있던 나는 재빨리 최악의 상황들을 생각해봤다. 하지만 대체로 똑같은 줄거리만 나왔다. '외딴 아일랜드 코티지에서 인간 하나가 실종되었고, 다시는 볼 수 없었다.'

나는 입을 다문 레프리콘에게 다시 말을 걸었다. "이 상황에 어떻게 대처하면 좋을지 조언해줄 수는 없나요?"

"미안하오. 그것은 허용되지 않은 일이오." 레프리콘은 빈 컵을 내려놓으면서 여전히 가득 차 있는 내 잔을 힐끔 쳐다보았다. 나는 불가피한 일을 최대한 미루기 위해 천천히 차를 마셨다. 결국, 나는 체념하며 차를 내려놓은 뒤 최대한 용감하게 말했다. "준비됐어요." 우리가 터널 속으로 사라지는 순간, 내 친구 레프리콘이 격려하듯 나에게 윙크를 보냈다.

어느새 나는 참나무가 심어진 작은 숲에 서 있었는데, 숲의 많이 것이 달라져 있었다. 나에게는 흰색 로브 대신 포대 자루 같은 옷이 입혀져 있었고, 옷에는 죽은 잎사귀들과 충격적인 이미지들이 매달려 있었다. 살충제에 중독된 새들, 동물들의 사체와 그 위에 총을 들고 서 있는 남자들, 숲 전체가 완전히 파괴되어 덩그러니 검게 그을린 나무 그루터기들만 남아 있는 모습이었다.

이 숲을 생각하면 평화가 떠올랐었는데, 이제는 숲 모든 곳에서 분노가 느껴졌다. 땅, 공기, 불, 물의 4대 엘리멘탈이 이전처럼 로브를 입고 내 앞에 서 있었다. 하지만 그들의 눈빛은 이제 예전 같지 않았다. 그들 내부에서 지진, 회오리바람, 화산, 폭풍우가 일으키는 원초적인 힘이 보였고, 그 에너지가 나를 향하고 있다는 사실에 두려움이 밀려왔다.

"지금 자네는 법정에 서 있네." 불의 엘리멘탈이 먼저 입을 열었다. "지구에 저지른 범죄들 때문이네. 어떻게 변호하겠나?"

"유죄입니다." 내가 대답했다. 인간 동료들과 내가 저지른 일들에 대해 내가 무슨 변명을 할 수 있겠는가?

"변론을 위해 하고 싶은 말이 있는가?" 물의 엘리멘탈이 물었다.

더 골똘히 생각하며 내가 대답했다. "무지 때문이었습니다."

"진술하게." 공기의 엘리멘탈이 세찬 돌풍을 일으켜 내 로브에 달린 잎사귀를 쓸어버리며 말했다.

"인간은 어린아이입니다. 막 태어난 창조자들이죠." 나는 이 말이 인류를 변호할 수 있기를 바라며 말했다. "우리는 무언가에 책임을 질 수 있는, 완전히 기능하는 어른으로서 판결을 받아서는 안 됩니다. 엘리멘탈과 다르게, 우리는 신성한 영과의 접촉을 상실했습니다. 신성한 영은 엘리멘탈이 지구를 위해 긍정적인 일을 할 수 있도록 인도하지요. 우리는 이러한 내적 안내가 없는 상태에서 올바른 법칙을 다시 발견하기 위해 시행착오를 겪으며 고군분투하고 있어요. 우리는 배탈이 날 때까지 계속 사탕을 달라고 떼를 쓰는 아이처럼 지구의 자원을 먹어 치웠고, 이제 그 결과로 인한 고통을 받고 있어요."

엘리멘탈들은 아무 대꾸도 하지 않고 경청하였고, 나는 말을 이어나갔다. "엘리멘탈처럼 인간도 하나의 종족으로서 심판받아서는 안 됩니다. 엘리멘탈과 인간 종족의 구성원들은 각자 다양한 진화의 단계를 거치고 있습니다. 이기적인 욕구를 채우는 탐욕스러운 인간들이 여전히 세상에 가득하다는 사실을 부인하지는 않겠습니다. 그렇지만 지난 40년 동안 변화가 일어나고 있습니다. 물론 이는 매우 짧은 시간에 불과합니다. 엘리멘탈의 일생에서는 더 짧은 시간일 테고요. 그래서 여러분은 눈치채지 못했을 겁니다. 하지만 점점 더 많은 인간이 자연을 보호하기 위해 일하고 있습니다. 우리는 우리가 죽인 숲을 다시 복원하기 시작했고, 스포츠를 위한 동물 사냥도 금지하고 있습니다. 또, 우리는 광물계(mineral world)의 수정으로 치유 작업을 하고, 식물과 대화를 나누고 있습니다. 그리고 먹이사슬 표에서 점점 더 아래쪽에 있는 음식을 섭취하고 있습니다."

그들은 여전히 내 말을 경청하고 있었다. 그래서 나는 계속 말했다. "아직 갈 길이 멀다는 것을 인정합니다. 다만 저는 인간이 더욱 책임감 있는 존재가 되기 위한 시도를 하고 있다고 말하고 싶었습니다. 그리고 우리는 여러분의 도움이 필요합니다."

내가 입고 있던 로브를 내려다보니 로브가 변하고 있었다. 죽은 나뭇잎에는 다시 푸릇한 기운이 서려 있었고, 죽은 숲의 나무 그루터기 사이사이로 어린나무가 자라고 꽃이 피어올랐다. 새집에는 두 개의 알을 품고 있는 독수리들이 앉아 있었고, 아프리카 대륙에서 코끼리를 향해 총을 겨누던 사람들의 손에는 카메라가 들려 있었다.

희망이 가득 찬 상태로 고개를 들어보니 나를 유심히 관찰하고 있는 4대 엘리멘탈이 눈에 들어왔다. 순간, 내가 엘리멘탈 세계의 4대 마스터들의 현존 안에 있다는 사실을 깨달았다. 나는 인간이므로 내 진화는 그들의 수호 하에 이루어지는 것이 아니었다. 이제야 나는 내가 엘리멘탈 세계와 인간 세계의 가교로서 이들과 함께 일하도록 보내졌다는 사실을 이해할 수 있었다. 그들이 나를 시험한 것은 일종의 입문식이었다. 이 입문식은 이번 여름에 인간 세계에서 겪어나가고 있는 그것과도 유사했다. 그들은 세상과 다른 존재들을 위해 봉사하겠다는 나의 의지를 시험하고 있었다.

4대 엘리멘탈은 내가 이러한 사실들을 충분히 이해할 수 있도록 침묵을 지켰다. 마침내, 전날 적대심을 드러냈던 땅의 엘리멘탈이 내 친구 레프리콘을 바라보며 물었다.

"자네의 판결은 무엇인가?"

나는 재판 과정에 지나치게 몰입한 탓에 내 친구의 존재를 까맣게 잊고 있었다. 오른쪽을 바라보니 레프리콘이 있었다. 그는 여전히 검은색 로브 차림에 한 손에는 판결봉을 들고 큰 탁자 뒤편에 앉아 있었다. 그는 판결봉으로 탁자를 내리치며 선언했다.

"인류의 행동은 무지 때문이었으므로 무죄를 선고합니다." 레프리콘이 대답했다. 그리고 나를 응시하며 계속 말을 이어나갔다. "그러나 그녀가 완전히 무죄인 것은 아닙니다. 저는 그녀에게 속죄할 것을 권고하는 바입니다."

"속죄라니, 어떻게 말인가?" 땅의 엘리멘탈이 판결에 동의하며 말했다.

"그녀에게는 엘리멘탈의 세계와 엘리멘탈의 진화에 관한 책을 써야 할 의무가 있습니다. 그러면 인간은 다시는 무지라는 변명을 쓸 수 없을 것이며 우리와 함께 지구의 치유를 위해 의식적으로 일하게 될 것입니다." 레프리콘이 굳세게 말했다.

"동의하네." 4대 엘리멘탈 모두 합의하며 말했다.

땅의 엘리멘탈은 나를 바라보며 다음 말을 이어나갔다. "책을 지금 당장 써야 하는 것은 아니네. 지금은 시기적으로 적절하지 않으니 10년 뒤에 쓰게. 당신은 책을 쓸 시기가 올 때까지 사람들이 우리의 메시지를 반갑게 수용할 수 있도록 그들의 생각과 마음을 준비시키게. 또한, 의식적 혹은 무의식적으로 우리와 함께 일하는 다른 사람들을 돕게."

"동의합니다." 내가 대답했다. 4대 엘리멘탈이 지팡이를 손에 쥔 채 나를 향해 몸을 돌린 다음, 내 몸 안으로 한 줄기의 에너지를 쏘아 보냈다. 그 충격으로 나는 정신을 잃고 쓰러졌다. 몇 시간이 흐른 뒤, 나는 정원에 있는 의자에 앉아 있었다.

함께 일하기

그날 저녁, 나는 식사를 마치고 정원에 앉아 오늘 경험한 것들에 대해 생각하고 있었다. 그런데 뜻밖에도 레프리콘이 나타났다. 그는 더 이상 검은 로브 차림이 아니었다. 그는 평상시에 입던 긴 녹색 조끼, 갈색 바지에 언제나 함께 다니는 검은 모자를 쓰고 있었다.

"내일이 돼야 나타날 줄 알았어요." 나는 그를 반기며 말했다.

"기다릴 수가, 도저히 기다릴 수가 없었소. 해야 할 일이 너무 많소." 그가 안절부절못하며 중얼거렸다.

나는 그의 학자 페르소나에 익숙해져 있었기에 〈이상한 나라의 앨리스〉에 등장하는 모자 장수처럼 허둥거리는 그의 모습을 보고 있자니 당혹스러웠다. 그를 진정시킬 차 한 잔을 준비하기 위해 일어서자, 그는 내 팔을 잡아 다시 의자에 앉혔다.

"시간이 없소, 시간이." 그는 여전히 흥분 상태였다.

"말해봐요. 무슨 일이 있었던 건지." 나는 최대한 그를 안정시키는 말투로 말했다.

"내가 책임을 지게 되었소." 그는 작게 속삭인 뒤 말을 멈추었다. 내게 어떤 중요한 비밀을 숨기고 있는 듯했다.

"무엇에 대한 책임이요?" 나는 그가 속 시원히 다 털어놓기를 바라며 물었다.

"책에 대한 책임 말이오. 당신이 얻는 모든 정보가 올바른 것인지 감수하고, 우리와 작업할 적합한 엘리멘탈을 섭외하고, 아무튼 모든 걸 다 해야 한다오!" 그는 모자를 벗고 이마의 식은 땀을 닦으며 대답했다. 이번만큼은 연기하는 것처럼 보이지 않았다. 나는 측은한 마음으로 그에게 물었다.

"내가 떠난 뒤 무슨 일이 있었던 거예요?"

"처음부터 시작하는 것이 좋겠소." 그는 짜증이 폭발하기 직전인 상태로 나를 바라보며 말했다. 마치 어린아이에게 무언가를 하나하나 설명하는 것만 같았다. "인간들은 시간 속에 갇혀 있기 때문에 무언가를 이해하기 위해서는 가장 처음으로 돌아가 이야기를 시작해야 하지." 그는 다시 모자를 썼고, 의자에 편히 기대어 누웠다. "당신이 깨달음을 얻기를 바라는 만큼, 나도 당신이 이곳에서 살기를 기대하고 있었소." 그는 영국 상류층의 고상한 말투를 흉내 내며 오만하게 마지막 단어를 내뱉었다. 그의 유머 감각이 부활한 모습을 보니 반가웠다.

"일전에 말했지만, 당신이 당신 세계 속에서 하는 것처럼 나도 나의 세계 속에서 같은 입문식을 준비하고 있소. 나는 당신을 통해 인간에 대해 많은 것을 배우고 있고, 또 당신에게 내 모든 연구의 결과물을 가르치는 중이오. 하지만…." 그가 잠시 말을 멈추었다. "방금 4대 엘리멘탈이 규칙을 바꾸었소. 나는 당신과 수년간 같이 일해야 하오. 당신이 책을 꼭 쓰도록, 또 올바르게 쓰도록 책임을 지게 됐단 말이오." 그는 괴로운 듯 손을 비비며 말했다.

"그럼 바뀐 규칙이 나에게도 적용되겠군요." 나는 그에게 위로를 건네며 말했다. "보세요. 나도 올여름 내내 명상을 하면서 깨달음을 얻어야겠다고 생각했었어요. 그런데 그 대신 엘리멘탈이 나오는 집에 살게 되었고, 인간을 변호하기 위해 당신 세계로 여행을 떠나기도 했죠. 지금 나는 깨달음을 얻지 못했을 뿐만 아니라 이 모든 경험을 10년 안에 반드시 책으로 써야 하는 상황이 되었어요. 10년 후에 과연 내가 이 사건들을 기억이나 할 수 있을지 의문을 가지는 이는 없던가요?"

"아, 기억에 대해서는 걱정하지 마시오. 내가 당신을 도울 테니까." 그가 오만하게 손을 흔들며 말했다. "그런데 그거 아시오?" 그가 대화의 주제를 바꾸며 말했다. "4대 엘리멘탈은 나를 더 빨리 창조자로 만들기 위해서 이런 결정을 내렸소. 하지만 그들이 도움을 주지는 않을 것이오. 그저 내가 어떻게 하는지 지켜만 볼 테지." 그는 아무 도움 없이 창조자가 되어야 한다는 생각에 또 불안한 듯 보였다.

"아, 걱정하지 말아요." 나는 그를 재치 있게 안심시켰다. "인간은 평생 자기 스스로 행동하면서 살아가거든요. 그 부분은 내가 당신을 도울게요."

우리는 서로를 쳐다보며 웃기 시작했다. 그리고 동시에 깨달았다. 나의 약점이 그의 강점이고, 그의 약점이 나의 강점이라는 사실을. 우리가 이러한 운명에 함께 던져진 것은 결코 우연이 아니었다.

내가 먼저 입을 뗐다. "4대 엘리멘탈은 당신의 스승이겠군요." 그리고 또 다른 생각을 덧붙였다. "그런데 그렇게 보이지는 않는 것 같아요. 아닌가요?"

"그렇소, 그분들은 나의 스승이요. 그런데 당신 눈에는 그들이 어떤 모습으로 비추어졌기에 그런 질문을 하시오?" 그가 내 질문에 의아해하며 물었다.

"그들 모두 똑같은 차림을 하고 있었잖아요. 흰머리에 수염을 길렀고, 길쭉한 모자에 흰색 로브 차림이요. 당신도 알잖아요."

그는 다시 웃음을 터트리며 대답했다. "내가 보는 모습과 완전히 다르오. 다 자란 엘리멘탈은 원하는 대로 모습을 바꿀 수 있소. 그러나 마스터들은 동시에 다른 존재들의 눈에 다른 모습으로 나타날 수 있다오. 그분들은 당신이 편안하게 느낄 만한 모습을 취한 거요."

"그럼 당신에게는 그들이 어떤 모습으로 보였나요?" 내가 물었다.

그는 내가 이해할 수 있는 언어로 설명해주기 위해 고심하는 듯했다. "땅, 공기, 불, 물은 계속해서 원하는 대로 자신의 모습을 바꾼다오. 그들은 때로 각 원소와 연관된 엘리멘탈의 모습을 하고 있기도 하오. 예를 들어 땅의 경우, 놈의 모습을 하고 있겠지. 때때로 그들은 파도, 수정, 회오리바람의 모습을 하고 있소."

그의 말을 들으니 4대 엘리멘탈의 가슴에 새겨진 휘장이 떠올랐다. 그 휘장들은 내 친구 레프리콘이 보았던 존재 그 자체의 축소판이었던 것이다.

"그들이 당신을 어떤 방식으로 가르치나요?" 내가 물었다. 4대 엘리멘탈은 분명 인간 교사들이 하듯 레프리콘을 말로만 가르치지는 않을 것이었다.

"엘리멘탈 마스터들은 우리의 몸 안으로 들어온다오. 그러면 우리는 그들이 누구인지를 온전히 경험할 수 있소. 이 방법을 통해 우리는 그들처럼 된다오." 대답을 마친 그는 슬퍼하며 다음 말을 덧붙였다. "하지만 이런 일은 점점 줄어들고 있소. 우리 계층은 인간처럼 점차 밀도가 높아지고 있고, 그 때문에 마스터들이 우리 몸속으로 들어와 우리를 변화시키는 것이 어려워졌기 때문이오. 대신, 이제 그들은 말로 더 많은 가르침을 전달하고 있고, 우리는 그들의 말에 따라 연습을 하오. 엘리멘탈이 이 같은 방식으로 배움을 얻는 것은 까다로운 일이라오. 하지만 인간은 이와 같은 방식으로 배움을 얻고, 나 역시 당신에게 대화를 통해 배움을 나누어주었소. 당신이 나의 엘리멘탈 마스터들에게 보내진 것처럼, 아마 나도 몇몇 인간 마스터들에게 보내질 것이오. 그러면 나는 인간의 진화에 대해 더 많은 것을 배울 수 있게 될 거요."

"당신이 다른 엘리멘탈을 가르칠 때, 당신도 그들 내부로 들어가나요?" 내가 물었다.

"그들이 허락하면 가끔 그렇게 하오. 다만, 내가 모든 엘리멘탈을 가르치는 것은 아니라오." 레프리콘이 대답했다.

"나는 내가 속한 계급 중 인간과 함께 일하기를 희망하는 엘리멘탈만을 가르치고 있소. 이 방식을 행하려면 내 몸의 엘리멘탈을 학생의 몸속으로 확장해야 하오. 그러면 학생은 내가 말한 것을 체험할 수 있소. 당신이 마스터들과 한 작업과 똑같소. 하지만 우리 계급 안에서는 언어로 가르치는 일이 많소. 우리 계급에는 너무나 다양한 종류의 엘리멘탈들이 있기 때문에 오랫동안 서로의 몸 안에 머문다는 것이 쉽지 않기 때문이오. 우리가 더욱 강해져서 본래의 정체성을 잃어버릴 가능성이 줄어들게 되면 이 방식을 더 많이 시도할 수 있을 것이오.

하지만 대다수의 엘리멘탈은 이렇게 배우지 않는다오. 다른 존재의 내부로 들어가는 엘리멘탈들은 대개 똑같은 종류의 엘리멘탈이 되는 것을 목표로 하오. 우리 계급은 예외적인 경우지."

나는 그가 내 몸 안으로 들어온 적이 없었기 때문에 그런 식으로 내가 그를 도울 수 있지 않을까 궁금해졌다.

"아니, 그건 도움이 되지 않소." 그가 내 생각을 감지하고 대답했다. "그건 너무 위험한 일이오. 당신의 자아는 나에게 너무나 강해서 내가 당신 몸에 들어가면 나는 당신과 똑같아질 것이오. 우리는 대화로 배움을 나누는 편이 좋소. 당신이 말하기만 해도, 당신의 정수가 나에게 흘러오기 때문이라오. 이것이 내가 할 수 있는 최선이오."

"하지만 우리가 불의 엘리멘탈을 만났을 때, 당신은 내가 당신의 내부로 들어갈 수 있도록 허락했잖아요." 나는 이해가 되지 않았다. “뭐가 다른 거죠?”

“당신과 나는 엘리멘탈 세계에 있었기 때문에 당신의 자아는 지금보다 훨씬 약한 상태였소. 그래서 나에게 전혀 위험하지 않았소. 하지만 여기, 인간 세상에서는 당신의 자아가 훨씬 강해지지.” 그가 대답했다.

“우리가 함께 시간을 보낼 때 뭔가 바꾸고 싶은 부분은 없나요?” 나는 우리의 배움을 극대화할 수 있기를 바라며 물었다.

“없소. 나는 우리의 진전이 뿌듯하오.” 내 바람을 감지한 그가 미소를 지었다.

대화를 나누는 동안 레프리콘은 점점 더 긴장을 내려놓았고, 스승들이 요구했던 것에 대해 더는 불안해하지 않았다. 다시 본론으로 들어갈 좋은 타이밍인 것 같았다.

“그럼 지금 우리가 잘 협력하고 있다는 것과 우리 둘 다 많은 걸 배웠다는 것에 모두 동의하는 거군요. 하지만 이제부터는 엘리멘탈과 인간이 함께 일할 수 있도록 어떻게 도울 수 있을지를 고민해야만 해요. 결국 그것이 우리의 목적이니까요.”

그는 내가 계속 말하기를 기다렸다. 우리가 인간에게 유리한, 새로운 영역을 개척한 것 같았다.

나는 더 많은 정보를 얻기 위해 자세히 캐물었다. “당신의 엘리멘탈 계급은 두 가지 이유로 인간과 함께 일하겠다고 서약했어요. 인간과 함께 일하면 당신의 계급은 창조자가 될 수 있고, 지구 행성도 도울 수 있으니까요. 당신 계급에 속한 엘리멘탈에게는 각자 함께 일할 사람들이 있는 건가요?"

"불행히도 그렇지 않소." 레프리콘이 대답했다. "두 가지 이유 때문이요. 첫째, 당신 같은 인간이 많지 않소. 이 일에 관심이 있거나 엘리멘탈 세계에 바로 접속할 수 있는 인간이어야 하오. 둘째, 나 같은 엘리멘탈이 많지 않소. 내가 지금 하고 있는 것처럼 인간 세계에서 스스로를 지탱할 수 있을 만큼 강한 엘리멘탈이어야 하오."

"엘리멘탈 마스터들이 말했어요. 10년이 지나면 인간은 엘리멘탈과 일하는 것에 더 큰 흥미를 보이게 될 거라고요." 내가 끼어들어 말했다. "그때까지 당신 계급의 엘리멘탈들이 인간과 일할 수 있을 만큼 충분히 강해질 수 있을까요?"

"내가 이 계급에 들어올 때 같이 합류했던 엘리멘탈, 그러니까 나이가 좀 있는 엘리멘탈은 지금도 그렇게 할 수 있소." 레프리콘은 생각에 잠긴 듯 턱을 쓰다듬으며 대답했다.

"새로운 엘리멘탈들이 강한 자아를 세울 수 있도록 당신과 내가 집중해서 돕는다면 그들은 10년 안에 준비가 될 거요. 이제 우리는 지구 행성을 돕기 위해 인간과 엘리멘탈이 협력할 방법이 무엇인지 이야기를 나누어야만 하오."

"들을 준비가 되었어요." 나는 두 귀가 거대한 엘프의 귀처럼 자랐다고 상상하며 말했다.

그는 나를 쳐다보며 웃음을 터트렸다. "당신이 그런 상상을 하면 에테르 차원에서는 진짜로 귀가 자란다는 것을 알고 있었소?" 그는 내가 그걸 몰랐다는 걸 알면서도 물었다.

나는 무의식적으로 손을 귀로 가져가, 귀가 커졌는지 확인했다.

"육체적 현실에서는 자라지 않소. 오직 에테르적 현실에서만 자라오." 내 친구 레프리콘이 나의 무지함에 고개를 저으며 말했다.

"인간은 자신의 모든 생각이 에테르에 기록된다는 사실을 모르고 있소. 강한 생각일수록 기록도 강하게 남는다오." 그는 나에게 이런 것은 기본이라는 듯 말했다. "인간들이 깨끗한 물과 건강한 숲을 상상하며 그 지역의 엘리멘탈에게 도움을 요청한다면, 엘리멘탈은 순식간에 지구의 풍요로움을 회복시킬 수 있을 거요."

"훌륭한 생각이에요. 하지만 인간이 계속해서 야생 동물을 소멸 직전까지 몰아가고, 오랜 세월 성장한 숲을 베어낸다면 어떻게 지구의 치유가 일어날 수 있겠어요?"

"당신 생각이 맞소. 당연하오. 두 가지 변화가 동시에 일어나야 한다오."

"그래서 절망적인 거예요." 나는 낙담하며 말했다. "한 사람이 명상을 하고 엘리멘탈과 대화를 나눈다고 한들, 수천 명의 사람이 작정하고 대지와 바다를 훼손한다면 무슨 소용이 있겠냐는 거죠."

"신성한 의지로 일하는 한 명의 사람이 그렇지 않은 수천 명의 사람에게 영향을 끼칠 것이오. 당신이 마스터들에게 말했던 것처럼, 인간은 변하고 있소. 우리는 반드시 그들의 변화된 모습을 상상해야 하오. 그들이 무엇을 해왔는지에 대한 낡은 이미지에 안주하면 안 된다는 말이오."

그가 인간을 옹호하다니, 신기했다. 나는 그에게 진지하게 물었다. "인간이 엘리멘탈과 가장 효과적으로 일할 수 있는 방법이 뭘까요?"

"그런 방법은 아주 많소." 그는 물어봐주길 기다렸다는 듯 말했다. "때가 오면 사용하기 위해 써둔 것이 있지. 나는 그것을 이렇게 부른다오."

1. 엘리멘탈의 존재를 믿는다. 인간의 믿음은 엘리멘탈을 강하게 만들고 엘리멘탈에게 에너지를 가져다준다.
2. 행복하고 열정적으로 산다. 엘리멘탈은 우울해하고 슬퍼하는 인간에게는 호감을 느끼지 않는다.
3. 가능한 한 자주 자연의 건강한 장소를 방문하라. 숲을 산책하고, 해변을 따라 걷고, 초원에 누워 새의 노랫소리에 귀를 기울이라. 지구의 올바른 파동과 일치되라. 그리고 지구가 원하는 것에 귀를 기울이라. 인간은 이러한 행동을 통해 자신의 주파수를 높일 수 있다.
4. 자연의 아름다움에 감사하라. 인간이 자연에 고마워할 때, 엘리멘탈은 인간에게 호감을 느낀다.
5. 나무를 심고, 꽃을 키우고, 새에게 먹이를 줌으로써 자연과 협력하고 자연과 함께 창조하라.
6. 나무와 꽃, 물과 산을 건강하게 하려면 그것들을 돌보는 엘리멘탈에게 에너지를 보내라. 기쁘고 감사한 마음으로 하라.
7. 자연에 감사하는 법을 다른 사람들에게 가르치라. 사랑과 기쁨으로 가르치라. 그러면 인간들은 지구가 무엇을 필요

로 하는지 이해하기 시작할 것이다.

8. 자연스럽게 일어나는 대로 행동하라. 지나친 계획과 체계로부터 자신을 해방하라.
9. 매일 빈둥거리는 시간을 가지라. 당신의 집 안과 머릿속에 빈자리를 만들어 마법이 일어나도록 하라.
10. 당신과 지속적으로 일하고 싶어하는 엘리멘탈과 접촉하고 싶다면 조용한 자연 속에 앉아 눈을 감고 그 엘리멘탈을 불러보라. 엘리멘탈의 이야기에 지속적으로 귀를 기울이라. 그리고 그의 제안에 따라 행동하라. 그러면 그 엘리멘탈과의 관계가 점점 더 강해질 것이다.

"훌륭해요." 나는 그를 자랑스러워하며 말했다. "하지만 당신의 제안은 인간이 무엇을 할 수 있을지에 더 많이 초점을 맞추고 있군요. 그럼, 나는 엘리멘탈이 무엇을 하면 좋을지에 대해 생각해볼게요." 나는 몇 분 동안 심사숙고한 뒤 말했다. "이제 읽어볼게요."

1. 모든 인간이 나쁘다는 편견을 갖지 않는다. 대신 인간 개개인을 조사해보면서 그들에게 내재해 있는 선(good)을 찾아보라.
2. 선의 불씨를 찾았다면 자신의 에너지를 불어넣어 그 선의 불씨를 확장시키라.
3. 인간이 식물, 나무 또는 돌에 주의를 집중하고 있다면, 그것들이 더 건강해지는 데 필요한 정보를 인간에게 알려주라. 인간이 그 메시지를 의식적으로 듣지 않는다고 하더라도 잠재의식을 통해 받아들일 것이다.
4. 자연을 돕기 위해 노력하는 인간을 발견하면 할 수 있는 모든 도움을 주라. 보통 인간은 엘리멘탈에게 직접 도움을 요청할 생각을 하지 못한다. 하지만 인간의 상위 자아는 엘리멘탈에게 도움을 요청한다.
5. 인간과 함께 놀라. 그러면 그들은 어린아이 같은 천진난만한 기쁨과 경이로움을 회복할 수 있다. 많은 인간이 우울한 상태에 머물러 있으므로 엘리멘탈이 가져다주는 기쁨이 필요하다.
6. 인간에게 엘리멘탈이 존재한다는 증거를 보여주라. 그러

면 엘리멘탈의 존재를 더 신뢰할 것이다.

7. 인간이 가진 용서, 사랑, 인내, 집중의 힘을 인정하라. 엘리멘탈은 인간과의 협력을 통해 이 자질들을 배우게 된다.
8. 몸의 엘리멘탈에게 말한다. 포기하지 말라. 계속해서 긍정적 변화를 촉진하는 상황 속으로 몸의 주인인 인간을 데리고 가라.
9. 엘리멘탈의 기준으로 인간을 판단하지 말라. 인간은 필연적으로 살아 있는 생명을 먹어야 하고, 그것을 배설해야 하며, 나이를 먹어야 한다. 하지만 인간은 이 과정을 통해 형태의 창조자, 여러 세계의 창조자가 되는 법을 배운다.
10. 인간에게 놀라움을 선사하라.

"당신 것도 정말 좋은 내용이오." 레프리콘이 말했다. "오늘 당신과 내가 이 작업을 아주 훌륭하게 시작했다는 생각이 든다오. 그럼 내일 봅시다. 그리고 손님 맞을 준비를 하시오."

'손님'이라니, 무슨 말일까? 레프리콘은 궁금증을 남긴 채 사라졌다.

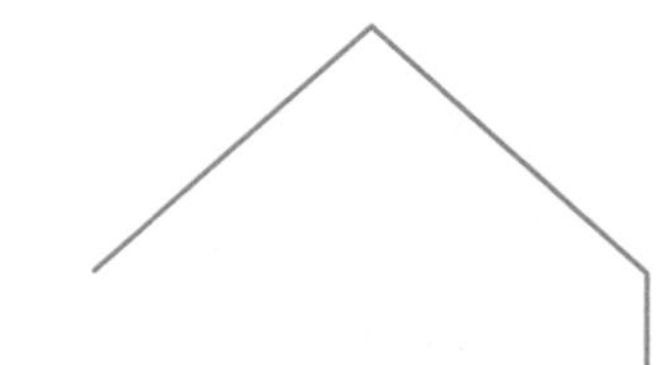

지구 중심부에서 온 존재

거의 매일 저녁, 나는 촛불을 켜놓고 침대 위에 앉아 저녁 명상에 들어갔다. 레프리콘과 오툴 부인의 방문이 없는 밤일 때면 코티지에 깊은 침묵이 내려앉았다. 거실 천장에는 조명이 하나밖에 없어서 책을 읽기가 힘든 데다, 성경을 제외하고는 마땅히 읽을 책도 없었다. 그래서 보통 오후 9시 30분에서 10시쯤에는 명상을 하기 위해 침대로 향했다.

나는 병에 뜨거운 물을 가득 채워 이불 밑에 넣어두었다. 이렇게 하면 발과 엉덩이가 닿는 곳이 금세 따뜻하게 데워지기 때문이다. 그런 다음, 옷을 벗어 잠옷 가운을 입고 그 위에 또 울 스웨터를 입었다. 그리고 침대 위로 뛰어들었다. 침대 옆 탁자 위에는 작은 등이 있었고, 그 옆에는 견진성사*를 받을 때 부모님이 주셨던 성경이 있었다. 거기에는 십계명을 들고 시나이 산 정상에 서 있는 모세, 나오미를 돌보는 룻, 어부들을 위해 파도를 잠재우는 예수의 모습을 그린 컬러 삽화가 들어가 있었다.

나의 저녁 의례는 복음서 몇 장을 읽는 것으로 시작되었다. 그다음에는 부정적인 사념체를 없애는 시각화를 하거나, 집중력을 높이기 위해서 촛불을 가만히 응시하는 것이 보통의 순서였다. 밴쿠버의 집과 이전에 하던 일에 관한 생각들이 중간중간 이를 방해하기도 했지만, 대체로는 나의 영성을 발전시키는 시간으로 썼다.

성경 읽기를 마치고 초에 불을 붙이는 순간, 방 한쪽 구석에서 나를 쳐다보는 한 존재가 느껴졌다. 내 친구 레프리콘도 아니었고 그동안 만났던 다른 엘리멘탈도 아니었다. 사실, 엘리멘탈인지 아닌지도 확신이 서지 않았다. 분명한 것은 그가 인간이 아니라는 것이었다.

나는 당황하기 시작했다. 나에게는 한밤중에 튀어나오는 존재들, 이번 여름에 맞서 싸워야 하는 사악한 존재들에 대한 두려움이 있었다. 나는 혹시 모를 대치 상황을 준비하며 굳게 마

* 가톨릭에서 그리스도인으로 입문하기 위해 받는 두 번째 성사이다.

음을 먹었다. 그리고 그의 실체를 면밀하게 들여다보면서 그가 자신의 의도를 명확히 밝히기를 기다렸다.

그는 고루해 보이는 검은색 정장 차림이었다. 특별히 크지 않은 키에 마른 체격인 그는 편안한 자세로 다리를 꼬고 앉아, 무릎 위로 새하얀 두 손을 포개어 올려놓았다. 그런데 그의 머리가 좀 기이했다. 일반적인 머리보다 큰 그의 머리는 둥글고 머리카락이 없었다. 눈도 아주 작았는데, 거의 보이지 않을 정도였다. 하지만 그가 나를 보고 있다는 사실에는 한 치의 의심도 들지 않았다.

그는 위협적인 행동을 취하지 않았고, 겨우 내 가슴이 진정되기 시작했다. 이런 나의 상태를 감지한 그가 입을 열었다. "당신에게 해를 끼칠 의도는 없습니다. 나는 당신에게 가르쳐줄 게 많기 때문에 여기 왔어요. 그러니 이제 일어나서 옷을 갈아입으세요. 밖으로 나갈 거니까요."

"잠깐만요." 내가 말했다. 그때 시각은 밤 11시 30분이었고, 나는 피곤한 상태였다. "내일 하면 안 될까요? 그리고 당신은 누구신가요?"

"이름은 중요하지 않습니다." 그가 귀에 익은 목소리로 대답했다. "내일까지 기다리는 것은 애석하게도 불가능합니다. 우리의 작업은 반드시 밤중에 이루어져야 하거든요."

따스한 침대를 떠나 이 낯선 존재와 차갑고 어두운 길을 걸어야 한다니, 이해가 되지 않았다. 나는 망설였다.

"이름을 말하고 싶지 않다면 적어도 어디서 왔는지는 말해주세요."

그는 무릎에 올려둔 두 손을 풀어, 긴 손가락으로 나를 지목하며 말했다. "당분간 불신하는 마음은 내려놓아야 합니다. 어차피 내가 어디에서 왔는지 믿기 어려울 테니까요."

지나친 요구사항이었다. 나는 진실과 거짓을 가려내기 위해 비판적 자세를 유지하는 편이 좋겠다고 생각했다. 그리고 그에게 이러한 내 생각을 투사했다.

"비판적 자세가 중요한 게 아닙니다." 그가 대답했다. "배움을 얻기 위해서는 무엇이 가능하고, 가능하지 않은지에 대한 믿음을 근본적으로 바꿔야 합니다."

나는 본래의 질문에서 벗어나고 싶지 않아 다시 한번 물었다.

"당신은 누구신가요?"

그는 아주 작은 눈으로 나를 응시하며 침착하게 말했다. "나는 지구의 중심부에서 온 존재입니다." 그는 잠시 말을 멈추고 자신의 말이 받아들여지기를 기다린 뒤, 다시 말을 이어나갔다.

"우리는 이 지구 행성에서 살아온 오래된 종족입니다. 인류보다 훨씬 더 오래되었죠. 우리는 인간이 사는 차원에서 살지 않습니다. 우리는 인간과 거의 접촉하지 않지만, 이 행성에서 벌어지는 모든 변화를 자각하고는 있습니다. 우리는 영적 법칙에 따라 지구의 자연스러운 균형을 재건하도록 도울 인간들과 함께 일하고 싶습니다. 이것이 현재 당신이 하는 일이자, 내가 여기 있는 이유입니다."

예상치 못한 방문이기는 했지만, 내가 그의 종족을 전혀 모르는 것은 아니었다. "수년 전에 한 친구가 당신 종족에 관한 책을 나에게 빌려주었어요." 내가 말했다. "존 우리 로이드John Uri Lloyd가 쓴《에티도르파Etidorpha》라는 책이었어요. 나는 그 책의 내용이 사실인 것 같아서 굉장히 깊은 감명을 받았어요. 하지만 나는 지금까지 그 개념을 내 현실에서 지워버리고 살아왔어요. 그 개념 때문에 많은 내적 갈등이 생겼거든요. 그리고 아주 이상한 일이 있었죠. 나는 친구에게 빌린 그 책을 돌려주고, 새 책을 사러 서점에 갔어요. 그런데 서점 직원은 그 책에 대해 들어본 적이 없다면서 그 어떤 도서목록에서도 그 책에 대한 기록을 찾을 수 없다고 하더군요."

그는 나를 향해 인자한 미소를 지은 뒤 말했다. "존 우리 로이드를 가르친 그 책 속의 존재가 바로 나입니다. 나는 인간 세계에 파견된 대사大使예요."

"어떻게 그럴 수 있죠? 그 책은 100년도 더 전에 나온 건데요." 내가 말했다.

"우리는 엘리멘탈처럼 아주 긴 수명을 갖고 있기 때문이지요" 그가 대답했다. "자연의 법칙과 조화를 이루기만 한다면 인간도 우리 종족이나 엘리멘탈 종족처럼 긴 수명을 누릴 수 있습니다. 자, 이제 저와 함께 떠날 준비가 되었나요?"

재빨리 결정해야만 했다. 하지만 나는 그의 요청이 두려웠다. 단순히 그의 존재에 대한 불안뿐만 아니라 이 길목에 사는, 인간을 싫어하는 엘리멘탈들 때문도 있었다. 나는 어린 시절부터 어둠 속에서 나를 찾아오는 존재들이 무서웠다. 특히나 밤이 되면 타고난 예민한 감각이 더 날카로워져서 다른 세계에서 온 존재들을 쉽게 알아차릴 수 있었다. 나는 내가 그들 세계로 빨려 들어가거나, 반대로 그들이 나의 세계로 들어오는 것을 방지하기 위해 나 자신을 보호하는 법을 배워야 했다. 그러니 한밤중에 이 별난 존재와 밖으로 나가 걸어 다니는 일은 내가 가장 두려워하는 일 중 하나일 수밖에 없었다. 그렇지만 이번 여름을 이곳에서 보내는 데는 두려움을 극복하려는 목적도 있었다. 의식적인 창조자가 되기 위해서는 반드시 두려움을 극복해야만 했다. 나는 '믿음의 도약'* 으로 마음을 굳게 먹고 침대에서 빠져

* leap of faith: 일반적으로 종교적 믿음과 관련된 행위로서 무형인 것, 증명할 수 없는 것, 경험적 증거가 없는 것을 믿거나 받아들이는 행위이다.

나와 옷을 찾았다.

그는 내가 옷을 갈아입는 사이에 사라졌다. 나는 비옷을 걸치고 스카프를 두른 다음, 차가운 밤공기가 가득한 밖으로 걸어 나갔다. 때는 자정이었다.

그가 내 옆에 다시 나타나 나와 함께 길을 걸었다. 그는 길 아래를 향해 왼쪽으로 몸을 돌렸고, 나도 그의 뒤를 따랐다. 눈이 어둠에 익숙해지자 나는 하늘을 올려다보았는데, 하늘에는 별이 많이 떠 있었다. 하지만 나는 어느 게 어느 별인지 감별할 수가 없었다. 그런 광경을 본 것은 그날 밤이 처음이었다.

"당신에 대해 조금 더 이야기해 주시겠어요?" 나는 안심할 수 있는 정보를 하나라도 더 얻고 싶은 간절한 마음으로 물었다.

"우리 종족은 인간보다 훨씬 뛰어난 방식으로 원소들을 마스터했습니다. 우리는 지구의 전자기력을 조작하여 시공간과 여러 차원 사이로 움직일 수 있습니다." 그가 대답했다.

"당신들의 방법과 엘리멘탈의 방법은 어떻게 다른 건가요?"

나는 시공간 여행에 얼마나 많은 종류가 있을지 궁금해하며 물었다. 시공간 여행은 내가 이번 여름에 배울 수 있기를 기대하고 있었던 부분이었다.

"우리는 엘리멘탈과 다릅니다." 그가 대답했다. "우리 종족은 인간처럼 훈련 중인 창조자들이라는 점에서 엘리멘탈과 다릅니다. 당신도 들었다시피, 종족으로서의 엘리멘탈은 이제 막 창조자가 되는 방법을 배우고 있습니다. 하지만 인간과 우리 종족은 수백만 년 동안 이 길을 걸어왔지요. 내 종족은 지구에 사는 모든 존재의 진화를 감독하는 고위 계급과 함께 일합니다. 이 계급은 인간, 엘리멘탈, 우리 종족, 그리고 다른 존재들로 구성되어 있습니다. 이 계급의 구성원들은 지구 같은 행성의 운명을 결정지을 정도로 강한 창조자가 되기 위해서 자기만의 특별한 방식으로 진화를 해왔습니다. 지구 내부에 있는 존재들의 특별한 역할은 바로 지구를 도와, 지구를 지각 있는 존재로 발전시키는 것입니다."

"그러면 인간은 그 계획에서 어떤 역할을 하고 있나요?" 나는 또다시 인간이 벌인 행동들에 대해 내가 변호를 해야 하는 것은 아닌지 걱정하며 물었다.

"처음 인간이 이 행성에 도착했을 때, 우리 종족은 인간이 형태를 창조할 수 있도록 지구의 원소를 사용하는 법을 가르쳤습니다. 그리고 지구가 점차 견고해지면서, 우리 종족은 진화를 계속하기 위해 지구 내부로 철수하기 시작했어요. 그 이후, 아틀란티스 시기에 우리 종족 중 일부는 계속해서 지구의 전자기력 흐름을 이용하는 법칙과 양극성의 법칙을 가르쳤습니다. 하지만 불행히도 욕심에 눈이 먼 인간들이 이 지식을 이기적인 목적을 위해 사용하면서, 아시다시피 아틀란티스는 파괴되어 버리고 말았지요. 우리는 아틀란티스의 멸망을 목격했습니다. 우리는 지구의 표면에서 벌어지는 모든 일을 보았기에 성스러운 계획과 일하고 있었던 아틀란티스인들에게 미리 경고를 했었지요. 그 덕분에 그들은 멸망 전에 지구의 다른 곳으로 피신할 수 있었습니다. 그리고 그것이 우리가 인류를 도운 마지막 사건이었습니다."

그의 이야기에 몰두해 있는 사이, 우리는 벌써 갈림길에 다다랐다. 이제 선택해야 했다. 공동묘지를 향해 올라갈 것이냐, 바다를 향해 내려갈 것이냐. 나는 그가 내리막길을 선택하기를 바랐지만 그는 오르막길을 택했다.

"당신 종족의 목적은 지구 그 자체가 지각 있는 존재가 될 수 있도록 돕는 것이군요. 그러면 당신 종족의 목적과 인류의 목적은 어떻게 결부되어 있는 건가요?" 내가 물었다.

"인간은 창조자가 되는 법을 배우는 중입니다. 그러기 위해서는 작업할 수 있는 원재료가 필요하죠." 그는 내가 잘 이해할 수 있을 만한 이미지를 생각하느라 잠시 말을 멈추었다. "인간은 모래밭에서 성 쌓는 방법을 배우며 놀고 있는 어린아이들이나 마찬가지입니다. 지구는 그 원재료를 공급하고요."

"당신 종족은 한 태양계에서 다른 태양계로 여행을 떠나면서 행성들이 지각 있는 존재가 되도록 돕고 있나요?" 나는 대화의 주제를 바꾸어 물었다.

"그렇습니다." 그가 기뻐하며 말했다. "그것이 바로 우리가 현재 배우고 있는 일이자, 우리가 하나의 종족으로서 진화하는 방법입니다. 행성 표면에서 진화 중인 다른 존재와 함께 일하는 것은 부차적인 일이지요. 우리는 오직 고위 계급의 특별한 요청을 받았을 때만 이렇게 가르침을 나눕니다."

"진화한 인간과 엘리멘탈 마스터들로 이루어진, 지구에 있는 모든 존재들의 진화를 감독한다는 그 고위 계급 말이죠?"

"바로 그겁니다. 우리 종족 또한 고위 계급의 구성원입니다." 그가 대답했다.

"그럼, 이제…." 그가 대화의 주제를 바꾸며 말했다. "당신의 교육 과정을 시작해야겠습니다. 당신이 가장 먼저 배워야 할 것은 이것입니다. 당신이 딱딱하다고 생각하는 것은, 실은 그렇지 않습니다. 내가 한밤중에 나타난 것은 이 시간대가 당신 세계와 다른 세계들 사이의 베일이 훨씬 더 얇아지는 때이기 때문입니다. 낮에는 불가능하다고 생각했던 일들을 지금은 할 수 있습니다."

그가 잠시 멈추고, 길 양쪽의 산울타리를 가리키며 말했다.

"저 산울타리는 고체가 아닙니다. 당신은 저 울타리를 통과할 수 있어요. 한번 시도해보십시오."

나는 '이 울타리는 고체가 아니야, 단단하지 않아'라고 생각하며 앞으로 걸어갔다가 산울타리를 들이박고 말았다. 그래서 뒤로 다시 물러서며 다른 기법을 찾아보았다. 나는 눈을 가늘게 뜨고 눈의 초점을 흐렸다. 그리고 동시에, 의지와 시각화의 힘을 결합하여 산울타리를 통과하는 터널을 만들었다.

터널을 통과해서 걸어 나가려고 하는 순간, 말소리가 들렸다.

"멈추세요! 터널을 만들지 마십시오. 그건 마법사들이 하는 행동입니다. 이런 행동은 다른 차원들을 폭파시켜 구멍을 내게 되는데, 그러면 그 구멍이 존재하는 곳의 생명체들은 모조리 죽게 됩니다. 당신은 그런 방법을 쓰는 대신 산울타리의 실체를 봐야만 합니다. 산울타리에는 약간의 물질 원자들만이 있을 뿐, 대부분은 빈 공간으로 이루어져 있습니다." 그는 말을 마친 뒤 자신의 팔을 산울타리 사이로 통과시켰다가 다시 빼냈다.

나는 그가 한 행동을 똑같이 하는 상상을 했다. 그가 한 일이 가능하다는 것은 알았다. 문제는 그것을 나도 할 수 있다는 믿음이 없다는 것이었다. 나는 산울타리에 부딪혔다. 피터 팬처럼 날아보려다 실패했던 어린 시절이 떠올랐다. 이번 여름만 해도 정신력으로 난로에 불을 붙이기 위해 지극정성으로 연습했지만 그것 역시 실패였다. 나는 반신반의하며 산울타리를 향해 몸을 던졌다. 예상처럼 또 실패였다. 나는 몸에 박힌 가시를 빼내고 우비를 털면서 그의 눈치를 살폈다.

그는 허리에 양손을 올리고 안 되겠다는 듯이 나를 쳐다보며 말했다. "애처로운 시도였습니다."

"통제력을 잃어버릴까 봐 두려운 걸지도 모르겠어요." 내가 말했다. "다른 세계에서는 나도 이걸 할 수 있다는 것을 알아요. 하지만 이 세계에서도 그런 행동을 할 수 있다고 믿기는 좀 힘드네요." 나는 마음속으로 지인들과 나를 비교해보았다. 그들이 이를 시도한다 해도 나보다 더 잘할 수는 없을 것 같았다. 이런 생각을 하자 조금 안심이 됐다. 게다가, 나는 그보다 밀도가 높은 존재였다. 그러니 그는 되고, 나는 안 되는 것이 당연했다.

그는 내 앞으로 팔을 쭉 내밀며 말했다. "나를 만져보십시오."

손을 뻗어 그를 만졌다. 놀랍게도 그의 팔은 나만큼 단단했다.

"그럼 이제, 다시 한번 나를 만져보십시오."

그가 시키는 대로 하자, 이번에는 나의 손이 그의 팔을 그대로 통과해버렸다. 나는 그를 쳐다보며 이 상황을 설명해주기를 기다렸다.

"간단합니다." 그는 모든 것을 꿰뚫어 보는 듯한 그 조그만 눈으로 나를 응시하며 말했다. "나는 내가 원하는 대로 원자의 배치 형태를 달리할 수 있습니다. 조금 더 견고한 몸을 원할 때는 원자를 몸의 표면으로 옮기고, 투과성이 높은 몸을 원할 때는 몸 전체로 원자를 퍼트립니다. 나는 이러한 원리로 산울타리를 통과할 수 있고, 당신도 나와 똑같이 할 수 있습니다. 눈을 감고 당신의 몸과 산울타리가 더 가볍고 투명해진다고 상상해 보십시오. 그리고 산울타리를 통과하는 자기 자신을 상상하십시오. 그러면 당신의 원자는 충돌하지 않을 겁니다."

나는 그의 안내를 따라 마음속으로 이미지를 상상했다.

"이제, 산울타리 속으로 들어가십시오." 그가 명령했다.

나는 상상 속의 이미지를 유지하면서 앞으로 걸어갔고, 또다시 산울타리에 몸이 걸렸다.

"이건 불가능한 일 같아요." 나는 답답해하며 말했다.

"이번엔 훨씬 잘했습니다. 대부분의 인간은 1, 2, 3차원만을 의식합니다. 당신에게는 이것들이 고정된 점, 선, 정육면체로 보일 겁니다. 하지만 차원은 총 12차원까지 있습니다. 당신이 몸의 엘리멘탈이라고 부르는 당신의 에테르체는 4차원에서 작용하며, 그동안 당신이 요구했던 것들을 행해왔습니다. 하지만 당신 마음속에는 3차원의 현실에서는 이 일을 성공할 수 없다고 믿는, 대단히 큰 저항이 있습니다. 당신이 성공하는 장면을 상상한다고 해도 당신 마음은 그것을 할 수 없다고 말하고 있는 것이죠." 그의 말이 전적으로 옳았다. 나는 이 내적 갈등을 너무나 잘 알고 있었지만, 불신을 없앨 방법이 떠오르지 않았다.

"그렇다면 내가 더 높은 차원에서는 이걸 할 수 있다고 믿는다는 말인가요?" 내가 물었다.

"네, 물론이죠." 그가 대답했다. "감정적 영역이 아닌, 당신의 상위 멘탈 영역과, 영적 영역에는 당신이 이미 이것을 해냈다고 기록되어 있습니다. 하지만 대부분의 인간은 5차원 위로는 의식하지 못하죠. '위(above)'라는 것은 정확한 표현은 아닙니다. 모든 차원이 동시에 존재하기 때문이지요. 이렇게 말하는 편이 더욱 정확할 것 같군요. 차원이 높을수록, 에너지는 더 순수하고 감지하기 어려울 정도로 섬세합니다. 당신은 이 섬세한 파동에 보통 사람보다 더 많이 접근한 상태입니다. 당신은 자신의 책인 《운명의 해독》을 쓰기 위한 정보를 얻으려 상위 차원에 귀를 기울이면서 자신의 재능을 계발해왔죠. 하지만 지금 산울타리를 통과하려는 것과 같이 사적인 의도로 상위 차원에 몰두할 때는 3차원 현실의 믿음들을 제거하지 못해 상위 차원으로 올라갈 수 없는 것이 당신의 상황입니다."

나는 스스로에게 실망했다. 단단한 물리적 세상에서의 경험을 초월하려면 내 신념을 상위의 차원의 것으로 변화시켜야 했는데, 그 방법을 도무지 알 수가 없었다.

"일단 오늘은 여기서 마무리를 할까 합니다. 어떻습니까?" 그가 의견을 물었다.

나는 마음을 놓으며 동의했고, 우리는 묘지를 향해 계속 걸었다. 피곤에 지친 나는 따뜻한 침대로 돌아가고 싶은 마음이 간절했다.

묘지에 거의 다 왔을 때, 그가 걸음을 멈추었다. "오늘 밤은 이 정도로 충분한 것 같습니다. 내일 계속하도록 하죠. 물론, 당신이 외출하겠다면요." 그가 말했다.

나는 열성적으로 고개를 끄덕였고, 우리는 침묵 속에서 코티지까지 긴 길을 되돌아가기 시작했다. 한 시간이 1분처럼 느껴지는, 시간이 존재하지 않는 기분이었다. 그는 바깥 대문 앞에 멈춰 서서 "내일 밤 자정에 다시 찾아오겠습니다" 하고 말한 뒤 사라졌다.

나는 멍한 상태로 코티지 안으로 들어갔다. 조명을 켜고 시계를 보니 새벽 3시 30분이었다. 서둘러 옷을 벗고 침대 위로 쓰러졌다. 뜨거운 물병에는 여전히 온기가 남아 있었다. 나는 물병을 끌어안고 깊은 잠 속으로 빠져들었다.

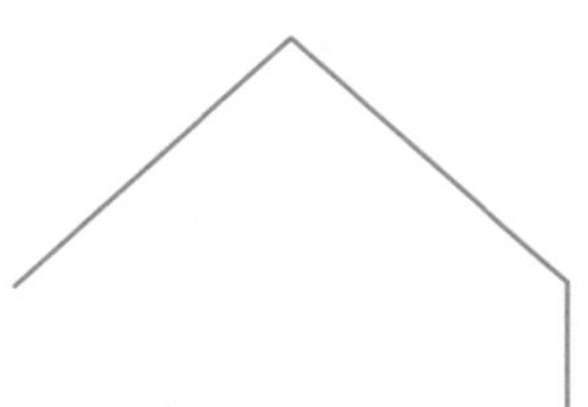

대사가 돌아오다

나는 번쩍 눈을 뜨며 잠에서 깼다. 지구의 중심부에서 온 존재와 밤새 밖을 돌아다니는 꿈을 꿨다. '잠깐!' 그것은 실제로 일어난 일이었다. 가시덤불에 긁힌 손을 내려다보니 산울타리가 기억났다. 그리고 오늘 자정에 그 존재와 다시 만나기로 한 약속도 떠올랐다. 이불을 머리끝까지 뒤집어쓰고 다시 잠이나 자려는 그때, 갑자기 레프리콘의 목소리가 들렸다.

"안 돼, 그럴 수 없소." 그가 내 잠을 방해하며 말했다. "어젯밤의 손님에 관한 모든 이야기를 듣고 싶소."

"나는 언제쯤 평화를 누릴 수 있을까요?" 내가 볼멘소리로 말했다. "낮에는 당신을 만나고, 이제는 밤에도 그 대사를 만나요.

이러니 내가 깨달음을 얻지 못한 건 당연하지 않나요?"

이 웃긴 상황을 생각하자 웃음이 나왔고, 나는 레프리콘과 대화를 하기로 마음먹었다. 그렇게 웃으면서 침대에서 몸을 일으킨 나는 레프리콘에게 텔레파시로 잠시 기다려달라고 부탁한 뒤 화장실로 향했다. 그러면서 '깨달음을 얻으려면 누구나 이런 일을 겪어야 하는 걸까?' 하는 의문이 들었다. 만약 그런 것이라면, 깨달음의 경험을 순진하게 기다리고만 있을 가여운 인간들에게 동정심이 들었다.

일을 마치고 침실로 돌아온 나는 침대 담요를 집어 들어 소파 위로 던졌다. 그리고 두꺼운 울 담요를 덮고 소파 위에 웅크려 앉았다. 머지않아 내 친구 레프리콘이 담요 속 내 옆자리에 나타났다.

"자, 전부 말해보시오." 그는 기대에 찬 목소리로 외쳤다.

"내게 뭔가 말할 거리가 있다는 걸 어떻게 확신하죠? 나는 어제 자기 전에 성경책을 읽으면서 차분하게 저녁을 보냈던 것 같은데요." 내가 그를 놀렸다.

"기독교인이 되는 것을 고려해볼 수도 있소." 그가 농담으로 받아치며 대답했다.

"아니, 정말로요. 어젯밤에 손님이 왔다는 건 어떻게 안 거예요?" 나는 계속 미소를 지으며 말했다.

그는 얼굴을 붉히며 망설이다 대답했다. "우연히 대화를 들었소."

"누구와의 대화요?" 나는 그의 대답을 유도했다.

"대사와 내 스승 중 한 분이 나누는 대화였소." 레프리콘이 내 눈을 잘 마주치지 못하며 대답했다.

"인간에게 파견되는 대사와 엘리멘탈에게 파견되는 대사가 같나요?" 나는 호기심이 발동하여 물었다.

"아니, 그렇지 않소. 엘리멘탈을 위한 대사가 따로 있소."

"엘리멘탈에게 파견된 대사가 엘리멘탈 마스터와 함께 그런 얘기를 할 일은 없지 않나요? 그러니까, 인간에게 파견된 대사가 인간을 방문했다는 얘기를 말이에요. 어쩌면…." 나는 긴장감을 더하기 위해 말을 멈추었다. "그들은 당신이 자신들의 대화를 엿듣길 바랐을 수도 있죠." 나는 그들에 대해 농담을 하며, 내 계략에 쉽게 빠져드는 레프리콘을 지켜보는 것이 재밌었다.

그는 담요를 한쪽으로 치우고 꼿꼿한 자세로 바로 앉으며 얼굴을 붉혔다. "내가 엿듣길 바랐던 이유가 뭐인 것 같소?" 그가 대답했다.

"그러면 당신이 나에게 지구의 중심부에서 온 존재들에 대해 모두 말해줄 테니까요." 나는 내 추측이 맞기를 바라며 말했다.

"음…." 그는 턱을 쓰다듬다가 내 함정에 속아 넘어갔다는 사실을 눈치채고 온화하게 웃으며 대답했다. "당신 생각이 맞을 수도 있소. 그들이 의도한 대로 해야겠지."

그는 잠시 생각을 정리한 다음 이야기를 시작했다. "지구 중심부에서는 지구에서 진화하고 있는 모든 종족을 위해 대사를 파견하고 있소. 그중 엘리멘탈에게 파견된 대사는 내가 있기도 전부터 엘리멘탈과 일을 해왔소. 인간과 달리, 엘리멘탈은 지구 중심부에 있는 그 존재들에 대해 늘 알고 있었다오. 그들은 보통 엘리멘탈과 교류하지 않소. 하지만 마스터들이나 놈, 드워프처럼 땅의 원소와 직접적으로 관련된 엘리멘탈과는 이야기를 나눈다오. 그들은 우리 계급이 형성된 후, 우리에게도 여러 차례 가르침을 주었소."

"그 대사는 당신에게 뭘 가르치나요?" 나는 레프리콘과 내가 배운 가르침에 어떤 차이가 있을지 궁금했다.

"대사는 우리에게 지구의 중력과 양극성을 유지하는 방법에 관하여 가르쳐주고 있소. 대사의 종족이 지구를 떠나면 엘리멘탈이 이 작업을 수행해야 하기에, 미리 준비가 되어 있어야 하오. 대사는 지구의 중심부로 우리를 데려가기도 했소. 그의 종족들이 해왔던 일들을 우리에게 직접 보여주기 위해서였소. 또, 대사는 우리 몸속에 있는 원자를 움직여서 몸의 밀도를 더 높이거나 낮출 수 있도록 가르치고 있소. 나에게는 그 작업이 어렵소.” 레프리콘은 어깨를 으쓱했다.

“하지만 당신이 벽난로 선반에 손을 통과시키는 장면을 봤는걸요. 우리 집 벽을 뚫고 걸어 나가는 것은 말할 것도 없고요. 원자를 움직여서 그렇게 하는 거 아닌가요?”

“아니라오. 엘리멘탈은 4차원에 살기 때문에 그런 일쯤은 나에게 식은 죽 먹기요. 반대로 생각해보시오. 내가 몸의 밀도를 높여 단단한 3차원의 인간처럼 보이고 싶어한다 해도 나는 그것을 할 수 없소. 하지만 대사가 가르쳐준 대로 내 몸의 원자를 움직일 수 있다면 나도 당신처럼 단단한 모습으로 보일 수 있을 거요.”

나는 나만 그 훈련으로 고생하는 것이 아니라는 게 반가웠다.

“지난밤에 무엇을 배웠소?” 그가 물었다.

“당신의 대사가 당신에게 가르쳐준 것을 나도 그에게서 똑같이 배웠어요. 하지만 성공적이지는 않았어요.” 나는 아쉬워하며 대답했다. “분명한 건, 이 배움이 인간과 레프리콘 종족 모두에게 중요하다는 거예요.”

“몸속 원자의 움직임을 통제할 수 있다면 훨씬 더 많은 차원으로 여행을 떠날 수 있을 거요. 다양한 차원에 살고 있는 존재들에게 영향을 끼치지 않고서 말이오.” 내 친구 레프리콘이 열정적으로 반응했다. “우리가 만날 때마다 당신과 나의 원자가 섞이고 있고, 그 덕분에 우리는 변화하고 있소. 우리가 함께 대화를 나누거나 서로에 대해 생각만 해도 우리의 원자는 함께 움직인다오. 당신도 나도, 현재로서는 이를 통제할 수 없소. 하지만 우리가 다른 차원들로 여행을 떠났을 때 그곳 존재들의 원자와 섞이지 않으려면 반드시 이를 통제하는 법을 배워야 하오."

"당신은 지금 몇 개 차원으로 여행을 떠날 수 있나요?" 내가 궁금해하며 물었다.

"나는 세 개의 차원을 의식할 수 있소. 바로 엘리멘탈, 인간, 광물의 세계라오. 그리고 지금은 지구 중심부 세계를 의식하는 법을 배우고 있소."

나는 내가 의식할 수 있었던 여러 차원에 대해 생각해보았다. "내 생각에 나는 인간, 천사 그리고 엘리멘탈의 세계를 의식할 수 있는 것 같아요. 그리고 지금은 마스터들의 세계를 의식하는 방법을 배우고 있고요." 내가 말했다.

"당신, 몸의 엘리멘탈의 세계를 빼먹었소. 당신은 그곳도 의식할 수 있소." 그가 나를 상기시켰다.

"나는 열두 개의 차원이 존재한다고 들었어요. 당신이 가지고 있는 정보와 일치하나요?" 나는 내가 들은 게 맞는지 한 번 더 확인해 봐야겠다는 생각에 물었다.

"나 또한 그렇게 들었소." 레프리콘이 대답했다. "지구 중심부에서 온 그 존재는 아마도 당신에게 중력과 양극성을 조절하는 법을 가르칠 거요. 중력과 양극성이 크리스털을 키운다는 사실을 알고 있소?"

갑작스럽게 밀려드는 엄청난 양의 공부 거리에 압도된 나는 애원했다. "우리 오늘 하루는 쉬면 어떨까요? 오늘 밤 대사가 방문하기 전에 쉬는 편이 좋을 듯해서요."

"그렇게 하시오." 자리에서 일어서며 그가 대답했다. "내일 봅시다." 이 말을 마지막으로 레프리콘은 사라졌고, 나는 남은 하루를 쉬면서 보낼 수 있도록 홀로 남겨졌다.

자정까지 깨어 있는 것은 고역이었다. 나는 옷을 다 차려입은 상태로 침대에 앉아 성경책을 읽었는데, 30분마다 하품을 하며 시간을 확인했다. 어느새 나는 앉아 있는 상태로 꾸벅꾸벅 졸고 있었다. 자정이 조금 넘은 시각, 눈을 떠보니 대사가 전날 밤에 앉아 있던 의자에 똑같이 자리를 잡고 앉아 있었다. 대사는 인내심을 갖고 내가 잠에서 완전히 깨어날 때까지 기다려주었다.

"미안해요." 나는 제정신을 차리기 위해 애를 쓰면서 말했다. "내 평생 올빼미 체질이 아니었거든요."

"그 말과는 반대로, 사실 당신은 놀라울 정도로 밤에 활동적이죠. 기억을 못할 뿐입니다." 대사가 사실을 바로잡았다.

"굉장히 많은 꿈을 기억하고 있기는 해요. 당신 말이 그런 의

미라면요."

"당신은 침대에 누워 있는 몸이 무엇을 하고 있는지를 기억하고 있을 뿐입니다." 대사는 자세히 설명했다. "당신의 의식이 어디로 가는지 혹은 무엇을 하는지는 기억하지 못하고 있어요."

"헷갈려요." 내가 말했다. "침대에 남아서 몸을 돌보는 존재가 몸의 엘리멘탈이고, 몸을 떠나는 존재가 나의 상위 의식인가요?"

"정확합니다." 대사가 대답했다. "당신 몸의 엘리멘탈은 잠자는 시간을 사용해서 그날의 기억을 통합시킵니다. 그리고 그 기억들을 저장하기 전에 기억을 다시 불러오기도 합니다. 기억들에 대해 생각하고 소화시키기 위해서죠. 그러는 동안, 당신의 상위 의식은 다른 세계를 여행합니다. 당신이 이러한 야간여행을 하고 있을 때, 우리는 만난 적이 있습니다. 물론 기억하지는 못할 겁니다."

"죄송해요. 기억이 없네요." 나는 대사를 향해 애교 섞인 미소를 지었다.

"전혀 문제 될 것 없습니다." 대사는 회답 인사를 하며 대답했다.

"당신이 밤에 잠을 많이 자는 이유 중 하나는, 당신의 밤중 의식이 상당히 활발하기 때문입니다. 상위 의식은 자신의 작은 일부분인 낮 동안의 자아, 즉 당신들이 자아라고 부르는 그것에 만족하지 못합니다."

"내가 뭘 잘못하고 있는 건가요?" 나는 비생산적인 습관을 고치고 싶다는 생각으로 물었다.

"부분적으로, 당신이 자신의 재능을 지나치게 억제하고 있다는 측면에서 그렇습니다." 대사가 초점 없는 눈으로 나를 쳐다보며 대답했다. "또 다른 이유는, 밤에 모든 세계들과 일을 하면서 각 왕국의 일부분을 다른 왕국으로 가져가려고 애쓰기 때문에 그런 것이죠. 당신은 여러 세계들 사이의 메신저랍니다. 당신은 무언가를 배우고 있을 뿐 아니라 가르치고 있기도 합니다."

"아침에 일어났을 때 기운이 하나도 없는 날들이 있는데, 다 이유가 있었군요." 나는 심각한 척을 하며 말했다. "지구 중심부에 있는 당신과 당신 종족을 내가 방문한 적이 있었나요?"

"여러 번 그랬죠." 대사가 대답했다. "당신이 크리스털에 대한 깊은 사랑과 관심을 가진 이유 중 하나입니다. 우리는 당신에게 각각의 크리스털이 가진 특징을 가르쳐주었고, 인간이 크리스털로 작업을 하려면 그것을 어떻게 이용해야 하는지도 알려주었습니다. 당신이 그런 정보에 접속하여 책을 쓸 수 있었던 것은 바로 이 때문입니다."

"우리가 수면 의식 상태에서 일을 잘 해왔다면 당신은 왜 깨어 있는 의식 상태인 나를 찾아온 거죠?" 나는 의아해하며 물었다.

"당신은 이제 더 이상 자신을 분열시켜 여러 다른 차원과 일할 수 없는 진화 단계에 이르렀어요. 그래서 나와 당신의 친구 레프리콘 그리고 당신 몸의 엘리멘탈이 여기 있는 겁니다. 당신의 낮의 자아와 밤의 자아, 하위 자아와 상위 자아는 합쳐지는 중입니다."

"다들 나보다 나에 대해 더 많이 알고 있는 것 같군요." 나는 살짝 심기가 불편해졌다.

"그건, 인간이 분열되었기 때문입니다. 엘리멘탈도 우리 종족도 잠을 자지 않거든요. 우리는 인간처럼 분열되지 않습니다."

"엄청나군요." 나는 놀라워하며 대답했다. "그런데 인간은 어째서 분열을 일으키는 거죠?"

"인간들은 분열을 가리켜 '신의 은총을 잃었다'(fall from grace)고 표현하더군요. 스스로 운명을 선택하기 위해 자유의지를 사용하기 시작했으니까요." 대사는 계속 말을 이어나갔다. "인간은 낮 동안 자아를 강화하고, 밤에는 신성한 자아로 일합니다. 자아가 강해질수록 신성한 자아에 더 많은 것을 줄 수 있습니다. 이 방법을 통해 인간은 창조자로 진화합니다."

"당신 종족도 창조자들이죠." 나는 전날 밤에 대사가 나에게 했던 말을 떠올리며 말했다. "당신 종족과 인간의 진화 사이에는 어떤 차이점이 있죠?"

"내 종족은 지구가 갓 형성되었을 무렵, 양극성과 중력을 사용하는 법을 배웠습니다. 오늘날과 비교했을 때, 지구는 훨씬 부드러운 기체 상태에 가까웠죠. 우리는 이를 배움으로써 재능과 지식을 발전시켰고, 다른 종족과의 접촉을 통해 생각과 지혜의 유연성을 키웠습니다. 우리는 신성한 계획에서 벗어나는 것이 아니라, 신성한 계획의 본질을 더 많이 구현함으로써 창조자가 되었죠. 하지만 인간 종족은 완전히 다른 의식을 발달시키고 있어요."

그가 일어서며 말했다. "이제 떠날 때가 되었군요. 오늘은 이 생각들을 떠올리며 주무십시오. 이 정보들이 당신의 두 부분을 하나로 융합시켜줄 겁니다."

나는 편안한 밤을 기대하며 안도의 숨을 내쉬었으나, 그에게는 주문사항이 있었다. "내일 나는 여기에 오지 않을 겁니다. 대신, 당신을 위해 과제 하나를 내주겠습니다. 내일 자정, 그 오래된 아일랜드식 공동묘지로 가십시오. 그런 다음 고대 고인돌이 있는 곳으로 가서 그곳에서 밤을 새우십시오. 이 훈련은 한밤중에 마주치는 존재들에 대한 두려움을 없애는 데 도움을 줄 겁니다."

그는 이 마지막 말과 함께 머리를 살짝 숙여 작별 인사를 한 다음 침실을 떠났다. 문이 열리거나 닫히는 소리는 듣지 못했지만, 그가 떠났다는 것을 알 수 있었다.

'지옥으로부터의 일시적인 해방이군.' 나는 다음 날의 시련이 벌써 걱정되기 시작했다. 그냥 묘지도 무서운데, 네 개의 거대한 돌이 서 있는 그 고인돌에서 밤을 지새운다는 것은 더 무서웠다. 그곳은 고대에 비밀 입문식이 이루어졌을 법한 장소였다. 나는 옷을 벗고, 침대 안으로 미끄러지듯 들어갔다. '너무 무서워서 잠이 안 올지도 몰라.' 잠들기 전, 내 마지막 생각이었다.

비전 퀘스트

다음 날 내내, 나는 마음을 졸였다. 명상을 하려고도 했지만 도저히 집중할 수가 없었다. 하지만 마을에 장을 보러 간 덕분에 한 시간 정도는 겨우 다른 생각에 빠져 있을 수 있었다. 말할 것도 없이, 내 친구 레프리콘은 코빼기도 비치지 않았다.

매 시간, 내 주위로 에너지가 쌓이는 느낌이 들었기에 이날 밤이 대단히 중요하다는 것에는 한 치의 의심도 없었다. 하지만 내게는 그 어떤 일보다 묘지에서 혼자 하룻밤을 보낸다는 것이 가장 무서운 일이었다. 나는 내 삶이《지킬 앤 하이드》의 실사판이 되어가는 게 아닐까 하는 생각이 들 때가 많았다. 오툴 부인과 마을 사람들에게 나는 데이비슨 씨의 코티지를 빌린 관광객이었고, 그것은 분명히 내 현실의 일부였다. 하지만 내가 밤중에 길을 헤매고 다니면서 무덤가에 갔다는 사실을 그들이 알게 된다면 도대체 뭐라고 할까?

내 두려움을 털어놓을 사람이 한 명도 없었다. 의지할 사람은 오직 나 자신뿐이었다.

약간의 저녁을 챙겨 먹은 후였다. 점점 자정이 가까워지고 있었다. 나는 묘지에 가지 않을 방법이 없을까 고민했다. 밖에는 비가 오고 있었고, 춥고 어두웠다. 하지만 침대는 따뜻하고 안전했다. 나는 대사의 방문이 내 상상에 불과하다며 나 자신을 설득하려고도 했다. 하지만 그의 존재를 부정하게 되면, 레프리콘과 함께 지낸 여름 전체의 현실을 부정하는 것이 되어버렸다. 또한, 내가 어린 시절부터 겪어왔던 모든 경험도 부정하는 것이었다. 그러니, 아니다! 이 같은 다른 세계들이 실재한다는 증거는 너무나도 많이 있었다.

게다가 나는 너무나도 잘 알고 있었다. 이번 야간 비전 퀘스트는 깨달음을 향한 내 바람과 연결되어 있었다. 그러니 선택의 여지는 전혀 없었다. 두려움을 직면해야만 했다.

자정이 되기 직전, 나는 방수가 잘 되는 우비에 스카프를 두르며 가능한 한 따뜻하게 옷을 챙겨 입었다. 그리고 문을 열어 혼자 길을 나섰다. 비는 사그라들 기미가 보이지 않았고, 하늘에는 달빛도 별빛도 없이, 칠흑 같은 어둠뿐이었다. 몇 분 지나지 않아 안경에 빗물이 묻어 앞이 거의 보이지 않았다. 사실상 눈이 먼 것과 다름없던 나는 물이 가득 차오른 도랑에 빠지지 않기 위해 안간힘을 쓰며 걸었다. 하지만 울퉁불퉁한 길에 있던 물웅덩이에 연달아 신발이 빠져버리는 바람에 발이 흠뻑 젖고 말았다.

나는 불편해진 몸의 느낌을 애써 무시하려 노력했다. 그리고 길을 걸으며 내가 다가오기를 기다리고 있는 고블린들이 있는 건 아닌지 샅샅이 훑었다. 순간, 고블린들의 존재가 느껴졌고 나는 그들의 공격에 대비했다. 내가 취약할 때를 노려 공격하는 게 그들의 목적이라면 지금이 적기였다. 나는 비를 맞으며 낮 동안 자주 걸어 다녔던 그 길을 따라 빠르게 앞으로 나아갔다. 질척거리는 발걸음을 하나씩 옮길 때마다 공동묘지에 가까워졌다. 이윽고, 목적지에 도착했다. 앞에 문이 어렴풋이 보였다. 나는 내 몸을 둘러싼 영적 보호막을 심상화하면서 묘지 문의 빗장을 풀고 안으로 들어갔다.

들어가자마자 불행하게 죽은 수많은 유령들을 볼 수 있었다. 코티지를 떠난 이후, 처음으로 내면의 목소리가 들려왔다.

"가운데 있는 비석에 앉으시오." 목소리가 말했다.

내가 함께 작업했던 존재의 목소리 같지는 않았다. 하지만 그 목소리가 시키는 대로 따라야 한다는 것은 알 수 있었다. 나는 목소리가 말한 돌을 찾아 앉았다. 그러자 유령들이 나를 따라왔다. 어떤 유령은 눈물을 흘리고 있었고, 어떤 유령은 칼을 들고 나를 협박했다. 나는 잔뜩 겁을 먹은 상태로 숨을 죽이고, 보호막을 한층 더 강화했다.

"보호막을 낮추시오." 목소리가 말했다. "그대는 이 유령들을 사랑해야만 하오. 당신이 당신의 사념체를 대한 것과 똑같은 방식으로 말이오. 이 유령들은 곤경에 처해 있소. 일부 유령들은 자신이 죽어서 지옥에 있다고 생각하고 있소. 그리고 또 다른 유령들은 자신이 여전히 살고 있다고 생각하면서 고통받고 있소. 당신은 반드시 저 유령들에게 죽음을 납득시켜야 하오. 그리고 저들을 인도하여 다음 고향으로 데려가기 위해 기다리고 있는 천사들을 볼 수 있도록 도와야만 하오."

나는 흐느끼는 여인들과 길 잃은 자들을 향해 보호막을 낮추는 상상을 할 수 있었다. 하지만 칼로 나를 찌르려는 남자들과 마주하는 것은 다른 문제였다.

"보호막을 낮추는 작업이 핵심이오. 그렇지 않으면 당신은 항상 두려움에 떨 거요." 목소리가 말했다.

'사랑으로 보호막을 치고 있어보자.' 나는 이렇게 마음을 먹고, 보호막을 가슴으로 옮겨왔다. 가슴은 내가 안전하다고 느끼는 장소였다. 나는 필요하다면 에테르체를 사용해서 나 자신을 방어할 수 있다는 것을 알고 있었다.

"그만!" 나는 내 주위를 떠도는 유령들에게 소리쳤다. "당신들은 내 말을 들어야 해요."

그러자 이리저리 돌아다니던 유령들이 멈추어서 나를 쳐다보았다. 하지만 그들은 내 말에 집중하지 못하는 것 같았다. 그때, 위협적인 태도를 취한 남자 유령들 중 하나가 손을 들어 칼로 나를 공격하려 했다. 나는 그의 손목을 잡고 말했다. "그만! 나는 당신을 도우려고 여기 있는 거예요."

그가 동작을 멈추었다. 이러한 내 말이 그를 한 자리에 붙잡아놓는 데 도움이 된 듯했다. 하지만 다른 일부 유령들은 내 말을 받아들이지 못하고 나에게 달려들었다. 그러자 내 에테르체에서 수많은 팔들이 나와서 나를 공격하는 유령들의 손목과 팔을 붙잡았다. 이제야 모두의 주의를 집중시킬 수 있었다.

"당신들은 모두 죽었어요." 나는 본론부터 말했다. 그들이 얼마나 집중을 유지할 수 있을지 알 수 없었기 때문이다.

그러자 여인들이 일제히 울부짖으며 자신들의 옷을 찢기 시작했다. 남자 유령들은 나를 죽이기 위해 더욱 악착같이 덤벼들었다. 나는 마음을 열고 그들에게 사랑을 쏟아부었다. 그러자 그들이 즉시 진정되었다.

"난 당신을 믿지 않아." 유령들의 우두머리가 나에게 침을 뱉었다.

"주변을 둘러보세요." 나는 그들 모두에게 요청했다. "여러분은 묘지에 있어요. 찾아보면 여러분 중 일부는 비석 위에 새겨진 자기 이름을 발견할 수 있을 거예요."

영들은 묘지 여기저기 흩어져 자신의 흔적을 찾기 위해 동분서주했다.

"여기 내 것이 있어." 오른편에서 한 유령이 말했다.

"내 것을 찾았어." 왼편에서도 한 여인이 흐느끼며 말했다.

모든 영이 자신의 죽음을 납득한 것은 아니었다. 나는 고인이 된 혼들을 돕는 천사들에게 마음속으로 도움을 요청했다. 그러자 즉시 천사들이 도착했다. 천사들은 묘지 외곽에 서 있었다.

"천사들이 보이죠?" 나는 영들에게 물었다. 영들 대부분이 고개를 끄덕였고, 나는 다음 말을 이어나갔다. "천사들이 여러분을 돌봐줄 거예요. 천사들과 함께 가세요. 사랑하던 이들과 재결합할 수 있도록 천사들이 여러분을 도울 거예요."

영들 대부분이 천사들 앞으로 다가가 그들의 품에 안겨 사라졌다. 하지만 일부 완강하게 저항하는 영들은 뒤로 물러나 떠나기를 거부했다.

"이 정도면 할 만큼 했소." 목소리가 말했다. "이제 떠나시오."

나는 자리에서 일어나 묘지 입구로 향했다. 뒤를 돌아보니, 묘지에 남아 있는 몇몇 영들이 나를 지켜보고 있었다. 그들은 여전히 분노에 사로잡혀 이 세상을 떠나지 못하고 있었다. 나는 묘지의 문을 걸어 잠그며 왼쪽으로 몸을 돌렸다. 그리고 고인돌로 이어지는 길을 따라 계속해서 걸었다.

앞도 보이지 않는 데다 질척거리는 상태로 터덜터덜 길을 따라 걸어갔다. 나는 묘지의 영들을 마주한 나 자신이 자랑스러웠고, 그들을 도울 수 있었다는 것에 감사함을 느꼈다. 그리고 '우리는 두려움에 자주 사로잡혀 다른 사람들을 도울 기회를 놓치는구나!' 하고 생각했다. 갈림길에 도착할 때까지 계속 이 생각을 하며 걸었다. 이제 마지막으로 내 왼편의 언덕길을 올라가면 고인돌이 있는 곳이었다.

왼쪽으로 몸을 틀어 언덕길을 올라가자마자 미끄러져 넘어졌다. 바닥에 닿은 두 손과 무릎이 완전히 젖어버렸고, 길은 빗물 때문에 작은 개울처럼 바뀌어 있었다. 몸을 일으켜 세우며 다시 앞으로 나아가기 시작했을 때 다시 목소리가 들렸다. "바닥에 엎드리시오. 그리고 겸손해지시오."

묘지에서 들었던 바로 그 목소리였다. 목소리는 대꾸를 용납하지 않았다. 진흙투성이의 개울 위로 엎드리자, 목과 가슴으로 빗물이 흘러들어왔다. 십자가를 짊어지고 골고다 언덕을 오르던 예수의 이미지가 마음속에 불쑥 떠올랐다. 이날 밤, 그 장면과 유사한 일들이 나에게 벌어지고 있었다. 나는 입문을 위한 여정에 참여하라는 요청을 받았고, 완수했다. 이상하게도 이 생각은 내 영혼을 고양시켰다. 나는 다시 일어나 안경의 물기를 훔치고, 계속해서 언덕을 올랐다. 걷고 자빠지며 손과 무릎으로 겨우겨우 기어올라 간 끝에 드디어 고인돌 앞에 당도했다.

이 고장의 돌무덤들이 대부분 그러하듯, 언덕 위의 이 고인돌도 적어도 5,000년은 되었을 테다. 고인돌은 네 개의 큰 돌로 이루어져 있었는데, 그중 세 개는 기둥 역할을 하고 있었다. 그리고 나머지 하나인 가장 큰 돌은 다른 세 개의 돌 위로 평평하게 얹혀져, 지붕을 만들고 있었다. 이 구조물은 작은 동굴이나 관과 비슷해 보였다.

고인돌 주변으로는 철조망이 있었다. 아마도, 원래 목적은 양을 쫓아내기 위한 것이었을 텐데 더 이상 제 역할을 못 하는 듯했다.

"철조망으로 손가락에 상처를 내서 피를 내시오." 그 목소리가 내게 말했다.

내 손은 엉망진창으로 더러운 상태였고, 철조망은 녹슬어 있었다. '심각한 감염에 노출되는 것은 아닐까?' 하는 걱정이 들었다. 하지만 피를 바치는 것은 적절해 보였다. 분명 고인돌이 입문식에 사용됐던 과거에도 사람들은 비슷한 의례를 치렀을 것이다. 또한, 예수 역시 가시관을 썼다는 사실이 떠올랐다. 나는 집게손가락으로 뾰족한 철조망 하나를 꾹 눌렀다. 아무 일도 없었다. 철조망은 녹슬어서 뭉뚝해져 있었고, 손가락을 더 세게 눌러야만 했다. 나는 다시 한번 따끔하고 아플 때까지 손가락을 꾹 누르며, 확실하게 손가락에서 피를 내려고 했다. 간신히 깊이 긁힌 상처가 하나 생겼다. 나는 이것으로 충분하기를 바랐다.

"상처가 난 손가락으로 모든 차크라의 지점을 건드리시오." 그 목소리가 말했다.

나는 서둘러 지시를 따랐다. 척추 밑 부분을 시작으로 뿌리 차크라, 천골 차크라, 태양신경총 차크라, 가슴 차크라, 목 차크라, 제3의 눈 차크라, 마지막으로 정수리의 왕관 차크라까지 끝냈다. 나는 지시사항을 따르면서 이 영적 에너지 센터들이 하나씩 열리는 모습을 심상화했다. 그리고 그럼으로써 내가 이 행성의 모든 지각 있는 존재들을 잘 도울 수 있기를 바랐다. 모든 작업이 끝났고, 이제 고인돌을 향해 가야 한다는 느낌이 들었다. 목소리를 들은 것은 아니었지만, 그 방향으로 강한 끌림을 느꼈기 때문이다.

나는 몸을 숙여 관처럼 생긴 고인돌 안으로 들어간 다음, 돌 사이에 자리를 잡고 앉았다. 비를 피해 이곳에 숨어 있던 양의 냄새가 났다. 나는 내가 여기 앉아 있는 이유가 무엇인지 생각하지 않으려 애쓰며 안경을 벗고 명상을 시작했다.

잠시 후, 다른 시간대에서 온 한 수호자가 나타났다. 그는 거칠게 짠 양모 옷을 입고 있었는데, 나만큼이나 지저분해 보였다. 그는 나의 입문을 허락했다. 나는 그가 이 입문 여정을 담당하는 존재임을 알 수 있었다. 아마 그는 이 장소로 많은 이들을 이끌어 그들을 입문시켜 주었으리라. 그는 지팡이로 내 뒤쪽을 가리켰다. 그러자 내 뒤에 있던 돌이 갈라지면서 터널이 나타났고, 수호자는 나에게 그곳으로 들어갈 것을 명령했다.

나는 명령에 따랐다가 거의 의식을 잃을 뻔했다. 나는 마치 꿈을 꾸는 듯한 의식 상태에서 나의 현생과 다른 여러 전생에서 만났던 사람들이 내 앞에 떠다니는 것을 볼 수 있었다. 또, 여러 삶에서 내가 했던 일들에 대한 환영도 스냅 사진처럼 떠다녔다. 하지만 왠지 나는 눈앞을 떠돌아다니는 이런 생애들 속으로 들어가려 노력할 것이 아니라, 그저 객관적인 눈으로 그것들을 지켜봐야 한다는 것을 알고 있었다. 그 삶들을 지켜보니 현재의 삶에 반향을 일으키는 패턴과 힘 그리고 약점들을 확인할 수 있었다. 나는 내가 어떤 사람인지 거리를 두고 지켜봤다. 다른 사람이 나를 판단할 수 있는 것보다 훨씬 더 완전하게 나 자신을 판단하고 있는 듯한 시간이었다.

동시에, 또 다른 나의 일부는 이것이 입문의 세 번째 과정임을 알고 있었다. 우리의 진화를 돕는 존재들이 우리가 그들과 함께 공동 창조자가 될 준비가 되었는지를 판단하는 과정 말이다. 창조자가 되는 여정에 오른 모든 인간이 겪는 이 경험들은 언제나 비밀로 유지되던 미스터리의 한 부분이었다.

내가 그곳에 얼마나 머물렀는지는 모르겠다. 고인돌 안에서 웅크리고 있는 나의 몸이 차갑게 젖었음을 인식한 나는 깨어 있는 의식으로 되돌아왔다.

"안경은 이곳에 놓고 갔다가 내일 아침에 다시 찾으러 오시오." 목소리가 말했다.

나는 허리를 숙여 고인돌 밖으로 빠져나왔고, 열심히 집으로 가는 길을 찾아봤다. 모든 것이 희미했다. 여전히 억수 같은 비가 내리고 있었고, 바깥은 칠흑같이 어두웠다. 안경 없이는 아무것도 볼 수 없었다. 순간, 안경을 놓고 떠나는 것이 망설여졌지만 지시사항을 따라 계속 나아가기로 마음먹었다. 안경을 놓고 가라는 요청은 안경 없이도 볼 수 있다는 것을 신뢰하라는 상징이었다. 다른 차원의 시력을 사용하라는 요구를 받은 것이다.

결국 미끄러지고 자빠지며 길을 찾을 수 있었다. 나는 얼굴에 빗물이 흘러내리는 상태로 최면에 걸린 듯 터덜터덜 코티지로 걸어 돌아갔다. 그렇게 대문 앞에 도착했을 때, 동쪽 언덕 너머로 태양이 떠오르고 있었다. 이웃들이 일어나기 전에 집에 도착했다는 사실이 감사했다. 나는 감각 없는 손가락으로 젖은 옷가지들을 양파 껍질처럼 벗겨냈다. 그리고 물병에 물을 가득 채운 다음, 침대 위로 기어올라갔다. 나는 반쯤 넋이 나간 상태로 한참을 누워 있었다. 몸이 완전히 방전되어 버렸지만 마음만은 성취감으로 가득했다. 나는 임무를 해냈다.

바이커들의 방문

현관문을 두드리는 소리가 깊은 잠에 빠진 나를 거칠게 깨워댔다. 잠에서 깨기 위해 고전하며 시계를 보니 10시 30분이었다. 두 번째 노크 소리가 또 들려왔다. 나는 침대에 있던 담요로 몸을 둘둘 감은 다음 비틀비틀 문으로 걸어갔다. 문 앞에는 키 큰 젊은 남자가 서 있었다. 남자는 머리부터 발끝까지 검은 가죽옷을 빼입고, 한 손에는 헬멧을 들고 있었다.

"안녕하세요. 저는 집주인의 아들, 로버트 데이비슨Robert Davidson입니다." 그가 미소를 지으며 말했다. "저와 제 친구들은 더블린에서 왔는데, 며칠간 아일랜드에 머무르려고 해요. 혹시 저희가 뒤뜰에서 캠핑을 해도 괜찮을까요?" 그가 말하는 사이,

비슷한 옷차림의 두 남성이 내 쪽으로 걸어왔다.

"물론이죠. 캠핑하러 온 것을 환영해요. 그런데 비가 와서 뒤뜰이 좀 축축할 텐데 괜찮겠어요?" 내가 대답했다. 전날 밤부터 시작된 비가 아직도 가늘게 내리고 있었기 때문이다.

"네, 저희는 상관없어요." 그가 말했다. 그는 스물한 살 정도로, 터프한 것이 중요한 나이였다.

그가 등을 돌리며 떠나려 할 때, 내 입이 제멋대로 벌어지면서 말이 튀어나왔다. "친구들과 같이 점심에 정찬 식사하러 오시겠어요?"

"좋죠." 로버트가 대답했고, 다른 두 친구도 고개를 끄덕였다.

"1시 어때요?" 내가 제안했다. 아일랜드 시골에서의 정찬 식사는 전통적으로 12시이고, 저녁에는 조금 더 가벼운 식사를 한다.

"좋아요." 그는 대답을 마친 뒤, 오토바이를 몰러 뜰 안으로 성큼성큼 걸어갔다.

손님을 대접하는 자리인데, 과연 시간에 맞춰서 정찬을 준비할 수 있을지 염려되었다. 그뿐만이 아니었다. 고인돌에 안경을 놓고 온 것을 새까맣게 잊고 있었다. 안경을 찾으러 가려면 늦은 오후나 되어야 가능하겠다는 계산이 나왔고, 부디 안경이 그 자리에 그대로 있기를 조용히 기도했다. 안경이 없으면 겨우 전방 1미터 정도만 선명하게 볼 수 있었다. 콘택트렌즈를 낄 수도 있겠지만, 그러지 않기로 했다. 다르게 보는 훈련을 해야 한다는 것을 알고 있었기 때문이다.

다시 담요를 질질 끌면서 침실로 돌아가던 중, 전날 밤에 입었던 젖은 옷가지들이 바닥에 축 늘어져 있는 것을 발견했다. 발로 그 옷들을 뒤집어 보았다. 보통 더러운 것이 아니었다. 나는 옷장으로 가서 잘 건조된 청바지 한 벌과 상의 하나를 꺼냈다. 앞으로 며칠 동안은 아란 스웨터 없이 어떻게든 버텨야만 했다. 나는 빗물을 잔뜩 머금은 스웨터와 청바지, 우비를 조심스럽게 집어 욕조에 넣고 열심히 빨았다. 그런 다음 수건걸이에 청바지를 걸어놓고, 스웨터는 수건 위에 평평하게 올려놓았다. 그리고 거실로 우비를 가져갔다. 벽난로에 불을 붙이면 우비가 잘 마를 것 같았다.

나는 부엌으로 돌아와 냉장고를 뒤지며 먹을 것을 찾아봤다. 양고기 한 덩어리, 감자와 당근 조금, 그리고 양파까지. 양고기 스튜를 끓이기 딱 좋았다. 여기에 소다 빵을 곁들이면 문제 해결이다. 내가 막 스튜를 끓이기 시작했을 때, 바깥 대문으로 들어오는 오툴 부인이 언뜻 보였다. 오툴 부인의 타이밍은 언제나처럼 완벽했다.

나는 현관문을 열며 그녀를 따뜻하게 맞이했다. "오툴 부인, 이렇게 뵈니 정말 좋네요. 로버트 데이비슨이 친구 두 명과 함께 이곳에 와 있어요. 점심에 정찬 식사하러 오실래요?"

"오늘 아침 그 아이들이 길을 따라 내려오는 걸 패디가 봤다고 하더군요." 부인은 내 질문에 대한 대답을 빼먹었다. "그래서 어떻게 하고 있는지 보려고 온 거랍니다."

"캠핑을 하겠대요." 내가 대답했다. 난감해하며 하늘을 향해 눈을 굴리는 오툴 부인의 모습을 보니 웃음이 났다.

"그럼, 1시에 정찬 식사하러 오시겠어요?" 나는 다시 한번 확실하게 그녀를 초대했다. 오툴 부인과 알고 지낸 지 거의 한 달이 가까워졌지만, 내가 지금까지 대접한 것이라고는 고작 초콜릿, 비스킷 그리고 차뿐이었다.

"그러면 좋겠군요." 부인은 미소를 지었고, 기뻐하며 다음 말을 덧붙였다. "여기에 온 김에, 벽난로에 불을 붙여야겠군요."

함께 하는 사람들, 따뜻한 불. 마치 전날 밤에 이룩한 성과를 축하하는 것만 같았다. 하지만 정찬에 초대한 손님들에게 믿기 힘든 경험을 자세히 털어놓을 생각은 없었다. 오툴 부인이 불을 지피는 동안 나는 페어리 동화책을 다른 곳으로 치우고 식탁을 꾸며서 거실을 깨끗이 정리하기 시작했다.

내가 현관문 밖으로 나가는 오툴 부인을 힐끔 보자, 부인이 말했다. "1시에 다시 올게요."

'왜 점심때까지 계시지 않고 다시 돌아가시는 걸까?' 나는 혼자 생각했다. 그 답은 곧 밝혀졌다. 정확히 오후 1시가 되자, 오툴 부인이 성당에 갈 때 입는 가장 좋은 옷을 입고 나타났다. 그녀는 새로 산 우비와 장화를 현관문에 벗어놓고, 성당에 갈 때 신는 신발로 갈아 신었다. 청년들과 나는 여전히 편안한 차림이었다. 로버트와 친구들은 검은 가죽옷을, 나는 청바지를.

아란 스웨터와 우비 그리고 신발이 벽난로 앞에서 김을 내뿜으며 말라가고 있었고, 덕분에 아늑한 분위기가 더해졌다.

"오툴 부인, 다시 뵙게 되어 기쁩니다." 로버트는 자리에서 일어나 손을 뻗어 인사한 다음, 친구들을 부인에게 소개했다. 오툴 부인은 마치 무도회의 최고 미녀가 된 것처럼 행복한 미소를 지었다. 그녀는 쉽지 않은 삶을 살아왔으므로 정찬 식사를 위해 외출한다는 건 정말 특별한 일이었을 것이다.

나는 점점 더 오툴 부인이 좋아졌고, 코티지를 떠나고 싶지 않았다.

마음속에 떠오르는 생각을 밀어놓고, 나는 로버트에게 물었다. "오툴 부인과는 언제부터 알고 지낸 건가요?"

"우리 가족이 코티지를 샀을 때부터, 그러니까…." 로버트는 잠시 말을 멈추었다가, 오툴 부인을 바라보며 대답했다.

"20년 전부터네요. 아닌가요?"

"그래. 너는 그때 오줌싸개였어." 오툴 부인이 로버트에게 살짝 장난을 치며 대답했다.

로버트는 얼굴을 약간 붉히기는 했지만, 기분 좋은 함박웃음을 지어 보였다. 나는 즐겁게 담소를 나누는 손님들을 자리에 남기고, 스튜를 가지러 갔다. 로버트의 두 친구는 그다지 말이 없었다. 하지만 그들이 먹는 걸 봐서는 식사를 맛있게 즐긴 것이 분명했다. 나는 그들이 아일랜드의 시골 여인, 그리고 캐나다 관광객과 많은 공통점을 가지고 있으리라고는 기대하지 않았다. 그런데 예상과 달리, 로버트와 오툴 부인이 계속 대화를 주도해나가면서 지난 20년간 마을에 일어난 변화들에 대해 이야기를 나누는 것이 아닌가.

"겨울에 끔찍한 폭풍우로 저희 집 지붕이 무너졌던 일, 기억나시나요?" 로버트가 오툴 부인에게 물었다.

"이 지역에서 지낸 겨울 중 최악이었지. 온종일 내리는 비를 맞으며 지붕을 고쳐야 했으니까. 정말 난리도 아니었다." 그녀가 대답했다.

'날씨는 예나 지금이나 여전하군.' 나는 속으로 생각했다. 그들의 이야기를 듣는 것은 대단히 즐거운 일이었다. 그렇게 말이 많은 오툴 부인은 처음이었다. 로버트와 오툴 부인은 식사 내내 과거의 이야기들을 씨실과 날실처럼 엮어냈고, 이제 대화 주제는 현재로 넘어왔다.

"마을에 공예 전문점이 생겼단다. 패디의 여동생 메리가 그 가게를 열었어." 오툴 부인이 말했다.

나는 그곳에 들른 적이 있었다. 그곳은 유니콘 식당 근처의 허름한 오두막 가게였다. 손으로 직접 짠 아기용 니트 양말과 주방용 도자기들이 대부분의 판매 물품이었다. 그 가게가 지역 관광에 별 영향을 주진 못할 것 같았지만, 굳이 언급하지는 않기로 했다.

"그럼 꼭 가봐야겠네요. 안 그래, 친구들?" 로버트가 말했다. 로버트는 자리에서 일어나 식사에 대한 감사 인사를 전하고 밖으로 나갔다. 두 친구가 그의 뒤를 따랐다. 오툴 부인은 벗어놨던 긴 부츠가 있는 곳으로 걸어가 신발을 갈아 신었다. 부인은 가방에서 스카프를 꺼내고 우비를 입은 다음, 이렇게 말했다. "식사 고마웠어요. 훌륭했답니다." 그런 다음, 뒤를 돌아 떠나갔다.

내 어깨너머로 어떤 말이 들렸다. "나는 항상 로버트가 좋았소. 그에 대해 어떻게 생각하시오?"

내 친구 레프리콘은 늘 앉던 자리에 앉아 있었다. 소파에 다리를 올리고, 머리 뒤로는 깍지를 낀 모습이었다. 나도 그의 옆에 앉기 위해 소파로 걸어갔다. 자리에 막 앉으려는 순간, 레프리콘이 팔짝 뛰어오르며 말했다.

"아니, 아니, 아니. 이럴 시간이 없소. 당신은 안경을 찾으러 가야 하오."

언제나 그렇듯 그는 내 삶의 모든 걸 꿰뚫고 있는 것 같았다. 처음은 아니지만, 그가 나와 함께 있지 않을 때 도대체 무엇을 하는지가 궁금했다. 내가 질문을 하려는 순간, 그가 "당신 안경 말이오" 하고 단호하게 말했다.

나는 창밖에 비가 내리는 것을 보고 대답했다. "조금 있으면 날씨가 갤 것 같아요."

"그럴 가능성은 없소. 갑시다. 우비를 입고, 신발을 신고 어서 출발하시오."

"우비와 신발은 덜 말랐어요." 나는 난롯가에서 김을 내며 건조되고 있는 옷가지들을 가리켰다.

"그럼 더 젖을 것도 없겠군. 안 그렇소?" 레프리콘은 무심하게 말을 툭 내뱉었다.

"당신 말이 맞네요." 나는 축축한 신발 한 짝에 발을 집어넣으며 말했다. "당신이 동행해주리라고는 기대하지 않아요."

레프리콘은 망설이며 창가로 걸어가더니 비가 내리는 걸 쳐다보았다. "난 대체로 '궂은' 날씨에는 외출하지 않소." 그가 말했다. 그가 특정 표현을 강조하는 것을 보아하니 새로운 단어를 연습하고 있는 것 같았다.

"하지만 당신을 위해…." 레프리콘은 문장을 다 끝맺지 않은 상태로 말을 덧붙였다.

"평생 고마워하며 살겠습니다, 선생님." 나는 다른 쪽 신발을 신기 위해 허리를 숙이며 말했다. 젖은 우비를 집던 나는 이미 철저하게 비에 무장한 레프리콘의 모습을 보게 되었다. 그의 발에는 무릎 위까지 올라오는 커다란 장화가 신겨져 있었고, 그 위로는 뱃사람들이 입는 검정 유포油布 우비가 입혀져 있었다. 그리고 마지막으로, 테가 넓은 커다란 방수모가 그가 평소 쓰던 모자를 대신하고 있었다.

"그런 방수 장비를 나에게도 갖다주면 소원이 없겠네요." 나는 현관문을 향해 느릿느릿 걸어가며 한숨을 쉬었다.

"엘리멘탈에게 주어지는 작은 특전 중 하나일 뿐이오." 그는 나를 따라 빗속으로 들어가며 쿡쿡 웃어댔다.

"그런데, 입문식의 밤은 잘 즐겼소? 아직 깨달음을 얻지 못한 거요?" 그는 재밌어하며 껄껄대고 웃었다.

"내가 달라 보이나요?" 만약 내게 뭔가 변화가 생겼다면 분명히 그가 그것을 알아챌 것이었다.

"전혀!" 방수 모자의 챙 아래로 나를 힐끗 쳐다보며 레프리콘이 말했다.

"나는 깨달음을 얻지 못한 것 같아요." 내가 대답했다. "만약 내가 깨달음을 얻었다면 뭔가 다른 느낌이 들었을 거예요. 눈부시게 빛나는 섬광이나 빛 같은 것도 없었고, 그냥 흙탕물을 뚫고 묵묵히 걸어 다니기만 했어요. 그런데 희한하게 이제 깨달음 같은 건 더 이상 신경 쓰이지 않아요. 밤새 묘지와 고인돌 아래에 앉아 있던 나 자신, 그리고 죽은 영들에게 도움을 준 나 자신이 꽤 자랑스럽거든요. 그리고 내가 해야 할 일을 다했다는 느낌도 들어요."

"죽은 사람들이라니, 우웩." 레프리콘이 역겨워하며 대답했다. "유령이 나오는 무덤가 근처에 나를 데려갈 생각은 꿈에도 마시오."

"엘리멘탈의 세계에는 유령이 없나 봐요?"

"우리 세계에도 사고로 몸을 잃은 엘리멘탈 유령들이 있소. 당신도 그들의 부름 소리를 듣거나 그들이 똑같은 사건을 끊임없이 재연하는 모습을 볼 수 있을 거요." 그가 대답했다. "하지만 우리 세계에는 부패하는 몸이 없소. 혐오스러운 일이지. 엘리멘탈의 몸은 모두 공空으로 돌아간다오. 공 속에서는 몸이 비물질화되기 때문에 엘리멘탈의 에너지가 다시 사용될 수 있다오."

"당신 말에 동의해요." 내가 대답했다. "난 시신을 화장하는 것에 전적으로 찬성하거든요. 몸을 없애버려야 그 사람이 다시 몸으로 돌아가기 위해 어슬렁거리지 않아요."

대화를 나누는 사이, 우리는 공동묘지에 점점 가까워지고 있었다. 내가 저 묘지에서 두려움을 정면으로 마주했다는 사실이 행복했다. 하지만 똑같은 경험을 반복할 필요는 없기를 바랐다. 내 생각을 읽은 레프리콘이 말했다.

"나는 당신이 매우 용감하다고 생각하오. 당신은 당신이 거쳤던 '어두운 밤의 입문식'을 마스터들이 나에게도 똑같이 시킬 거라고 생각하시오?"

"나도 모르죠." 내가 대답했다. "인간은 깨달음을 얻기 전에 자신의 최악의 두려움을 마주할 필요가 있어요. 내 생각에는 엘리멘탈에게도 그와 비슷한 과정이 있을 것 같네요. 당신은 어떤 것을 가장 두려워하나요?"

"나는 실패가 두렵소. 창조자가 되지 못하는 것 말이오. 나는 그동안 의무와 책임을 다하는 삶을 살기 위해 기쁘고 즐거운 삶을 포기해왔는데, 창조자가 되지 못하면 그 모든 게 헛수고가 되기 때문이오."

그의 진지한 어조를 통해, 그것이 그에게 얼마나 끔찍한 일인지를 알 수 있었다. 그에 비하면 내 걱정은 별 게 아닌 것 같이 느껴졌다. 지금까지 의식적인 창조자가 된 사람들은 수십만 명이나 있었다. 따라서 나 역시 주어진 시간 안에 창조자가 될 수 있다는 것을 나는 알 수 있었다. 하지만 내 친구 레프리콘은 자신의 종족 중 첫 번째로 창조자가 되려는 이였고, 그래서 나 같은 확신을 가질 수 없었다. 바로 그 순간, 나는 결심했다. 내 에너지를 배가시켜 그와 그의 종족을 돕기로!

우리가 대화를 나누는 사이, 비는 계속해서 쏟아졌다. 우리는 이제 고인돌 가까이 접근해가고 있었다. 사실 고인돌이 정확히 어디 있었는지는 기억이 안 났지만, 어렴풋이 기억나는 그 장소 가까이에 온 것은 확실했다. 안경을 찾을 수 있기를. 우리가 오르막길을 오르기 시작한 그때, 나를 향해 다가오는 두 사람이 희미하게 보였다. 남자 한 명, 여자 한 명인 것 같았다.

"고인돌에 가시나요?" 그 남자가 북미 억양으로 물었다.

'관광객이네.' 나는 생각했다. 신기하게도, 나는 이제 나 자신을 북미 사람이라고 여기지 않고 있었다.

"네." 나는 대답한 뒤, 충동적으로 다음 말을 덧붙였다. "그곳에 안경을 두고 온 것 같아요."

"아, 우리도 봤어요." 여자가 말했다. "돌 위에 올려놨으니 깨지지 않았을 거예요."

"정말 감사해요." 내가 말했다. 그들이 왜 안경이 거기에 있었는지 묻지 않아서 다행이었다. 계속 철벅거리며 고인돌까지 걸어 올라가자 드디어 안경을 찾을 수 있었다. 나는 안도의 한숨을 내쉬며 안경을 썼다. 하지만 안경을 써봤자 폭우 때문에 조금 더 잘 보일 뿐이었다. 나는 시력이 좋아졌는지 확인하기 위해 며칠만 안경 없이 돌아다녀볼까 생각했다.

"좋은 생각이오." 레프리콘이 말했다. "당신만 괜찮다면 나는 이만 가보겠소. 오늘 밤 로버트가 방문할 때 다시 봅시다."

로버트는 코티지에 오겠다는 말을 한 적이 없었다. 그러나 나는 레프리콘에게 그걸 어떻게 알았는지 묻는 것이 아무 소용이 없을 것을 알고 있었다.

피곤해진 나는 발길을 돌려 코티지로 향했다. 내 친구 레프리콘이 없으니 길이 더 멀게만 느껴졌다. 감사하게도, 집에 도착했을 때 벽난로의 불이 여전히 타오르고 있었다. 나는 벽난로에 토탄을 더 집어넣고 소파 위에서 잠들었다.

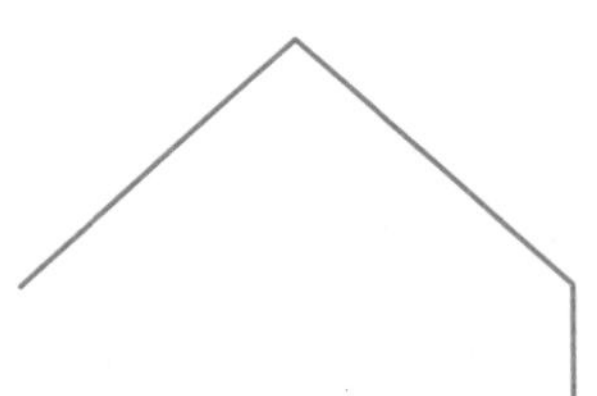

난롯가에서의 담화

잠에서 깨어보니 날이 저물어 캄캄했다. 시곗바늘은 오후 8시를 가리키고 있었다. 나는 불 위에 토탄을 더 쌓아 올린 다음, 거실 식탁을 정리했다. 설거지가 마무리되었을 때, 현관문을 두드리는 소리가 났다. 문을 열어보니 로버트가 빗속에 서 있었다. 행색이 말이 아니었다.

"들어가서 불에 옷을 좀 말려도 괜찮을까요?" 그가 물었다.

"제 친구들은 펍에 갔고, 저는 잠시 후에 거기 합류하려고 해요."

"물론이죠. 어서 들어와요." 나는 옆으로 비켜서며 말했다. 물론 밖에는 비가 음침하게 계속 내리는 상황이었지만, 내 생각에

로버트는 코티지에서 보냈던 시절을 다시 회상해보고 싶어서 이곳을 방문할 구실을 찾고 있었던 것 같았다. 이 집의 새로운 주인이 도착하기까지 일주일도 안 남은 시점인 지금, 그가 여기 왔다는 사실이 바로 그 증거였다.

"차 한 잔 마시겠어요?" 내가 물었다.

"네, 그럴게요." 그가 대답했다. "혹시 사과가 좀 있나요?"

"두 개 정도 있는데, 먹을래요?"

"구운 사과 드셔본 적 있으세요?" 그가 물었다. 로버트는 코티지에서 즐겨 먹던 어린 시절의 특별한 음식을 떠올리고 있는 것이 분명했다.

"아니요, 못 먹어봤어요. 하지만 먹어보고 싶은데요." 나는 로버트에게 사과를 가져다주었다. 그리고 그가 꼬치에 사과를 끼워 그것을 불타는 토탄 위에 올려놓는 모습을 지켜보았다. 그는 눈으로 집 안 구석구석을 살펴보고 있었다. 소중한 이 집을 눈에 담고 있는 듯했다. 나는 차를 가지고 와서 자리에 앉았다. 그에게 추억을 이야기할 기회를 주고 싶었다.

"챙겨가고 싶은 물건이 있나요?"

"아니요. 부모님께서 모든 짐을 챙기러 오실 거예요." 그는 이곳에 대한 애착을 애써 내려놓으며 대답했다. 바로 그 순간, 레프리콘이 나타나 늘 앉던 그 자리에 앉았다.

"로버트에게 당신이 남은 여름에도 코티지에 있을 거라고 말하시오." 레프리콘이 나를 부추겼다.

나는 레프리콘을 무시하고 로버트에게 물었다. "차는 어떻게 마시는 편이에요?"

"우유와 설탕을 넣어서요." 로버트가 대답했다.

"로버트에게 당신이 이번 여름 동안 코티지에서 지낼 거라고 말하시오." 레프리콘이 더 큰 목소리로 다시 말했다.

"사과는 어떻게 되어가고 있어요?" 나는 로버트에게 질문을 던지는 동시에, 레프리콘에게 나를 그만 방해하라는 텔레파시를 보냈다.

"다 된 것 같은데요. 여기 받으세요." 로버트는 김이 올라오는 물컹한 사과를 내 접시로 미끄러트렸다.

레프리콘은 새빨개진 얼굴로 내 옆에 앉았다. 그는 거절당하는 것에 익숙하지 않았다.

"정말 맛있어요." 나는 한 입을 베어먹은 다음, 내 접시를 레프리콘에게 내밀며 평화를 제안했다.

레프리콘은 손을 아래로 뻗어 손가락으로 사과 한 조각을 잘라낸 다음, 맛을 음미하며 몸을 편안히 뒤로 기댔다.

"이건 대단히 중요한 이야기란 말이오." 레프리콘이 다시 말했다.

"그런 말을 할 수는 없어요." 나는 레프리콘에게 마음으로 대답했다. "내가 그런 말을 하면 로버트는 내가 오만하고 이기적인 사람이라고 생각할 거예요."

"로버트에게 내가 그렇게 말하라고 시켰다고 전하시오." 레프리콘이 재빨리 되받아쳤다.

"그럼 내가 미쳤다고 생각할걸요." 나는 레프리콘을 향해 생각을 전한 뒤, 로버트에게 목청을 높이며 말했다.

"지금까지 먹어본 사과 중에 가장 맛있어요."

"지금 당장!" 레프리콘이 꿋꿋하게 지시를 내렸다.

나는 고집불통인 레프리콘 때문에 짜증이 났지만, 분명히 이렇게까지 하는 데는 그럴만한 이유가 있을 것이라 믿고 로버트에게 마지못해 이야기를 전했다.

"로버트가 이렇게 와 있으니 참 좋네요. 조금 믿기 어렵겠지만, 당신에게 하고 싶은 말이 있어요."

내가 적당한 단어를 찾느라 고심하고 동안, 로버트는 의아한 표정으로 나를 바라봤다.

"내 옆에 레프리콘이 앉아 있어요." 나는 이야기를 시작했다.

"정말요? 놀라워요. 코티지에 살고 있어요?" 로버트는 흥분하며 끼어들었다.

내가 생각했던 것보다 일이 쉽게 풀리고 있었다. "네, 맞아요.

그의 가족과 함께 살고 있어요." 내가 대답했다.

"레프리콘은 우리 가족에 대해 어떻게 생각하나요?" 로버트가 물었다.

"가족 모두를 좋아했다고, 그리고 이곳을 떠나게 되어서 아쉽다고 전해주시오." 레프리콘이 대답했다. "아, 그리고 로버트가 당신 말을 믿을 수 있도록 이렇게 전하시오. 내가 그의 시를 정말 좋아한다고."

나는 레프리콘이 한 말을 모두 그대로 반복했고, 로버트는 웃으며 인정했다. "요즘 들어서는 시를 많이 쓰지 못했어요."

로버트는 이후, 아킬 섬에 관한 자작시 한 편을 낭송하기 시작했다. 예이츠의 작품 같은, 좋은 시였다. 로버트에게는 분명히 신비로운 구석이 있었다. 그에는 아일랜드의 피가 흐르고 있었다. 로버트는 그의 아버지처럼 항공사와 관련된 일을 할 것 같지는 않았다. 레프리콘은 긴장을 내려놓고 함께 저녁을 즐겼다. 하지만 나를 편안히 내버려둘 생각은 없어 보였다.

"어서! 남은 여름 동안 당신이 이 집에서 지낼 거라고 전하래도!" 레프리콘이 또다시 채근했다.

"로버트." 나는 어쩔 수 없이 시키는 대로 따랐다. "레프리콘이 내가 당신에게 이렇게 말하기를 바라네요. 남은 여름 동안 내가 이 코티지에서 지낼 거예요."

로버트는 발밑을 내려다보며 슬픈 목소리로 말했다. "그건 불가능한 일이에요. 코티지는 프랑스인 커플에게 팔렸고, 그들은 지금 독일인 작가 하인리히 뵐Heinrich Böll 씨 소유의 코티지에서 살고 있어요. 하인리히 뵐 씨가 일주일 뒤에 그 코티지로 돌아오면, 그 커플은 그 집을 떠나 여기로 이사 올 거예요. 당신에게는 닷새밖에 남지 않았어요."

나는 정말로 코티지를 떠나고 싶은 마음이 없었다. 나는 이번 여름에 겪었던 다른 모든 일과 함께, 새로운 거처를 알아봐야 한다는 고민을 한쪽에 치워놓고 있었다. 하지만 나에게 다른 선택지가 없었다. 레프리콘 덕분에 내 입장이 아주 난처해졌다.

"저는 약속한 날짜에 이곳을 떠날 거예요." 나는 로버트에게 말했다. 그래야 그가 걱정하지 않을 것 같았다. "하지만 만에 하나, 이곳에서 지낼 수 있는 변수가 생긴다면 내가 여기 계속 머물고 싶어한다는 것을 꼭 기억해주세요."

"물론이죠. 하지만 상황이 바뀌지는 않을 거예요." 로버트가 대답했다.

"나는 믿기 어려울 정도로 레프리콘과 굉장히 가까이 지냈어요. 레프리콘의 시간과 우리 인간의 시간은 서로 다르더라고요. 그래서 그는 미래에 일어날 일을 볼 수 있고, 일이 어떻게 풀릴지를 알아요." 나는 내 친구 레프리콘의 편을 들며 말했다.

잠시 후, 로버트는 떠나기 위해 자리에서 일어섰다. "이제 가봐야겠어요. 펍에 갈 시간이네요." 로버트는 레프리콘을 향해 한 마디를 덧붙였다. "이곳에 사는 동안 즐거웠다고 전해주세요."

"레프리콘이 당신의 말을 들었어요. 계속해서 시를 쓰라고 전해주래요." 나는 로버트를 문까지 배웅하며 대답했다.

소파로 돌아온 나는 레프리콘의 옆에 앉아 질문을 던졌다.

"무슨 일이 벌어지나요?"

"착한 청년이란 말이지." 레프리콘은 상관없는 대답을 하며 윙크했다. "내일 봅시다." 그는 작별 인사를 남기고 사라져버렸다.

'저 작은 요정 같으니라고. 자기 말을 전하라는 요청을 내가 거절했다고 복수를 하는군.' 나는 속으로 생각했다.

과연 로버트는 친구와 가족에게 레프리콘에 대한 이야기를 꺼낼까? 아마도 그는 그것을 말할 것 같았다. 그리고 그는 다양한 반응을 마주하게 되리라.

나는 다시 자리에 앉아 꺼져가는 토탄을 바라보며 여러 가지 가능성에 대해 곰곰이 생각해봤다. 만약 레프리콘이 틀렸고, 내가 이곳을 떠나야만 한다면 어떻게 될까? 나는 이제 깨달음을 얻겠다는 욕심이 없었다. 그 욕망에서 풀려난 것이다. 이미 이것만으로도 충분히 잊을 수 없는 여름이었다. 나는 언제든 키

프로스Cyprus나 그리스로 날아가 햇볕 아래에 누워 있을 수 있었다. 하지만 그건 지루했다. 차라리 이곳에 남아 엘리멘탈에 대해 계속 배우는 편이 훨씬 더 흥미진진할 것이다.

해결된 것이 아무것도 없는 상태로 잠자리에 들었다. 그리고 다음 날 아침을 먹으면서도 여전히 해결책이 떠오르지 않았다. 구운 소다 빵을 다 먹은 그때, 문을 두드리는 소리가 들렸다. 로버트라는 직감이 들었다. 나는 현관문을 열고 웃으며 인사했다.

"좋은 아침이에요."

로버트는 안색이 창백해 보였다. '어젯밤에 과음했나?' 나는 속으로 생각했다. 그는 말없이 내게 조간신문을 내밀었다. 헤드라인에는 '하인리히 뵐 사망하다'라는 문구가 써 있었다.

로버트는 크게 충격을 받은 채 내 설명을 기다리고 있었다.

"나도, 레프리콘도 하인리히 뵐을 죽이지 않았어요." 나는 당황하여 상황을 무겁지 않게 만들려고 시도하며 말했다. "전날 밤에 말한 것처럼, 레프리콘은 무슨 일이 벌어질지 미리 알 수 있어요."

로버트는 잠시 내가 한 말에 대해 생각했다. 그의 두 뺨에 다시 핏기가 돌기 시작했다.

"저희 이제 더블린으로 가려고요." 그가 말했다. "아버지께 당신이 다음 달까지 코티지에서 지낼 수 있게 잘 말씀드릴게요."

"고마워요, 로버트." 나는 나를 도와주는 그에게 감사를 느꼈다.

3일 후, 데이비슨 씨로부터 편지 한 통이 도착했다. 8월까지 코티지에서 지내도 된다는 편지였다.

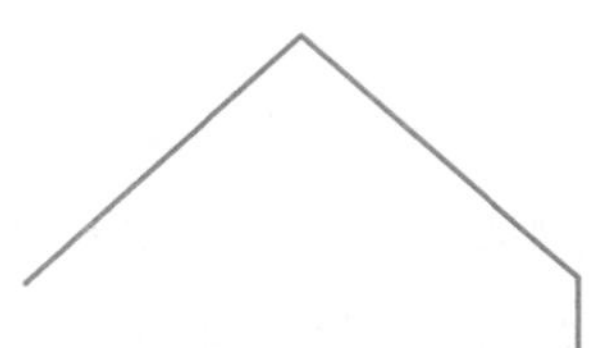

이후의 이야기: 10년이 흐른 뒤

아일랜드에서 여름을 보낸 후, 레프리콘은 캐나다에 있는 나를 정기적으로 방문하고 있다. 그는 인간과 달리 시간과 공간의 제약을 받지 않는다. 그는 나를 만나러 토론토와 노바스코샤Nova Scotia에 왔었고, 지금은 밴쿠버에서 북쪽으로 다섯 시간 거리에 있는 이 해안가로 온다. 그가 가장 좋아하는 방문 시간대는 당연히 차와 토스트가 있는 아침 시간이다. 운이 좋으면 포리지를 먹을 수도 있다. 매일 해야 하는 일과에 휩싸여 그를 며칠 또는 몇 주 동안 보지 못할 때도 있긴 하지만, 마음속으로 그를 부르면 그는 거의 항상 나타난다.

나는 책을 쓰겠다는 약속을 까마득히 잊어버리고 있었다. 하지만 레프리콘은 그 약속을 잊지 않았다. 아일랜드에 체류했을 때로부터 10년이 지난 1995년의 여름, 그는 이제 때가 되었다는 것을 상기시켜주었다.

나는 글 쓰는 게 어렵진 않을 거라는 내 친구의 말을 완전히 신뢰하면서 순순히 책 쓰기 리트릿을 시작했다. 그와 보낸 첫 한 달에 대해 쓰는 것은 놀라우리만치 쉬웠다. 내 친구는 매일 나를 찾아와 아일랜드에서 함께 보낸 시간 속으로 나를 데리고 갔고, 나는 그때를 완벽하게 기억할 수 있었다.

하지만 마지막 장인 '난롯가에서의 담화'를 쓰자마자 책이 끝나는 느낌이 들었고, 더는 글을 쓸 수 없었다. 레프리콘은 며칠 동안 나타나지 않았다. 그게 몇 주로 길어지더니 결국 그는 몇 달 동안이나 나타나지 않았다. 한편 나는 우리의 이야기를 계속 써야 할지 말아야 할지 모르는 채 인내심을 갖고 기다렸다.

밴쿠버 집에서 블루베리 팬케이크를 만들고 있던 어느 날, 뒤에서 속닥거리는 목소리가 들렸다. "내 것도 하나 챙겨주시오. 메이플 시럽도 잊지 말고."

뒤를 돌아보니 내 친구 레프리콘이 식탁에 앉아 아침 식사를 기다리고 있었다. "다시 만나게 되어 정~말 반갑네요." 나는 비꼬는 말투를 잊지 않았다.

"야단치지 마시오. 그럴 일이 아니오." 그는 얼굴을 찌푸리며 대답했다. "내가 지난 며칠 동안 어떤 일을 겪었는지 상상도 못 할 거요."

"며칠이 아니라 몇 달이겠죠. 안 그런가요?" 나는 진정이 되지 않아 쏘아붙였다.

"이곳에서 그렇게 긴 시간이 흘렀단 말이오?" 그는 노랗고 빨갛게 물든 잎사귀들이 땅에 떨어져 있는 모습을 창문 너머로 바라보며 말했다. "이런, 그런 것 같군." 레프리콘은 한숨을 내쉰 다음 나를 바라보며 계속 말했다. "당신에게 전해줄 소식이 있소."

그의 입에서 사과의 말이 나올 것 같지는 않았다. 아무래도 레프리콘은 인간 여성이 사과받고 싶어하는 욕망이 있다는 것을 아직 배우지 못한 모양이었다. 나는 사과받을 생각은 지워버리고 그의 다음 말을 기다리고 있었다.

"열심히 들을 준비가 됐어요." 나는 엘프처럼 귀가 길어지는 상상을 하며 웃었다.

"그런 상상을 너무 자주 하다 보면 정말 그렇게 될 거요." 그는 킥킥거리며 자기가 한 농담에 자기가 웃었다. "보아하니 당신은 그해 여름의 나머지 에피소드를 책에 써야 할지 말아야 할지 그 여부를 궁금해하는 것 같군."

"맞아요. 어떻게 해야 하죠?" 나는 그의 오랜 부재가 이와 관련이 있다는 사실을 눈치채고 되물었다.

"쓰지 않을 것이오." 그가 대답했다. 그리고 내가 끼어들기도 전에 허공에서 손사래를 치며 섣부른 판단은 유보해달라고 부탁했다. "마지막으로 당신을 만난 이후, 다른 엘리멘탈들과 합의점을 찾기 위해 쭉 노력해왔소. 하지만 그들은 지금 자신들의 이야기가 책에 공개되는 것을 원하지 않소."

"왜 그런 거죠?"

"모든 일에는 때가 있소. 지금은 우리가 쓴 부분까지만 공개하는 것이 적당하오. 10년 전, 인간은 엘리멘탈에 관해 들을 준비가 되어 있지 않았소. 하지만 지금은 준비가 되었지."

"그러니까 지금이야말로 훨씬 더 많은 이야기를 해야 하는 거 아닌가요?"

"전혀 그렇지 않소." 레프리콘은 자신의 마음을 바꾸려고 시도하는 나를 향해 미소를 지으며 대답했다. "오히려 엘리멘탈을 상상으로만 치부하지 않도록 적당한 정도의 이야기만 전달해야 하오. 이 문제에 대해서는 우리를 믿고, 우리가 정한 때를 따르도록 하시오."

"하지만 조금 전에는 당신도 다른 엘리멘탈들을 설득하기 위해 노력했다면서요."

"그건 내가 수년간 인간을 연구했기 때문도 있고, 당신과 함께 일해왔기 때문도 있소. 나는 지금 우리가 이룰 수 있는 것들에 대해 다른 엘리멘탈들보다도 더 많은 희망을 품고 있소. 하지만 다른 엘리멘탈들은 자신들의 이야기가 받아들여질 수 있는 더 나은 때를 기다리길 원하오."

"반갑지 않은 결정이네요. 난 당신을 믿어요. 나는 당신의 행동에는 항상 그럴 만한 이유가 있다는 것을 알 정도로 당신과 오랜 세월을 보내왔어요. 내가 그 이유를 충분히 이해할 수는 없더라도요. 하지만…." 나는 요점을 강조하기 위해 잠시 말을 멈추었다. "인간은 엘리멘탈과 달라요. 내가 독자들에게 여름 동안 일어난 일들을 이야기할 거라고 말하면, 독자들은 자연히 그다음 달에는 어떻게 되었는지 듣고 싶어한다고요."

레프리콘의 내가 한 말을 따져보면서 미간을 찌푸렸다. 내 곤경이 무엇인지 이해하기 위해 애를 쓰는 듯했다.

"이 책의 제목은 '레프리콘과 함께한 여름'(Summer with the Leprechauns, 이 책의 영문판 제목)이지 '엘리멘탈과 함께한 여름'이 아니오. 그러니 우리는 약속한 바를 지킨 것이오." 레프리콘은 나를 자기편으로 설득시키려고 했다.

"맞아요." 나는 이렇게 말했지만 사실 완전히 그의 말을 받아들이진 못하고 있었다.

내 반응을 눈치챈 레프리콘은 두 손으로 감싼 머리를 좌우로 흔들며 소리쳤다. "인간들이란! 왜 인간들은 자기가 한 약속을 지키기 위해 스스로를 옭아매는지 모르겠소. 상황이 바뀌어서 오히려 그렇게 하는 것이 더 잘못된 일인데도 말이오. 그뿐만이 아니오." 레프리콘은 나에게 손가락질하며 말했다. "인간은 언제나 자기가 뭔가를 놓치고 있다고 생각하고, 또 더 많이 가지는 게 더 좋은 거라고 생각하고 있소."

"이번 일은 '하겠다고 말한 것은 모두 지켜야 한다'는 생각에서 벗어날 좋은 연습이 될 거요. 그러니 이것을 훈련이라고 여기시오." 그는 장황한 훈계를 끝마치며 의자 뒤로 기대앉았다. 나는 그에게 인간을 속여 자신들이 원하는 행동을 하도록 부추긴 뒤 인간에게 약속한 것들을 지키지 않는, 신뢰할 수 없고 변덕스러운 엘리멘탈에 대해 따져 물으려고 했다. 하지만 내 친구는 한결 부드러워진 눈빛으로 큰 숨을 들이마신 뒤 이렇게 말했다. "우리 때문에 당신의 입장이 난처하게 되었다는 것은 알고 있소. 하지만 나는 독자들이 우리의 입장 역시 수긍할 거라 믿소. 우리는 함께 진화하는 아주 중대한 시기를 겪고 있소." 그는 능글맞게 웃으며 말을 덧붙였다. "인간과 엘리멘탈은 이제 막 데이트를 시작한 커플과도 같소. 아직 결혼을 하지 않은 커플인 거지. 따라서 자신의 좋은 의도를 서로에게 증명하기 위해서는 계속해서 서로의 환심을 사야 하오."

"당신이 내 삶의 일부가 된 기간이 이미 어지간한 결혼 생활보다 더 긴 것 같은데요." 나는 약간 누그러져서 말했다. "책을 그만 쓰라는 요청을 내가 거부한다면 어떻게 되나요?" 내가 도전장을 던졌다.

"그렇게 안 하는 것이 좋을 거요." 그가 대답했다. 그의 목소리에서 위협적인 기색이 느껴졌다. "이번 여름, 우리 말을 따르지 않았을 때 당신에게 무슨 일이 벌어졌는지를 기억하시오."

어떻게 잊을 수 있을까? 레프리콘은 한 번도 아니고 세 번씩이나 나를 곤란하게 만들었다. 그는 책을 쓰는 동안 책의 어떤 부분도 다른 사람에게 보여주어서는 안 된다고 구체적인 지시를 내렸었다.

그래서 나는 친구의 코티지에서 혼자 리트릿을 하며 낮에는 컴퓨터로 글을 썼다. 그리고 늦은 오후에는 다른 친구가 나를 찾아와 음식을 가져다주고, 고립감을 덜어주었다. 호기심 많은 이 친구는 내 원고를 읽어보고 싶다고 했고, 당시 거절을 못하는 성격이었던 나는 알겠다고 대답했다. 나는 그녀에게 줄 원고를 출력하기 위해 프린터의 전원을 켰다. 하지만 프린터가 작동하지 않았다. 이전에는 프린터에 문제가 있었던 적이 없었고, 제대로 작동하지 않을 이유도 없어 보였다. 하지만 나는 이것이 어떤 의미인지 알아차리지 못하고 사흘 동안 그 섬에 사는 사람 중 기계를 고쳐줄 만한 사람이 없는지 찾아다녔다. 당연히 성공하지 못했다. 그리고 내가 다시 밴쿠버로 돌아오자 기계는 아무 일도 없었다는 듯 멀쩡하게 작동했다.

2주 뒤, 나는 프린터를 싣고 세 척의 여객선을 갈아탔다. 다른 코티지에서 은둔하며 책을 계속 써나가기 위해서였다. 나에게 그 집을 빌려준 사람들에게는 열두 살짜리 조카가 있었다. 어느 날 그 아이가 코티지를 찾아왔고, 나는 그 아이에게 레프리콘에 관한 책을 쓰고 있다는 말을 했다. 당연히 그 아이는 원고를 읽고 싶다고 했고, 지난 첫 번째 경험에서 교훈을 얻지 못한 나는 또다시 알겠다고 했다. 이번에는 원고의 세 번째 페이지가 막 출력되고 있을 때 프린터의 토너가 다 떨어졌다. 그 섬에서는 토너를 구입할 수 없었고, 나는 작동하지도 않는 프린터와 함께 2주 동안 섬에서 지내야 했다.

그리고 세 번째, 내가 마지막으로 레프리콘의 지시를 어겼을 때는 생각지도 못한 일이 벌어졌다. 나는 엘리멘탈이 허락한 부분까지만 원고를 썼고, 집필이 모두 끝났다. 하지만 나는 두 번째 달에 관한 이야기도 쓰기로 혼자 마음을 먹었다. 그래서 또 한 번 리트릿을 하기 위해 세 번째 코티지를 찾아갔는데, 이번 집은 앞선 두 집보다 훨씬 더 외딴곳에 자리 잡고 있었다. 나는 내가 엘리멘탈보다 한 수 위라고 생각하며 세 번째 장소에는 프린터기를 가져가지 않았다. 대신 전체 원고를 미리 출력해놓고 컴퓨터만 가져갔다. 코티지에 도착한 다음 코드를 꽂고 컴퓨터의 전원을 켜자 보이는 것은 캄캄한 화면뿐. 망했다.

그 주 내내, 나는 매일 컴퓨터의 전원을 켜보며 혹시라도 엘리멘탈이 마음을 바꾸지는 않았을까 확인해보았다. 엘리멘탈들이 컴퓨터를 먹통으로 만든 게 분명했다. 장소를 옮겨가며 전원코드를 꽂아봐도 컴퓨터는 절대 작동하지 않았다. 일주일 뒤, 나는 포기하고 집으로 돌아갔다. 집에서 전원을 연결하자 컴퓨터는 완벽하게 작동했다.

레프리콘은 지금까지 한 번도 이 사건들에 대해 언급한 적이 없었다. 하지만 지금, 그는 이 사건들을 다시금 내게 상기시키면서 만약 내가 그와 다른 엘리멘탈의 허락 없이 책을 쓴다면 그가 내 삶을 불행하게 만들 수도 있다는 것을 확실하게 말해주고 있었다. 나는 세 번이나 쓴맛을 봤기 때문에 그해 여름에는 절대 또 다른 교훈을 얻고 싶지 않았다.

나와의 추억을 회상하던 레프리콘은 내가 더 이상 그의 결정을 어기려 하지는 않지만, 여전히 그에 대해 불만을 품고 있다는 것을 알아챘다. 그래서 그는 다른 방식으로 나에게 접근하며 말했다.

"하지 않는 일에 집중하지 마시오. 의식을 돌려, 하고 있는 일에 집중하시오. 그리고 우리 엘리멘탈들이 이 책을 통해 당신 그리고 다른 인간들에게 나누어준 것에 집중하시오. 우리는 당신의 삶을 더 좋은 쪽으로 변화시켜주었소. 그렇지 않소?" 그는 자신만만한 미소를 지으며 나를 바라봤다.

"당신이 먹는 차, 토스트, 그리고 가끔은 와인 한 잔 값을 내가 계속 지불해야 한다는 것 외에 또 변화가 있었단 말인가요?"

나는 마지못해 그를 용서하기 시작했다.

"하지만 그건 우리 엘리멘탈들이 당신과 다른 인간들에게 내준 것과 비교하면 적은 비용이잖소. 예를 들면…." 그는 자신이 알려준 가르침들 가운데 가장 값진 것 하나를 골라 열정적으로 말했다. "우리 덕분에 마음을 사용해서 불을 붙일 수 있게 된 것!"

나는 '정신적 불 피우기'를 시도한 최근의 경험을 떠올리며 미소를 지었다. 1년 전, 나는 사람들이 자신의 엘리멘탈을 만날 수 있도록 돕는 첫 번째 공식 워크숍을 열었다. 우리는 도시를 벗어나 시골에 있었고, 그날은 두 세계 사이의 장막이 열리는 핼러윈 밤(켈트족 전통에 따르면 모든 성인 대축일의 전야)이었다. 워크숍은 순조롭게 진행되고 있었다. 워크숍 참가자들 대부분은 엘리멘탈의 존재에 대한 증거를 경험해본 사람들이었지만 어떤 참가자들은 그런 경험이 없었다. 하지만 그와 상관없이, 모든 참가자가 엘리멘탈의 존재를 더 확실하게 믿고 싶어했다.

엘리멘탈이 존재한다는 증거를 내보이는 일은 딜레마였다. 나는 사람들에게 내 개인적 경험을 공유해주었지만 어떤 사람들은 그것만으로는 부족함을 느꼈다. 따라서 나는 엘리멘탈들이 뭔가를 보여주어 사람들이 믿게 도와주기를 바랐다.

서늘하고 청명한 저녁이었다. 우리가 저녁 식사를 막 끝냈을 무렵, 워크숍을 공동으로 이끌어가던 내 친구 레프리콘이 나에게 한 가지를 요청했다. 모두 따뜻한 옷을 입고 밖에 모이라고 말하라는 것이었다. 마침 우리는 그날 일찍 모닥불에 사용할 나무를 모아둔 상태였는데, 레프리콘은 우리에게 그 나무를 둘러싸고 원 모양으로 모이라고 지시했다. 나는 레프리콘이 무슨 일을 벌이려는 것인지 궁금했다. 하지만 언제나 그렇듯 그가 어떤 의도인지 모르는 채로 그저 지시를 따랐다.

우리가 원을 만들자, 그가 말했다. "사람들에게 마음속으로 불을 피우는 상상을 하라고 전하시오."

나는 지난 10년간 정신적 불 피우기를 시도해왔지만 3차원의 현실에서는 한 번도 성공한 적이 없었다. 스스로에 대한 확신이 없었던 나는 모두가 실패할 것이 뻔한 상황을 만드는 것이 좀처럼 내키지 않았다. 만약 이를 시도했다가 실패한다면 사람들이 엘리멘탈의 존재를 믿지 않을 것이 분명했기에, 어떤 시도도 하지 않는 편이 더 낫다고 확신하는 나였다.

내 생각을 들은 레프리콘은 거절을 용납하지 않고 이렇게 말했다. "하시오."

나는 엄청난 의심을 일단 눌러두고 최대한의 확신을 끌어내려 노력했다. 그리고 참가자들에게 말했다. "레프리콘이 우리에게 바라는 것이 있어요. 바로 이 나무에 불이 피어오르는 장면을 심상화하는 거예요. 불의 정령 살라맨더를 소환해보죠. 그리고 불길이 타오르는 모습을 상상해보는 거예요."

하지만 아무 일도 벌어지지 않았다.

우리는 더 열심히 집중하고 또 심상화했다. 하지만 아무 일도 일어나지 않았다.

또 한 번의 실패를 인정하려는 그 순간, 100미터쯤 떨어진 곳에서 불길이 올라왔다. 우리의 상상을 초월한 크기의 불길이 어두운 밤을 가로지르며 피어올랐다. 모두 우리의 성공을 축하하며 휘파람을 불고 환호성을 질렀다.

"보았소?" 레프리콘이 웃었다. "당신이 불을 창조해냈소. 당신이 어떤 것을 실현시킬 때, 우주는 당신이 원하는 것을 그대로 가져다주기도 하지만 어떨 때는 당신이 기대했던 것과는 조금 다른 방식으로 주기도 하오." 그가 말했다.

그리고 지금, 내가 핼러윈의 추억을 회상하는 동안 레프리콘은 나를 가만히 바라보고 있었다.

"그렇네요." 내가 수긍했다. "그때 극적으로 불을 붙일 수 있었죠. 사람들은 깊은 인상을 받았고요."

"물론이오." 레프리콘은 자신의 독창성에 뿌듯한 미소를 지으며 대답했다. "당신 인간들은 정말이지 증거를 좋아하오. 증거라는 말이 나왔으니 말인데, 당신이 영국에 있을 때 우리 엘리멘탈들이 여인들을 위해 어떤 일을 했는지도 기억하시오?"

레프리콘이 말하는 그 여인들이란, 내가 이끌었던 9일짜리 영국 성지순례에 참여한 열여덟 명의 여성을 가리키는 것이었다. 때는 5월, 산사나무와 블루벨 꽃이 만개한 계절이었다. 숲에는 녹색의 새순과 함께 신비로운 기운이 감돌고 있었다. 엘리멘탈이 사방에 있었다. 우리는 엘리멘탈의 존재를 느낄 수 있었지만, 여인들은 엘리멘탈과의 개인적인 경험을 원하고 있었다.

점심 식사를 할 때, 그룹원들이 나에게 물었다. "타니스, 오늘 우리의 엘리멘탈을 만날 수 있을까요?"

이제 겨우 이틀째 날이었다. 여인들과 걷는 순례길을 즐기고 있던 내 친구 레프리콘은 며칠 더 기다리는 편이 좋을 거라고 말했다.

"며칠 더 기다려주시겠어요?" 나는 그룹원들에게 물었다.

"블루벨 꽃과 숲이 정말 아름다운데, 지금 여기서 하면 안 될까요?" 한 여성이 요청했다. 열망이 가득한 얼굴을 보니, 그녀가 모두를 대표해서 말했다는 것을 알 수 있었다.

이 대화를 엿들은 레프리콘이 나에게 말했다. "정 그렇다면, 우리가 뭔가를 준비해볼 수도 있을 것 같소. 점심을 다 먹고 출발할 때 사람들 모두에게 당신 곁을 떠나지 말라고 전하시오."

나는 그의 지시를 똑같이 전달했다. 사람들은 곧 일어날 일을 너무 기대한 나머지, 서둘러 점심을 먹느라 제대로 된 식사를 하지도 못했다. 우리는 점심을 먹은 후 다시 짐을 싸서 등산로를 따라 한 줄로 걸어 내려가기 시작했다. 숲의 모든 것이 정말 아름다웠고 황홀했다.

특별한 일이 일어나길 기대하며 조용히 30분쯤 걸었을 때였다. 레프리콘이 나에게 말했다. "다음 길목에서 꺾은 후에 모두 멈추어 서시오."

나는 그의 말을 그대로 반복했다. 내 목소리 톤이 오늘은 운이 정말 좋은 날이라는 것을 그대로 말해주고 있었다. 모든 사람이 더 깊은 침묵 속에 빠진 채 길을 걸었다. 레프리콘이 말한 길목에서 방향을 틀자 풀 한 포기, 블루벨 꽃 한 송이 없는, 심지어 산사나무도 보이지 않는 어두운 빈터가 나왔다. 레프리콘이 이런 우울하고 슬픈 장소를 골랐을 리가 없었다. 그룹원들의 실망한 표정을 힐끗 보니, 나만 이런 생각을 하는 것은 아니었다. 조금 더 낭만적인 장소를 찾아 이동할 수도 있지만, 나는 내 친구 레프리콘의 별난 유머 감각을 신뢰하기로 했다. 그러자 문득, 이곳을 고른 이유는 어떤 고차적인 목적 때문이라는 생각이 들었다.

"모두 원 모양으로 앉으세요." 나는 여인들에게 지시했다.

"아니오." 레프리콘이 지시를 바로잡았다. "말발굽 모양처럼 원의 윗부분을 비워놓고 앉으시오. 엘리멘탈 스승들이 그 빈 자리에 서서 연설을 할 것이오."

나는 서둘러 그룹원들에게 했던 말을 정정했고, 사람들은 말발굽 모양으로 자리를 고쳐 앉았다. 그곳의 땅은 평평하지 않아서 어떤 사람들은 기우뚱하게 앉아 있어야만 했다. 나는 그 위태로운 모습을 보며 그들이 부디 뒤로 쓰러지지 않기를 바랐다.

'별것 없기만 해봐.' 나는 회의적인 마음을 애써 억누르며 생각했다. 고개를 들어보니 온갖 종류의 엘리멘탈이 방금 비워놓은 말발굽 윗부분에 서 있었다. 엘프, 페어리, 드워프 그리고 그 곁에는 나이 많은 레프리콘이 서 있었다. 흰 수염이 난 그 레프리콘은 흰색 로브 차림에 지팡이를 들고 서 있었다.

"반갑소." 나이 많은 레프리콘이 우리를 환영했다. "그대들 한 사람, 한 사람은 각자의 엘리멘탈을 만나기 위해 여기에 왔소. 우리는 그대들과의 작업에 전념하고 있으며, 그대들도 똑같이 이 작업에 전념해주기를 바라고 있소. 이 작업은 결코 가벼운 마음으로 해서는 안 될 일이오. 따라서 이 일에 마음을 다할 수 없다면, 그대들은 함께 일할 엘리멘탈을 배정받지 못할 것이오."

나는 나이 많은 레프리콘의 말을 여인들에게 전달했다. 이윽고 그가 말한 것처럼, 여성 혹은 남성 엘리멘탈이 각각의 여인들에게 배정되었다. 그날 얼마나 많은 엘리멘탈과 인간이 짝을 맺게 되었는지! 가슴이 기쁨으로 벅차올랐다. 엘리멘탈은 우리가 그들에게 마음을 다하고 있는지 아닌지를, 그리고 그들의 존재를 믿는지 믿지 않는지를 감지할 수 있다. 모든 여인들이 무사히 시험을 통과했다. 이제 이 엘리멘탈들은 여인들이 세상 어디에 살든 그들을 찾아갈 것이다. 나의 레프리콘이 그런 것처럼 말이다.

나이 많은 레프리콘이 계속 말했다. "왼손을 내미시오. 우리가 그 손에 선물을 올려놓을 것이오. 그대들은 우리의 이 선물을 그대들의 세계에서 실현시키면 되오. 선물이 느껴진다면 그걸 오른손으로 옮겨 드시오. 자, 이제 그대들의 에테르적 시각과 의지를 사용해 오른손을 내밀어 그 선물이 이 세계에서 '실현'되도록 해보시오."

고대 레프리콘이 '실현'이라는 단어를 강조하자 믿을 수 없는 일이 일어났다. 죽은 듯이 고요한, 미풍조차 불지 않는 날이었는데도 갑자기 우지끈하고 부서지는 큰 소리가 들렸다. 깜짝 놀라 휘둥그레진 눈으로 살펴보니, 앉지 말고 비워두라고 지시받았던 바로 그 자리에 나무에서 떨어진 큰 나뭇가지 하나가 있었다. 나뭇가지는 엘리멘탈들 바로 앞에 떨어졌다.

"이것이 바로 실현의 힘이오." 나이 많은 레프리콘이 말했다. "원하는 것을 생각하면 그것이 이루어지오. 그대들은 이런 방법으로 우리의 선물을 세상에 실현시킬 것이오. 그리고…." 그는 우리가 앉아 있는 흙바닥을 가리키며 말을 덧붙였다. "무언가를 실현시키기 위해 블루벨 꽃밭이나 신비로운 숲속에 있을 필요는 없소. 여러분은 언제 어디서나, 심지어 여러분이 사는 도시에서도 그것을 실현시킬 수 있소. 이것을 명심하시오."

그는 이 마지막 말과 함께 자취를 감추었다. 방금 그가 우리에게 나눠준 이 귀중한 선물들을 내면화할 시간을 준 것이었다.

지금, 레프리콘은 내가 지난 10년간 그와 함께했던 즐거운 일들을 충분히 되새길 수 있도록 기다려주고 있었다. 순간, 나는 그와 나의 이야기가 아직 끝나지 않았다는 것을 깨달았다. 인간의 시간과는 달리 그의 시간에는 시작, 중간, 끝이란 것이 없다. 나는 그가 자신의 세상에는 책이 없을뿐더러, 필요하지도 않다고 말했던 것이 떠올랐다. 엘리멘탈은 원하는 모든 시간과 장소에 접근할 수 있기 때문이었다. 한편, 나는 인간의 기준에 맞춰 적절한 결말이 등장하는 책을 쓰기 위해 노력 중이었다.

마침내, 나는 나의 이야기이자 그의 이야기인 이 책이 그와 엘리멘탈의 정체를 완벽하게 보여주고 있음을 깨달았다. 이 책에서 엘리멘탈들은 이야기꾼이 되어 자신의 경험을 나누어주곤 있지만, 그것은 인간의 학습 방식일 뿐 그들의 방식이 아니다.

"팬케이크는 어찌 되었소?" 레프리콘의 거친 목소리에, 나는 과거 회상을 끝내고 현재로 되돌아왔다. 그는 내가 만들고 있었던 블루베리 반죽에서 눈을 떼지 못했다.

"모든 일에는 때가 있는 것 같아요." 나는 팬케이크를 굽기 위해 자리에서 일어나며 그의 말에 수긍한다는 뜻으로 미소를 지어 보였다.

"드디어 이해했군." 그가 대답했다. "그리고 차도 잊지 마시오."

(다음 편에서 계속?)

인간이 엘리멘탈과 일하기 위한 열 가지 방법

1. 엘리멘탈의 존재를 믿는다. 인간의 믿음은 엘리멘탈을 강하게 만들고 엘리멘탈에게 에너지를 가져다준다.
2. 행복하고 열정적으로 산다. 엘리멘탈은 우울해하고 슬퍼하는 인간에게는 호감을 느끼지 않는다.
3. 가능한 한 자주 자연의 건강한 장소를 방문하라. 숲을 산책하고, 해변을 따라 걷고, 초원에 누워 새의 노랫소리에 귀를 기울이라. 지구의 올바른 파동과 일치되라. 그리고 지구가 원하는 것에 귀를 기울이라. 인간은 이러한 행동을 통해 자신의 주파수를 높일 수 있다.
4. 자연의 아름다움에 감사하라. 인간이 자연에 고마워할 때, 엘리멘탈은 인간에게 호감을 느낀다.
5. 나무를 심고, 꽃을 키우고, 새에게 먹이를 줌으로써 자연과

협력하고 자연과 함께 창조하라.

6. 나무와 꽃, 물과 산을 건강하게 하려면 그것들을 돌보는 엘리멘탈에게 에너지를 보내라. 기쁘고 감사한 마음으로 하라.

7. 자연에 감사하는 법을 다른 사람들에게 가르치라. 사랑과 기쁨으로 가르치라. 그러면 인간들은 지구가 무엇을 필요로 하는지 이해하기 시작할 것이다.

8. 자연스럽게 일어나는 대로 행동하라. 지나친 계획과 체계로부터 자신을 해방하라.

9. 매일 빈둥거리는 시간을 가지라. 당신의 집 안과 머릿속에 빈자리를 만들어 마법이 일어나도록 하라.

10. 당신과 지속적으로 일하고 싶어하는 엘리멘탈과 접촉하고 싶다면 조용한 자연 속에 앉아 눈을 감고 그 엘리멘탈을 불러보라. 엘리멘탈의 이야기에 지속적으로 귀를 기울이라. 그리고 그의 제안에 따라 행동하라. 그러면 그 엘리멘탈과의 관계가 점점 더 강해질 것이다.

1. 모든 인간이 나쁘다는 편견을 갖지 않는다. 대신 인간 개개인을 조사해보면서 그들에게 내재해 있는 선(good)을 찾아보라.
2. 선의 불씨를 찾았다면 자신의 에너지를 불어넣어 그 선의 불씨를 확장시키라.
3. 인간이 식물, 나무 또는 돌에 주의를 집중하고 있다면, 그것들이 더 건강해지는 데 필요한 정보를 인간에게 알려주라. 인간이 그 메시지를 의식적으로 듣지 않는다고 하더라도 잠재의식을 통해 받아들일 것이다.
4. 자연을 돕기 위해 노력하는 인간을 발견하면 할 수 있는 모든 도움을 주라. 보통 인간은 엘리멘탈에게 직접 도움을 요청할 생각을 하지 못한다. 하지만 인간의 상위 자아는 엘리멘탈에게 도움을 요청한다.
5. 인간과 함께 놀라. 그러면 그들은 어린아이 같은 천진난만한 기쁨과 경이로움을 회복할 수 있다. 많은 인간이 우울한 상태에 머물러 있으므로 엘리멘탈이 가져다주는 기쁨이 필요하다.
6. 인간에게 엘리멘탈이 존재한다는 증거를 보여주라. 그러

면 엘리멘탈의 존재를 더 신뢰할 것이다.

7. 인간이 가진 용서, 사랑, 인내, 집중의 힘을 인정하라. 엘리멘탈은 인간과의 협력을 통해 이 자질들을 배우게 된다.
8. 몸의 엘리멘탈에게 말한다. 포기하지 말라. 계속해서 긍정적 변화를 촉진하는 상황 속으로 몸의 주인인 인간을 데리고 가라.
9. 엘리멘탈의 기준으로 인간을 판단하지 말라. 인간은 필연적으로 살아 있는 생명을 먹어야 하고, 그것을 배설해야 하며, 나이를 먹어야 한다. 하지만 인간은 이 과정을 통해 형태의 창조자, 여러 세계의 창조자가 되는 법을 배운다.
10. 인간에게 놀라움을 선사하라.